主编简介

蒋大国 女，1948年12月生，汉族，湖北省随州人。1973年毕业于华中师范大学，硕士。1988年至1990年先后在东北师大学习日语一年，在日本东京研修旅游经济管理一年。1996年至1997年在中央党校中青班学习一年。曾任湖北省副省长、湖北省第十一届人大常委会副主任、武汉大学、中南财经政法大学兼职教授。现任华中师范大学湖北经济与社会发展研究院院长，博士生导师。先后在全国主要报刊上发表多篇论文及文章。

城乡一体化建设
及改革创新研究

蒋大国◎主编

人民日报学术文库

人民日报
出版社

图书在版编目（CIP）数据

城乡一体化建设及改革创新研究／蒋大国主编 . —北京：人民日报
出版社，2016. 12
ISBN 978－7－5115－4413－1

Ⅰ. ①城… Ⅱ. ①蒋… Ⅲ. ①城乡一体化—研究—中国 Ⅳ. ①F299. 2

中国版本图书馆 CIP 数据核字（2016）第 317487 号

书　　名：城乡一体化建设及改革创新研究
主　　编：蒋大国

出 版 人：董　伟
责任编辑：陈斌惠
封面设计：中联学林

出版发行：人民日报出版社
社　　址：北京金台西路 2 号
邮政编码：100733
发行热线：（010）65369527　65369846　65369509　65369510
邮购热线：（010）65369530　65363527
编辑热线：（010）65369514
网　　址：www. peopledailypress. com
经　　销：新华书店
印　　刷：北京欣睿虹彩印刷有限公司

开　　本：710mm×1000mm　1/16
字　　数：312 千字
印　　张：18. 5
印　　次：2017 年 1 月第 1 版　　2017 年 1 月第 1 次印刷

书　　号：ISBN 978－7－5115－4413－1
定　　价：68. 00 元

前　言

　　统筹城乡发展,实现城乡一体化,是党中央在新的历史时期做出的重大战略决策,是全面建成小康社会的必然选择。但在全面推进中,仍然面临着传统体制机制的制约,传统规章制度的束缚,传统思想观念的影响,需要进一步解放思想,深化改革,积极探索,寻求全面推进城乡一体化发展的对策与路径。

　　湖北经济与社会发展研究院自2012年创办以来,就一直将城乡一体化发展作为研究的重点。2014年已出版发行了《城乡一体化发展的新探索——湖北省经验的总结与思考》。现在呈现在读者面前的这本论文集,是湖北经济与社会发展研究院研究人员2015年的部分研究成果。全书分为三个方面的内容:一是对新型城镇化带动城乡一体化发展的研究;二是对农民市民化的研究;三是对农村改革创新及农村现代化建设的研究。三个方面相互关联,主旨是推动城乡一体化发展、共同繁荣。

　　城乡一体化发展,必须改变旧的城乡分割的发展模式,走新型城镇化之路,以新型城镇化带动、促进城乡一体化发展。推进新型城镇化,首先应准确把握新型城镇化的内涵。项继权、王明为研究认为,新型城镇化的本质,既不是以地域转换和城市扩展为特征的土地城镇化,也不是农村人口盲目或强制进城的人口城镇化,而是人的城镇化,即通过重新建立城乡分工秩序,实现人的现代性自由全面发展;新型城镇化应是"四化同步"协调互动,倡导集约、智能、绿色、低碳的发展方式,以城市群为主体形态,大、中、小城市与小城镇协调发展,旨在实现人的全面发展,致力于和谐社会和幸福中国的城镇化;新型城镇化不是简单的城镇人口比例增加和城市面积扩张,更重要的是实现产业结构、就业方式、人居环境、社会保障等一系列由"乡"到"城"的重要转变。城镇化应主要是五个过程的统一,即城镇化是城市人口比重不断提高、产业结构转变、居民消费水平不断提高、城市文明不断发展并向广大农村地区渗透和传播、人的整体素质不断提高过程的协调与融合。

我国城镇化发展战略也是学者们讨论较多的问题,主要是从纵向上关于我国城镇化的发展道路的走向与横向上关于我国城镇化的空间布局的延伸两个维度来进行探讨,即:大中小城市如何协调发展,东中西城市群如何布局。项继权、王明为研究认为,当前中国城镇化的总体布局应是积极培育辐射全国的十大城市群,以城市群作为基本单元,实现大城市、中小城市与小城镇分工协作与互动双赢,充分发挥大城市的核心地位、中小城市的主体作用及小城镇联动城乡的特殊功能。关于发展路径,他们认为,推进新型城镇化以制度变革为突破口。打破城乡二元藩篱,是推进新型城镇化的关键。应主要从土地制度、户籍制度和社会保障制度三个方面推进。

徐晓军的《"四化同步"发展新型城镇化:主要困境及推进路径》,从"四化同步"的角度对发展新型城镇化当前的主要困境做出了分析,指出当前城镇化的主要问题是"城镇化与工业化互动有限、与信息化融合不够、与农业现代化关联不紧等。"新型城镇化不仅仅是工业化、信息化带动下的城镇化,同时也是农业现代化驱动下的城镇化。城镇化是发展载体,工业化是根本动力,信息化是重要手段,农业现代化是坚实基础。因此,要从新型工业化、农业现代化、信息化与城镇化深度融合来推进新型城镇化的发展。

探讨土地资源与城镇化的关系,也是城镇化研究的又一个视角。罗翔、罗静、张路的《耕地压力与中国城镇化:基于地理差异的实证研究》,从耕地资源差异的角度,解释了中国城镇化发展中区域失衡的事实,首次将耕地压力纳入中国城镇化实证研究体系中,通过对耕地质量标准系数校正得出了修正后的耕地压力指数,并用工具变量考察了耕地压力对中国城镇化的影响机制,避免了内生性问题对估计结果可能造成的偏误。利用工具变量的估计方法进行实证检验后,得出两点主要结论:(1)耕地压力指数对城镇化有显著的正面影响,这种影响是基于耕地资源的区域差异和利用的比较优势原则之上的;(2)耕地压力对城镇化存在长期的影响机制,这表明当前以平衡区域发展的投资推动和政府推动的城市发展模式导致了城镇化中的区域发展失衡。

孙璇、罗静的《我国基础设施发展的城市化效应时空格局特征》,从数据分析上探讨了基础设施资本存量与城市化进程的关系,研究认为两者存在正相关关系。但是,城市化率增速低于基础设施投入的增速,并在不同地区显示出差异性,因而基础设施应作为各级政府重点发展的行业和领域,在制定相关的协同发展战略时,需要充分考虑二者"驱动—响应"模式的时空差异特征。

邵占鹏《农村电子商务的兴起与新型城镇化的破局》一文认为,推进新型城镇化应破除一种思维陷阱,即:新型城镇化就是旨在让农村仿照城市的道路亦步亦趋地前进。他认为,造成城乡差距的关键,是城乡在整个产业链分工上的不对等。要改变农村的弱势地位,必须在调整产业布局与产业链分工上彻底改变城乡的不对等关系,必须与时代变迁接轨,抢占先机,尤其是在农村、农业信息化上要同步跟上。为此,提出以农村电子商务为突破口,大力发展农村信息产业,改变农村在整个产业链上的弱势地位,实现农村经济的繁荣与发展。

袁方成、杨灿《新型城镇化的新要求、新特征与新路径》和柳红霞、罗家为《新型城镇化发展的形势、矛盾及其破解之道》两篇文章,重点探讨了武汉市新型城镇化的新要求、新特征与新路径,提出应从城市规划、体制机制改革、城乡统筹、产业升级、民生服务和"宜居新城"建设六个方面着力,破解新型城镇化建设矛盾和难题。

农民市民化是城镇化的必然结果。城镇化的过程就是农业人口向非农产业和城镇聚集的过程。改革开放以来,随着我国农业经营方式改革和非农产业的迅速发展,大量农民工进入城市,或工或商,加速了我国城镇化的进程。但是近年来,由于国家进一步加大了对农村、农业、农民的扶持力度,不断深化农村产权制度改革,农民进城的意愿正在悄然地发生变化。江立华、谷玉良在《近郊农民户籍制度改革路径探索——以湖北省麻城市 SH 村为例》一文给我们提供的调查资料表明不同人群的进城意愿是不同的:性别、职业不同,意愿不同;年龄、文化程度不同,意愿不同;婚姻、居住地不同,意愿不同;家庭成员、收入不同,意愿不同。

户籍制度改革,是加速农民市民化的一项重要举措。我国城乡二元化的户籍制度是长期阻隔城乡人口流动的障碍。推进城乡一体化发展,必须破除户籍制度的樊篱。蒋大国、江立华《以户籍制度改革为突破口,推进城乡一体化发展》提出了"以人为本、农民自愿,统筹规划、稳步推进,因地制宜、循序渐进,分类有序、多元并举"的改革原则。根据本地经济社会发展状况及承受能力,分步推进,即:先解决就业、子女就学和特困人员基本生活救助,其次解决医疗、基本保险,再解决住房等。根据城镇类型与规模,分层推进,即:先放开中小城市,分步推进,大城市尤其是特大城市可采取积分制,分别推进。根据农业户籍人口分布的地域特点与意愿,分类推进,即:先城区、后城郊,再远城的户籍制度改革的路径。解决好土地承包权、宅基地使用权与集体经济分配权,是解决农民市民化并稳定市民的关键所在。而稳定的职业、城镇住房、子女就学和城乡均等化的公共服务,是农民融入城镇的重中之重。解决城乡均等化公共服务,必须实行中央、地方财政分担机制,并与农民市民化规模、质量挂钩。为此,作者就进一步推进户籍制度改革的具体政策与措施提出了自己的建议。

蒋大国、胡倩在《新型城镇化进程中农民市民化的双重路径》一文中提出,农民市民化的主体,不仅包括农民工、城郊失地农民这类"进城农民",还应该包括居村农民。"居村农民"和"进城农民"应同被视为新型城镇化进程中"农民市民化"的两大主体。作者对农民市民化的本质做出了新的解释。她们认为,农民市民化的内涵不仅是农民从农村向城市的区域空间转移、农民从农业户口向非农业户口的户籍转变、农民从农民向市民的身份转变的过程,而且还应是农民享有公共基础设施和基本公共服务及其生产方式、生活方式、行为方式、思维方式、价值观念变迁过程。因此提出农民市民化的两条路径:一是发展大中小城市,解决进城农民工的市民化问题;二是发展小城镇和新型农村社区,解决居村农民的市民化问题。

江立华、谷玉良对麻城 SH 村的调查,考察近郊农民参与户籍制度改革的意愿,反映了当下农民对进城居住生活的诸多担忧。人们不再只是看重一本城市的户口本,而是在收入、住房、教育、环境、人缘关系等方面进行优劣的比较。他们提出,对近郊农村,应改变以农民主体流动进城为主的户籍制度改革的传统路径,充分发挥近郊农村居民享受城镇基础设施和公共服务较为便利、农民生活方式与城镇居民差别不大等特点,鼓励农民就地转化为市民,以在地化的形式推进城郊农村户籍制度改革。具体措施是大力发展小城镇经济,吸引农村劳动力就近转移;增加近郊农村基础设施建设投入,为农民就地市民化奠定坚实基础;建立、完善统一的城乡社会保障和公共服务体系,提高小城镇居民的保障水平和生活质量。

江立华、谷玉良、任树正认为,农民落户的意愿是决定户籍制度改革成败的关键。因此,在《户籍制度改革:青年农民的认知、意愿与需求》这篇调查中,对黄冈市青年农民的进城意愿做了比较深入的调查。此调查,对有关部门深入了解青年农民的意愿和其所关心的问题,制定相关政策,推动农民市民化不无裨益。

人的城镇化,是以劳动力的流动为先导的。在我国改革开放以来的三十多年中,迁移主流是农村劳动力。敖荣军、李家成、唐嘉韵《基于新经济地理学的中国省际劳动力迁移机制研究》,对制定区域发展规划,引导劳动力合理流动,推进农民市民化问题也是有所帮助的。

城乡一体化发展,是要实现农业现代化的发展、农民生活富裕和农村社会和谐、城乡的共同繁荣。

农村土地制度变革,是实现农业规模化、现代化的前提。王敬尧、魏来《当代中国农地制度的存续与变迁》一文,运用"黏性分析"方法,对我国农村土地制度演变过程进行了系统的回顾与评估。通过分析,他们认为,我国农地制度变迁是新中国成立后整个制度变迁的缩影,与政治、经济、社会、文化的发展及转型存在广泛的联系。因此,应从更广泛的角度来分析把握我国历次土地制度变革的原因及我国农地制度改革的取向。

农业现代化的发展,一靠科技,二靠制度。农业技术推广服务体系建设是现代农业的重要支撑。蒋大国、袁方成《构建湖北新型农技推广服务体系的思路与建议》一文,在对湖北省农业科技推广体系的发展状况、存在的问题进行分析后,提出了构建新型农技推广服务体系的总体思路与政策建议。

城乡发展一体化,基础设施建设是城乡之间经济、社会、生态等各项联系的基础,是城乡之间各类经济要素流动的纽带,对城乡一体化发展具有直接推动作用。梅德平、洪霞认为,城乡发展一体化,城乡基础设施建设是基础,是纽带,对城乡一体化发展有着直接推动作用。而基础设施建设的关键是投融资机制改革与创新,建立一种科学高效的投融资机制。只有农村基础设施建设与城镇基础设施建设逐步实现同步发展,才能真正促进城乡一体化深入发展。因此,加强广大农村地区基础设施建设,已成为当前城乡一体化发展的关键所在。可目前财政投入有限、投融资渠道狭窄、金融发展水平明显滞后、投资环境较差,是农村基础设施落后的重要原因。基于上述分析,提出了建立健全农村基础设施建设体制机制改革创新的政策建议。

公共服务均等化是城乡一体化发展的重要内容。党的十八大报告明确提出"要围绕构建中国特色社会主义管理体系,加快形成政府主导、覆盖城乡、可持续的基本公共服务体系"。夏玉珍、杨永伟《公共服务供给机制创新》提出,应改变公共服务供给模式,通过公共服务网络化供给来实现公共服务供给机制的创新。养老服务也是公共服务的重要内容。我国有2亿多老人,其中近74%的老人分布在农村。目前农村养老服务供给严重不足,其主要原因是地方财力不足。夏玉珍、徐大庆的文章认为,应加大中央财政对该项事业的转移支付,并通过项目制对转移资金的使用进行管理,有针对性地提出构建城乡一体化公共服务体系的思路、内容和措施。

吴理财《财政自主性抑或民主治理影响村庄公共品供给》一文,主要从乡村关系、村庄财政自主性、村级治理结构、民主管理机制以及农村社会组织、村民公共意识、村庄人口流动和村庄社区类型等方面对村庄公共品供给质量进行了定量分析,对改善农村地区公共服务提供了一些定量分析资料。

农村社区建设是城乡一体化建设的重要组成部分。袁方成、杨灿《当前农村社区建设的地方模式及发展经验》一文,介绍了我国一些地区农村社区建设的模式。提出了农村社区建设应坚持因地制宜,做到:规划引领,科学合理布局;持续发展,同步发展产业,提高居民收入与经济发展水平;城乡统筹,实行均等化公共服务,推动城乡一体;政社互动,转变政府角色,强化社区自治;多方协同,引入市场机制,创新多元主体的建设思路。

乡镇是我国基层政权组织,也是国家治理的基础。农村社会日益开放、流动、多元化和复杂化,农村乡镇政权组织的经济社会背景正在发生深刻变化,农村基层组织和政权也面临重大的调整和转型。与此同时,随着小城镇人口的逐步放开,越来越多的农村人口向小城镇聚集,对小城镇的组织、管理、服务及环境提出了更高的要求。袁方成等人的《完善乡村治理体系的探索与实践》从美丽村镇建设的原则、指标体系,资金筹措、管理机制等方面较系统地总结了 S 市的做法,对其他地区开展美丽乡村建设提供了可复制的经验。

开发乡村旅游,有利于转变农业发展方式,促进农民就业增收,推进新农村建设,统筹城乡发展,更好地适应国民日益增长的休闲消费需求。许贤棠,刘大均,胡静,侯建楠的《国家级乡村旅游地的空间分布特征及影响因素研究》一文,运用空间分析法,利用 ArcGIS,SPSS,Google earth 等软件,对全国休闲农业与乡村旅游示范点的空间分布形态、均衡程度、分布密度进行定量表征和影响因素剖析,旨在揭示示范点的空间分布规律,为制定不同区域乡村旅游发展战略及优化示范点发展的空间格局提供一定的理论借鉴。

城乡一体化的研究,面临着许许多多新课题,新挑战,许多方面的研究还有待于进一步深化。本书收集的论文若能给大家更深一步的研究提供一些帮助,或能引起大家对此问题的研究兴趣,是我们的初衷,也是我们的希望与期待,更欢迎大家共同研究与探讨。

编者

2016 年 6 月 13 日

目　录
CONTENTS

农村改革与建设

01

新型城镇化

新型城镇化:发展战略、动力机制与创新突破

项继权　王明为

一、新型城镇化的基本内涵

城镇化的概念来源于 Urbanization。Urbanization 是由西班牙工程师 A. Serdad 于 1867 年在其著作《城市化基本理论》中提出。[1]他认为 Urban(城市)是 Rural(农村)的反义词,除了农村居民点外,城镇以及各级居民点都属于 Urban Place(城镇地区)。1991 年,辜胜阻在《非农化与城镇化研究》一文中首次提出了"城镇化"的概念,十五届五中全会通过的《关于制定国民经济和社会发展第十个五年计划的建议》正式采用了"城镇化"一词。本质上看,"城镇化"与"城市化"是同义语,是对外来语"Urbanization"一词的不同译法,Urbanization 是人口从农村向各种类型的城镇居民点转移的过程。城镇可以泛指市和镇,城市也含城镇的意思,但我国的镇量多面广,使用城镇化以示中国城市化道路的特殊性,更加符合中国国情。[2]

[基金项目]国家社会科学基金项目"新型城镇化进程中人口—土地及其财政投入的均衡协调发展研究"(项目编号:15BZZ045);武汉市 2015 年软科学计划项目"武汉市新型城镇化战略研究"(项目编号:2015040606010237);2015 年全国"挑战杯"重点培育项目"城镇化时代基层治理的变革"。

[作者简介]项继权(1962—),男,湖北麻城人,华中师范大学中国农村综合改革协同创新研究中心教授,湖北经济与社会发展研究院研究员。王明为(1990—),女,湖北仙桃人,华中师范大学中国农村综合改革协同创新研究中心助理研究员。

对于城镇化的理解,越来越多的人认识到,都市化并非越来越多的人从乡村向城市和城镇流动,而是都市与乡村之间各类要素、信息、组织等互动、整合不断强化的动态过程,从以人口稀疏、空间分布均匀分散为特征的农村经济向具有对立特征的城市经济转化的过程。城市化是分别在经济、社会文化两种基础上发展的现象。城镇化作为社会经济的转型过程,既包括农村人口、生产方式等社会经济关系和农村生活方式、思维方式、价值观念向城市集聚的过程,也包括城市生产方式等社会经济关系和城市生活方式、思维方式、价值观念向农村扩散的过程。[3]李克强总理指出城镇化是复杂系统化的过程,城镇化不是简单的人口比例增加和城市面积扩张,更重要的是实现产业结构、就业方式、人居环境、社会保障等一系列由"乡"到"城"的重要转变。[4]

除了强调城乡之间的联系与互动外,"人"的城镇化成为考察城镇化发展的核心。如,人口集中的过程就是城市化的全部含义。人口不断向城市集中,城市就不断发展。人口停止向城市集中,城市化亦随即停止。[5]城市化是以农村人口向城市迁移和集中为特征的一种历史过程,表现在人的地理位置的转移和职业的改变以及由此引起的生产与生活方式的演变,既有看得见的实体变化,也有精神文化方面的无形转变,制度设计应该有真切的人文关怀。中国需要走符合空间正义原则的新城市化道路,让城市化的增益惠及所有人。人是城市发展的目标,也是城市发展的归宿。城市化的本质是人,是人的城市化或者人的现代化。[6]

由此可见,城镇化不是某一方面的城镇化,城镇化是人口、产业、社会形态相互协调、统一发展的过程。城镇化主要是五个过程的统一,即城镇化是城市人口比重不断提高、产业结构转变、居民消费水平不断提高、城市文明不断发展并向广大农村渗透和传播、人的整体素质不断提高过程的协调与融合。

经过近数十年的探索和研究,城镇化问题已经成为我国政府和学术界关注的中心之一,但国家对于新型城镇化逐渐有了全新的认识。尤其是进入 21 世纪的第二个十年之初以来,我国人均国民总收入为 6100 美元,由"下中等收入"经济体达到"上中等收入"经济体以及我国城镇常住人口在 2011 年正式超过农村人口,城镇化率达到 51.27% 的历史性转变,表明我国社会经济发展进入到由乡村中国向城市中国转变的经济社会和城镇化发展的新阶段,新型城镇化已经成为我国经济和社会发展的必然趋势,是我国社会进步的重要标志。

目前来看,正确剖析我国城镇化,尤其是城镇化进程中存在的问题及困境,更加注重人的城镇化发展,不断提高城镇化的包容性,提升城镇化的质量和效益,对于实现我国全面建成小康社会具有重大的意义。加快实施新型城镇化战略,推进我国在改革开放道路上的大踏步发展,逐渐成为是我国现代化建设的重大战略和历史任务。[7]党的十八大、十八届三中全会等重要会议和决议,都对我国新型城镇化发展进行了顶层设计和总体部署。党的十八大强调,要坚持走中国特色新型城镇化道路。党的十八届三中全会提出,"完善城镇化健康发展体制机制,坚持走中国特色新型城镇化道路,推进以人为核心的城镇化,推动大中小城市和小城镇协调发展。"

可以看出,尽管目前各界对新型城镇化还没有做出标准的定义,但对于新型城镇化的基本内涵已经充分理解。即新型城镇化的本质既不是以地域转换和城市扩展为特征的土地城镇化,也不是农村人口盲目或强制进城的人口城镇化,而是人的城镇化,即通过重新建立城乡分工秩序,实现人的现代性自由全面发展。[8]新型城镇化应是"四化同步"协调互动,倡导集约、智能、绿色、低碳的发展方式,以城市群为主体形态,大、中、小城市与小城镇协调发展,旨在实现人的全面发展,致力于和谐社会和幸福中国的城镇化。[9]新型城镇化不是简单的城镇人口比例增加和城市面积扩张,更重要的是实现产业结构、就业方式、人居环境、社会保障等一系列由"乡"到"城"的重要转变。[10]

二、新型城镇化的发展战略

对于城镇化的发展,主张把发展小城镇、实现城镇化问题提高到国家战略的高度来研究和实施的不在少数。从新型城镇化的发展战略来看,主要有纵向上关于我国城镇化的发展道路的走向和横向上关于我国城镇化的空间布局的延伸两个维度的讨论。纵向上,从当前我国城镇化的发展道路来看,主要有大中城市论、小城镇论、大中小城市与小城镇协调发展论等。大中城市论认为大中城市应该是中国实现城镇化的主要方式,在经济发展之初,各种资源相对有限,不宜采取均衡发展的城镇化策略。大中城市已有相应的发展基础且数量较少,应采取非均衡发展战略,充分发挥其极化效应优先发展,而后通过其扩散效应,渐进实现其他地区的城镇化。[11]

小城镇论认为小城镇对中国农村城镇化具有重要意义。资源的绝对稀缺性及其分布的分散性决定了集聚资源需要支付相当成本,从农民和农村占多数的社会构成出发,就地转移农民,推进农村小城镇建设是我国减轻大中城市移民压力、缩小城乡差距的现实选择。[12]大中小城市与小城镇协调发展论认为城市和乡村都是社会不可或缺的构成主体,两者的发展应相互协调,推进生产要素在城乡之间的合理流动和重新组合,实现城乡统筹协调发展。[13]

而横向上,从中国城镇化的总体布局来看,关于城市群的分散或集中的分布问题,存在着几种不同的观点。持城市群应当集中观点的学者认为,城市群是我国城镇分布最为集中的地区,是经济社会发展的主要载体,是最重要的交通枢纽与文化科技创新中心,以及现代化的先行地区。[14]城市群具有网络性和整体性的基本特征,是区域经济发展的核心地区。因此城市群作为我国社会经济未来发展的主要集聚区,将成为我国推进城镇化的主体形态。城市群是城镇化进程中出现的一种高级城镇空间组织形式,以城市群和城镇密集区为依托的区域经济显示出很大的优越性和明显的区域竞争力,发挥出巨大的牵引和推动作用,逐渐成为国家城镇化战略的重要内容。

当前中国城镇化的总体布局应是积极培育辐射全国的十大城市群,以城市群作为基本单元,实现大城市、中小城市与小城镇分工协作与互动双赢,充分发挥大城市的核心地位、中小城市的主体作用以及小城镇联动城乡的特殊功能。同时,有部分学者认为城市群作为推进中国城镇化进程的主体形态,它能突破大城市过度拥挤与中小城市尤其是小城镇集聚效应弱的弊端,融合"有分散的集中"与"有集中的分散"两种空间分布格局,是实现中国城镇体系协调发展的主要承载方式。[15]

三、新型城镇化的动力机制

随着城市化进程的不断推进,我国城镇化发展的总体趋势表现在城镇数量不断增加、城镇人口规模不断扩大、城镇人口比重即城镇化率不断上升,但是在城镇化进程中存在不少问题。当前的讨论主要集中在以下几个方面。一是城镇化发展水平低,体现在城镇化滞后于工业化和城镇化落后于经济发展水平。二是地区分布不合理。我国城市空间分布的突出特点是东密西疏。广阔和人口众多的中西部地区,城市分布极为稀疏,致使中西部地区缺乏有效带动区域经济发展的增长极,整个地区社会经济发展缺乏活力。三是城市功能不足。第一,城市自身功能不足。主要是在城市规划上过多地考虑工业发展,对城市自身功能考虑不够,致使出现交通拥挤、环境污染、城市布局不合理、人们生活质量难以提高等社会问题。第二,城市区域中心功能不足。城市作为各种物资、信息的集散地,无论在信息时尚还是在经济发展取向上,对区域经济都应该起到示范引导作用。实际上我国很多城市由行政命令布点,城市作为区域经济中的聚集效应、带动辐射效应不能得到有效发挥。[16]

随着党和国家政府把城镇化作为我国经济和社会的一个重要发展战略。针对我国城镇化进程中出现的不同问题,新型城镇化的发展动力机制问题的研究已经成为一个热点话题。一是以经济全球化为背景,从资源、环境、人口、经济增长的矛盾出发,指出中国城镇化推动力主要源于这些矛盾的相互作用;二是从产业结构转换的角度对城市化的根本动力进行研究,并对各种产业对城镇化进程的影响进行分类研究,进而得出推进城镇化进程中存在哪些制约因素;三是从推进城镇化投资主体的角度对我国城镇化的动力机制进行研究,得出我国城镇化是政府、企业和个人共同作用的结果;等等。总的来看,在新型城镇化动力机制方面,典型的主要有"自上而下的城镇化""自下而上的城镇化"和"多元化复合动力因素互动的城镇化"等几种讨论。

改革开放以前,我国在计划经济体制下选择的是一条政府发动型的"自上而下"的城镇化道路。自上而下的城镇化论认为由于政府的单一投资主要表现为大中城市优先发展,过分集中于各省、市政府机关驻地和一些大型工矿企业所在地,形成了这一时期城市发展布局头重脚轻的现象。[17]即大中城市过多,尤其是大城市过多,小城市和镇发展不足导致格局失衡。在自上而下城市化过程中,政府扮演城市化的投资者和组织实施者的角色,具有浓厚的政府行政指向或计划指向特点,城镇发展的政治、文化诸方面动因往往优先于经济因素,表现为一种外部力量"拉动"城镇的发展。

自下而上的城镇化是与自上而下的城镇化相对的一种城镇化发展模式,是市场导向改革时期出现的城镇化发展模式,是计划经济条件下中国城镇化发展的一种有效而且可行的选择。[18]在城市化过程中,城镇在区域中的功能是逐步确立并不断调整的。这就要求有相应的经济结构、人口结构、用地结构、基础设施及管理体制与此相适应。自下而上的城镇化的基本发动和投资主体是农村社区政府、乡镇企业、农民家庭或个人等民间力量。自下而上的城镇化是由农村地区农业剩余的压力和农民追求收益最大化的动力综合作用的结果,尤其表现为内在动力"推动"城镇的发展。[19]

继1998年提出"自上而下"与"自下而上"二元城镇化动力机制来概括我国的城镇化进程后,出现了"多元化复合动力因素互动的城镇化"的观点。此观点一是主张城镇化的发展是政府、企业和个人三元主体共同作用的观点。[20]城乡统筹离不开生产力的发展,城乡之间需要资源和生产要素的流动和配置,需要优势互补,城乡互动,紧密联系,互相沟通,互相服务,实现资源的优化配置和资源充分利用;实现城乡生态环境,经济,文化,政治高度融合和配合。二是主张从权利与权力、农村土地"产权化"、经济发展等角度讨论城镇化发展的动力机制。力图对二元城镇化动力机制进行补充,以此来阐释中国特色新型城镇化道路的特殊性,同时,也主张城镇化道路发展应当因地制宜,结合城市发展的客观规律,走多元化道路。科学建设小城镇、积极发展中等城市、合理发展大城市是我国城市化道路的正确选择。从城镇化道路的主要内容和城市发展方式的标准不一及国内外经验教训来看,中国特色的城镇化道路应当是市场推动、政府导向、政府发动型城镇化与民间发动型城镇化相结合、自上而下的城镇化与自下而上的城镇化相结合。[21]

四、新型城镇化的变革与创新

随着城市化进程的不断推进,大量农民已经或正在失去赖以生存的土地。在快速城镇化过程中我国农村改革发展面临的重大问题是农民转市民的问题,即"人"的问题。[22]农民不仅失去土地,依附土地而形成的各种权益也随之失去。失地农民的损失是全方位、综合性的。农民土地的权益和长期生活保障问题引起了普遍关注。失地农民游离于"农民"和"市民","城市"和"乡村"之间,既不是农民,又不是市民,只能是社区游民,社会流民。失地农民失去的不仅仅是土地,还有就业岗位、居住房屋、生活保障以及集体资产等,从而失去维持农民全家生存、发展的低成本生活方式和发展方式。综合其他人的观点,失地农民的权益侵害主要体现在:经济权利的渐进性缺失,包括农地流转中的权利缺失和农地非农化中的权利缺失,以及政治权利的剥夺性丧失和社会权利的弱化性消失。

目前,我国城镇化率已经达到了54.77%,在新型城镇化快速发展的同时,不可避免地给城乡社会发展带来了一系列挑战,如城市交通、住房、教育、环境问题,农村贫困、养老问题等。而由于我国各地生产力水平不同,因此,新型城镇化也展现出东部发达、中部欠发达和西部不发达的地域性特点。[23]各地应根据自身的条件,分层次、有先后逐步地实现城镇化。

以制度变革为突破口,打破城乡二元藩篱,是推进新型城镇化的关键。应该说,制度是推动城镇化的强大动力,制度约束则是导致城镇化发展缓慢的主要原因之一。我国城镇化制度创新的主要内容应包括土地制度、户籍制度和社会保障制度。土地制度的创新内容关键在于建立城镇土地的年租制,降低企业和个人进入城市的门槛;户籍制度改革的主要内容是如何放开大中城市的户口管理以及改变必须购买商品房的规定;社会保障制度创新的主要内容是扩大保障面,逐步将农民工人纳入社会保障系统。[24]从城镇化本质来看,城镇化过程本身就是一种社会结构变迁的过程,城镇化过程不仅表现为城镇人口和城市数量的增长,而且表现为城镇化的一些结构和制度安排上的变革。由于城镇化制度供给以农村社区政府、乡镇企业、城乡家庭或个人等自发性制度供给为主,而这些自下而上的城镇化制度安排往往需要获得上级政府的认可或支持。为此,当前城镇化水平总体不高的主要原因在于制约、影响城镇化发展的社会经济机制。[25]为实现工业化,改革开放前,将工业化置于优先发展地位,城镇化置于从属地位;改革开放后,原来计划经济的户籍制度、土地制度和社会保障制度还没有适时变化,因此严重阻碍了城镇化进程。[26]因此,新型城镇化必须以土地制度、户籍制度、社会保障制度为创新重点,逐步打破城乡二元体制桎梏,从而实现城乡统筹发展。

从城乡一体的角度来看,新型城镇化应以促进城乡统筹发展为着力点。随着小城镇发展张力的扩大,近年来,中央及各地政府在重视大中城市建设的同时,已经开始把重点放在巩固、提高现有小城镇方面,并在这个基础上建设起一批起点较高、经济和社会效益俱佳的新型小城镇,逐步形成以中心城市为依托、县城为龙头、小城镇为网络的城镇化体系。同时,也应看到,不同类型的城市具有不同的功能和吸引力。大城市具有中小城市不可替代的作用,而中小城市和小城镇也会具有大城市所没有的特色。新型城镇化道路的重要内容之一就是科学规划和合理布局小城镇,使之与发展乡镇企业和农村服务业结合起来,使大中小城市的发展与小城镇的发展结合起来。由于中国地域广阔,经济条件千差万别,因此部分人认为中国应该走乡村逐步城镇化与城乡一体化双轨并行的新型城镇化道路。[27]新型城镇化应该以统筹城乡为主要模式,在城镇经济社会能够辐射的农村地区,通过对其经济社会结构的影响转变,促进农村地区社会经济结构会发生深刻变革。[28]

以生态文明为切入点,新型城镇化的推进要倡导四化同步协调发展。严格意义上说,城镇化具有较大的作用力,体现在正、负效应上,而人类必须对城镇化的负面效应加以限制。其中关键举措之一是基于生态文明推进城镇化;在推进城镇化的同时推进生态文明建设,使城镇化的速度、规模、强度与生态环境承载力的演替进程相适应,保证城镇化的发展始终在生态环境的范围内[29]。城镇化发展是一项极为庞大复杂的系统工程,涉及人口、资源经济、环境、政治、文化、社会等各个层面,具有突出的综合性和复杂性。四化同步协调即工业化、信息化、城镇化、农业现代化相互协调,实现统筹城乡发展和农村文明延续的城镇化;而建设生态文明的美丽城镇,实现资源、环境与人口、经济的协调发展,是保证我国的城镇健康有序和谐发展的有效路径。[30]四化同步推进的关键是整体规划人口、资源与环境,促进新型城镇化与生态文明建设、农业现代化与新型信息化、工业化与新型城镇化四个系统间实现各自功能和整体功能最优,在时间、功能、发展速度上交互促进和协同完善。

依据区域间发展差异,推进新型城镇化必须彰显地方特色。基于各个区域的经济、地理、资源、区位的明显差异,在推进城镇化过程中,导致城镇的集聚效应和规模效应差异性较大。有些地区城镇化已经发展到城镇化中后期阶段,因此这些地区适合走逆城镇化发展之路;有些区域城镇化刚刚起步,因此这些地区应该集中打造一批有辐射力和影响力的大城市、特大城市和城市群。[31]从城市规模与城市经济的关系来看,一个城镇的区位条件与城镇经济效益存在正相关关系。为此,应根据我国东中西部的地区差异选择不同的推进模式,东部和中、西部在推进城镇化过程中应该采取不同模式。[32]整体而言,我国目前的城镇化包括四个层面:一是一些发达地区的城市群的打造;二是大城市以质量为重点的城镇化水平的提高;三是以中小城市为主的集聚功能的提升与完善;四是直接与广大农村地区联系在一起的小城镇的建设。[33]我国新型城镇化路径的选择必须因地制宜,结合上述四个层面进行适宜的选择。

总之,伴随社会经济的快速发展,新型城镇化的步伐在不断加快,城镇化发展研究已经得到了社会各界的广泛关注与支持,但仍然存在大量未经涉足和深入研究的领域,还有待学界、政界以及社会各界人士进一步地挖掘和探索。可以在借鉴人类学、民俗学、历史学、宗教学、统计学等其他社会科学理论成果的基础上,拓宽研究领域,通过系统分析的方法,不断丰富城镇化研究的成果,从宏观上把握新型城镇化发展的内在规律,形成全面而系统的新型城镇化的理论体系,积极稳妥地推进新型城镇化建设。一些地方在城镇化过程中不断进行适应性改革,但是,尚未出现可复制、可推广的经验和模式。推进城镇化,核心是人的城镇化,关键是提高城镇化质量,目的是造福百姓和富裕农民。积极稳妥推进新型城镇化,走集约、节能、生态的新路子,如何深入推进新型城镇化建设,促进城乡融合式发展,实现产业发展和城镇建设的融合,是今后新型城镇化研究的重点内容。

参考文献

[1]陈慧琳,郑东子,黄成林.人文地理学[M](第二版).北京:科学出版社,2007.

[2]项继权.城镇化的"中国问题"及其解决之道[J].华中师范大学学报(人文社会科学版,2011(1).

[3]黄学贤,等.中国农村城镇化进程中的依法规划问题研究[M].北京:中国政法大学出版社,2012.

[4]李克强.认真学习深刻领会全面贯彻党的十八大精神促进经济持续健康发展和社会全面进步[N].人民日报,2012-11-21(1).

[5]冯奎.中国城镇化转型研究[M].北京:中国发展出版社,2013.

[6]钱振明.健全城镇化健康发展的公共政策支持体系[J].中国行政管理,2007(9).

[7]岳文海.中国新型城镇化发展研究[D].武汉.武汉大学马克思主义学院,2013.

[8]高宏伟,张艺术.城镇化理论溯源与我国新型城镇化的本质[J].当代经济研究,2015(5).

[9]张占斌.新型城镇化的战略意义和改革难题[J].国家行政学院学报,2013(1).

[10]楼苏萍,张凡.新型城镇化背景下的基层政权建设[J].山东行政学院学报,2013(6).

[11]饶会林,曲炳全.集中型与集约化:中国城市化道路的最佳选择[J].财经问题研究,1990(4).

[12]温铁军.中国的城市化道路与相关制度问题[J].开发导报,2000(5).

[13]辜胜阻,易善策,李华.中国特色城镇化道路研究[J].中国人口·资源与环境,2009(1).

[14]姚士谋,李青,等.我国城市群总体发展趋势与方向初探[J].地理研究,2010,(8).

[15]尚娟.中国特色城镇化道路[M].上海:科学出版社,2013.

[16]邱晓华.我国城镇化战略研究[G]//.中国特色城镇化道路,北京:中国发展出版社,2004.

[17]辜胜阻,李正友.中国自下而上城镇化的制度分析[J].中国社会科学,1998(2).

[18]杨虹,刘传江.中国自上而下城市化与自下而上城市化制度安排比较[J].华中理工大学学报(社会科学版),2000(5).

[19]辜胜阻,刘传江.人口流动与农村城镇化战略管理[M].武汉:华中理工大学出版社,2000.

[20]于建嵘.新型城镇化:权力驱动还是权利主导[J].探索与争鸣,2013(9).

［21］简新华．中国经济改革探索［M］．武汉:武汉大学出版社,2007.

［22］陈锡文．当前我国农村改革发展面临的几个重大问题［J］．农业经济问题,2013(1).

［23］陶友之．新型城镇化目标、步骤、措施［J］．社会科学,2013(9).

［24］叶裕民．中国城市化之路:经济支持与制度创新［M］．北京:商务印书馆,2001.

［25］刘传江．城镇化与城乡可持续发展［M］．北京:科学出版社,2004.

［26］郭志仪．城镇化视角下的农村人力资本投资研究［J］．城市发展研究,2007(3).

［27］陈光庭．中国国情与中国的城镇化道路［J］．城市问题,2008(2).

［28］程必定．中国应走新型城市化道路［J］．中国城市经济,2005(9).

［29］沈清基．论基于生态文明的新型城镇化［J］．城市规划学刊,2013(1).

［30］张占斌．新型城镇化的战略意义和改革难题［J］．国家行政学院学报,2013(1).

［31］杨波,朱道才,景治中．城市化的阶段特征与我国城市化道路的选择,上海经济研究,2006(2).

［32］蔡昉,都阳,王美艳．劳动力流动的政治经济学［M］．上海:上海人民出版社,2005.

［33］张永岳,王元华．我国新型城镇化的推进路径研究［J］．华东师范大学学报(哲学社会科学版),2014(1).

"四化同步"发展新型城镇化：主要困境及推进路径

徐晓军

目前，我国已步入工业化后期阶段[1]、城镇化中期阶段的中间点[2]、信息化快速发展阶段[3]、农业现代化关键阶段[4]，并实现了从"三化同步"（工业化、城镇化和农业现代化）向"四化同步"（新型工业化、城镇化、信息化、农业现代化）发展的理念转变。党的十八大报告明确指出："坚持走中国特色新型工业化、城镇化、信息化、农业现代化道路，推动信息化和工业化深度融合、工业化和城镇化良性互动、城镇化和农业现代化相互协调，促进工业化、城镇化、信息化、农业现代化同步发展。""四化同步"为新型工业化、城镇化、信息化和农业现代化的协调发展指明了方向，也为推进传统城镇化向新型城镇化转型提供了理念支撑，结合"四化同步"发展理念与新型城镇化发展机遇，以新型城镇化为"四化同步"发展的突破点，充分发挥新型城镇化的引领作用，成为现阶段我国经济社会发展的必然要求。

基于此，本文在阐述、厘清"四化同步"发展新型城镇化逻辑依据与核心内涵的基础上，提出了城镇化与工业化互动有限、城镇化与信息化融合不够、城镇化与农业现代化关联不紧等"四化同步"发展新型城镇化的主要困境，进而提出了"四化同步"发展新型城镇化的推进路径。

一、"四化同步"发展新型城镇化的逻辑依据

改革开放以来，我国工业化、城镇化、信息化以及农业现代化进程不断推进，但推进步伐不一，导致发展不平衡、不协调、不可持续问题突出，尤其是工农关系、

[基金项目]湖北省城乡一体化协同创新中心招标课题"'四化同步'发展新型城镇化体系研究"。

[作者简介]徐晓军（1975—），男，湖北黄陂人，华中师范大学社会学院教授，博士生导师，湖北省人文社会科学重点研究基地"湖北省社会发展与社会政策研究中心"主任。

城乡关系失调现象明显。在此背景之下,党的十八大提出了"四化同步"发展理念。同时,党的十八大也明确提出"推进城镇化建设,积极稳妥地推进城镇化,走中国特色新型城镇化道路"。并在同年的中央经济工作会议上指出:"城镇化是我国现代化建设的历史任务,也是扩大内需的最大潜力所在,要围绕提高城镇化质量,因势利导、趋利避害,积极引导城镇化健康发展。"可见"四化同步"和"新型城镇化"是在科学把握我国现阶段经济社会发展特征的基础上提出的战略部署,二者具有高度的契合性。"四化同步"发展的实质是实现城乡一体化发展、产城融合发展、经济集约发展。这对于推进我国新型城镇化建设具有重要启示意义。因此,深刻认识城镇化与其他"三化"之间的关系,将有利于我们进一步明确为什么要以"四化同步"发展理念推进新型城镇化建设。而所谓"四化同步"发展新型城镇化主要是指在新型城镇化的推进过程中,如何促进新型城镇化与其他"三化"之间协调互动,从而推进新型城镇化的快速、健康、持续发展。

从城镇化与工业化之间的关系来看,"城镇化与工业化之间是一种相互联系、相互促进的关系,工业化与城镇化犹如同胞兄弟,同生同长或相互依存,共同发展"[5]。城镇化是工业化发展的基本土壤和必然结果,工业化是城镇化发展的基本动力和加速器。[6]一方面,城镇化可以通过发挥人口、技术、资金等的聚集效应,为工业化提供市场机会和外部支持环境,从而实现城镇化带动工业化;另一方面,工业化可以通过转移农村剩余劳动力,促进产业经济持续发展,为城镇化提供充足的劳动力、资金以及技术支持,从而实现工业化推动城镇化。从国内外实践来看,如果城镇化与工业化在时间上不能做到同步推进,在空间上不能做到"产城一体化"布局,则会产生一系列经济社会发展问题,同时制约城镇化与工业化的发展进程。具体来说,城镇化超前于工业化,则可能导致城市产业支撑不足,城市就业机会有限;工业化超前于城镇化,则可能导致城市配套设施缺乏,城市生活质量下降。因此,在新型城镇化建设过程中,要始终坚持新型城镇化与工业化同步协调发展,新型城镇化的推进离不开工业化的支撑。

从城镇化与信息化之间的关系来看,城镇化是信息化的主要载体和依托,信息化是城镇化的提升机和倍增器。[7]一方面,城镇化的过程伴随着产业、资金、技术、市场、人才等发展要素的聚集,能够为信息化发展提供人才、技术、资金以及市场需求。同时,随着城镇公共基础设施的完善,也能够为信息化的发展提供良好的外部硬件环境,从而为信息化发展提供载体和依托;另一方面,信息化有利于优化城镇产业结构,转变经济发展方式,发挥科技创新优势,提升城镇公共服务能力,从而为城镇化发展提供新的动力,注入新的活力。可以说,信息化是发展先进生产力的火车头。要想发展先进生产力,最重要的就是要发展信息技术,加快信息化进程。[8]因此,新型城镇化在依靠工业化的同时,还要依靠信息化来引领。要将信息化发展成果广泛应用于城镇化建设中,将信息化发展理念始终贯彻于城镇化建设中,帮助城镇化走出一条更好、更正确、更科学的发展道路。

从城镇化与农业现代化之间的关系来看,"城镇化进程的发展在推动农业现代化发展方面起到了重要的推动作用,农业现代化也带动着城镇化水平的提升,两者是协调统一的发展关系。"[9]城镇化是农业现代化的发展平台,农业现代化是城镇化的坚实基础。一方面,新型城镇化可以通过拉动农产品需求、优化农产品结构、创造就业机会,增加农民收入,带动农业现代化发展。同时,伴随着农业剩余劳动力向城镇的转移,也能够进一步满足规模化经营对土地的需求;另一方面,农业现代化可以通过变革农业生产关系、创新农业生产方式、提升农业生产抗风险能力、解放农村劳动力,为城镇化提供土地、劳动力以及粮食保障。新型城镇化的核心是实现人的城镇化,其关键是协调好城市与农村、市民与农民之间的利益关系。因此,新一轮的城镇化建设,必须以保障农民利益为根本出发点,以转变农业发展方式为根本途径。也就是说,新型城镇化不仅仅是工业化、信息化带动下的城镇化,同时也是农业现代化驱动下的城镇化。农业现代化构成了新型城镇化的第三个重要驱动力量。

总之,"四化"之间不是彼此孤立的,而是相互关联、相互促进、相互影响的。它是作为一个统一整体而存在的,彼此之间不可分割,缺一不可。"四化同步"的本质是"四化"之间的良性互动。"四化"的作用不是单独发挥的,而是在相互之间的融合、互动过程中发挥的。其中,城镇化是发展载体,工业化是根本动力,信息化是重要手段,农业现代化是坚实基础。城镇化作为现代化水平的主要体现,为工业化、信息化、农业现代化提供发展平台;工业化作为现代化水平的主要衡量标准,为城镇化提供基本动力;信息化作为现代化建设的主要手段,为城镇化提供核心力量;农业现代化作为现代化建设的主要任务,为城镇化提供基础保障。可见,"四化"是一个整体系统,工业化创造供给,城镇化创造需求,工业化、城镇化可以带动和装备农业现代化,农业现代化则为工业化、城镇化提供支撑和保障,而信息化能有力地推进其他"三化"。[10]因此,新型城镇化应坚持以"四化同步"为发展理念,不断推进其与新型工业化、信息化以及农业现代化的融合互动。

二、"四化同步"发展新型城镇化的核心内涵

明确"四化同步"发展新型城镇化,有利于对新型城镇化核心内涵的深刻把握。新型城镇化作为一个与传统城镇化相对应的概念,其核心内涵与传统城镇化有着本质的区别,它是在总结时代特征和中国特色的基础上提出的,不是单一、片面、盲目、消极、粗放的城镇化发展道路,而是多元、全面、明确、积极、集约的城镇化发展道路。

目前,学者对新型城镇化的内涵进行了诸多界定。如有学者认为,新型城镇化的核心内涵是:坚持实现可持续发展战略目标,坚持实现人口、资源、环境、发展四位一体的互相协调,坚持实现农村与城市的统筹发展和城乡一体化,坚持实现城乡公共服务的均质化。[11]有学者认为,新型城镇化的核心内涵是:"四化同步"协调互动,人口、经济、资源和环境协调发展,区域经济发展与产业布局紧密衔接以及人的全面发展。[12]有学者认为,新型城镇化的核心内涵是民生、可持续发展和质量,且每个内涵均可以从经济、社会、体制制度和城市建设4个层面解读其具体内容。[13]还有学者认为,新型城镇化道路的核心内涵是:以科学发展观为引领,发展集约化和生态化模式,增强多元的城镇功能,构建合理的城镇体系,最终实现城乡一体化发展。[14]概括以上学者关于新型城镇化核心内涵的解读,可以发现,新型城镇化主要涉及"四化同步"协调发展,人口、经济、资源、环境协调发展,城乡协调发展,区域协调发展以及大中小城市、小城镇协调发展,等等。而这其中,"四化同步"的协调发展在很大程度上将影响其他协调发展的实现。因此,从"四化同步"发展出发理解新型城镇化,给我们提供一个新的视角,有助于我们更深刻地把握新型城镇化的科学内涵。

"四化同步"发展理念的提出,给予我们最大的启示是:新型城镇化与新型工业化、信息化以及农业现代化具有紧密的内在关联性,新型城镇化是与新型工业化、信息化以及农业现代化协调发展的城镇化。同时,这一协调发展的本质内涵也衍生出它"积极稳妥、经济集约、布局有序、生态和谐、成果共享"的主要内涵。具体来说,"四化同步"发展新型城镇化具有以下六层基本内涵。

一是"四化协调",即新型城镇化是与新型工业化、信息化、农业现代化协调发展的城镇化。它们之间的关系是相辅相成,相互促进的。在新型城镇化的发展过程中,新型工业化是动力,只有新型工业化发展,新型城镇化才有源源不断的动力,才能实现人口、经济、资源环境协调发展;信息化是手段,只有更加突出信息化

的重要性,新型城镇化才有新的发展动力,才能调整产业结构,提升社会治理水平;农业现代化是基础,只有加快发展现代农业,新型城镇化才能有所保障,才能实现城乡协调发展。

二是"积极稳妥",即新型城镇化是在准确把握当前城镇化、工业化、信息化、农业现代化阶段特征的基础上,积极稳妥推进的城镇化,而不是脱离城镇化、工业化、信息化以及农业现代化现实基础,盲目追求城镇化发展速度以及"四化绝对同步"的城镇化。因此,在推进新型城镇化与其他三化之间的融合过程中,各区域要切实根据城镇化、新型工业化、信息化以及农业现代化的发展阶段及突出优势,分阶段、分步骤地推进新型城镇化与其他三化的协调发展。

三是"经济集约",即新型城镇化是以合理布局大中小城市、小城镇以及新型农村社区为基础,有效引导产业、资源和人口合理聚集,从而实现经济集约发展的城镇化。它强调城镇化速度与资源环境承载能力相契合,要求不断增强城镇综合承载能力,努力实现粗放型发展方式向集约型发展方式的转变。

四是"布局有序",即新型城镇化是大中小城市、小城镇以及新型农村社区,城乡、工农、区域"有序"发展的城镇化。强调构建"结构有序、功能互补、基础统一"的新型城镇化系统,优化城市区域发展格局,增强城镇要素集聚能力和对乡村的辐射带动功能,加速空间整合和优化。

五是"生态和谐",即新型城镇化是经济循环、低碳、生态、绿色、节约、友好发展的城镇化。强调城镇化过程中要充分考虑生态环境的承载能力,协调好城镇建设与生态环境保护之间的关系,以良好的生态环境为城镇化建设提供支撑。

六是"成果共享",即新型城镇化是"以人为本"、"城乡统筹"的城镇化。强调在城乡规划、基础设施、公共服务等方面推进城乡一体化,促进城乡要素平等交换和公共资源均衡配置,形成以工促农、以城带乡、工农互惠、城乡一体的新型工农、城乡关系。从而进一步增强农村、农业、农民的自我发展能力,着重解决三农问题,努力实现城乡之间生产要素的自由流动,使城乡居民共享城镇化发展成果。

三、当前"四化同步"发展新型城镇化的主要困境

在改革开放的推动下,我国现代化进程不断推进,目前已进入工业化、城镇化、信息化以及农业现代化的快速发展阶段和转型阶段,城镇化与工业化、信息化、农业现代化相互融合、促进的发展格局已初步形成,城镇化水平不断提升。1978—2013年,我国城镇常住人口从1.7亿人增加到7.3亿人,城镇化率从

17.9% 提升到 53.7%，年均提高 1.02 个百分点；城市数量从 193 个增加到 658 个，建制镇数量从 2173 个增加到 20113 个。[15]这一数据说明我国城镇化建设已取得了举世瞩目的成就。但由于受传统粗放型城镇化所带来的遗留问题的影响，以及受工业化、信息化以及农业现代化发展水平的制约，新型城镇化建设仍存在诸多困境。

（一）城镇化与工业化互动有限，城镇化发展缺乏内在动力

当前，中国工业化和城镇化发展协调程度虽然呈现出上升趋势，但总体上较低。[16]这说明我国尚未完全形成城镇化与工业化良性互动的局面，这将在很大程度上制约新型城镇化的发展。而城镇化与工业化互动有限的原因主要是由于传统城镇化建设的后遗症。传统城镇化建设存在三个突出的问题：一是过于依赖土地经济，忽略多元化产业体系的构建；二是过于追求土地城镇化，忽略人口城镇化的推进；三是过于注重特大城市和大城市的发展，忽略中小城市、小城镇以及新型农村社区的发展。也就是说，在传统城镇化进程中，产业、就业往往是城镇化的"配角"，只有规模才是城镇化的"主角"。这就导致城镇化与工业化的"非同步性"发展，具体体现在"产业与城市"、"人口与城市"的相互脱节、相互割裂。当前部分地区依然存在的"死城"和"睡城"就是城镇化和工业化互动有限的具体体现。大规模的造城运动、大量的农村劳动力转移以及盲目的招商引资，在客观上提高了城镇化水平，但这种"只重数量、忽略质量"的发展模式忽略了工业化在城镇化进程中的重要作用，在很大程度上使得工业化缺席城镇化进程，大大降低了城镇化所应发挥的人口、产业、资本以及技术集聚效应。城镇在建成以后，无法进一步吸引人口、产业、资金以及技术自发的向其聚集，因而城镇发展缺乏内在动力，只能依靠外在推力缓慢发展。

总之，城镇化与工业化互动有限的原因可归结为对产业的不重视，使得城镇化与工业化之间缺乏融合的切入点。一般来说，西方发达国家的城镇化过程是先有产业聚集，再有人口聚集，主要依靠内在动力，因而是自下而上的城镇化发展道路。而我国的城镇化则正好相反，主要依靠外在推力，大多数地区都是强调人口聚集，忽略产业聚集，因而是自上而下的城镇化发展道路。再加上城市群内部产业功能定位不清晰，城市基础设施建设规划不科学，城市公共服务体系不完善，城市人口承载能力不强，最终使得大量农村人口转移到城镇以后，并不能够找到合适的就业机会。这种城镇化与工业化互动有限的局面，影响了城镇化的可持续发展。

(二)城镇化与信息化融合不够,城镇化发展新动力发挥不足

当前我国正处于信息化和城镇化的快速发展阶段,信息化和城镇化建设都取得了巨大进展。但总体而言,城镇化与信息化融合度较低。城镇化与信息化的融合程度主要体现在两个方面。于居民的角度,主要体现在"衣食住行"的信息化;于政府角度,主要体现在城市管理信息化。[17]具体来说,其融合不够体现在以下两方面:一是城镇规划、城镇管理、城镇建设过程中,忽略信息技术的推广应用、信息产业的空间集聚、信息管理理念的宣传推广以及信息基础设施的投资建设。这些问题的存在制约着城镇化与信息化的有效融合,使得城镇化与信息化的结合效应不佳,信息化尚未全方位地融入到新型城镇化建设中。信息化作为经济社会发展的新动力,无法发挥其在新型城镇化建设中的应有作用,居民的"衣食住行"信息化水平不高。二是城镇化建设与信息化建设缺乏有效的链接平台,信息不共享问题突出。城镇化与信息化建设的脱节,使得信息难以实现共享,这在很大程度上制约了城镇化与信息化的深度融合,导致信息化资源重复建设,资源开发利用率低,最终致使信息化的优势和作用没能得到充分发挥,城市管理信息化水平偏低。

总之,城镇化与信息化之间的融合过程不是自发产生的,而是在外力的推动作用下发生的。当前,我国城镇化与信息化之间的融合不够,导致新型城镇化建设中缺乏信息化的引领作用,信息化这一新动力在新型城镇化建设的功能发挥不足,使得城镇产业结构优化升级,经济效率提升以及服务功能强化都受到了很大程度的制约。

(三)城镇化与农业现代化关联不紧,城镇化发展缺失外在动力

城镇化与农业现代化是建设社会主义新农村的两条重要道路。二者互为基础,相互促进;互为影响,相互制约。近几年来,我国城镇化与农业现代化都进入到了快速发展阶段。但与整体现代化进程相比,农业现代化进程缓慢,并远远滞后于城镇化。在城镇化的过程中,农业现代化的基础作用有待于进一步挖掘。总体来看,当前我国城镇化与农业现代化发展关联不够紧密,使得城镇化发展缺失外在动力。这主要体现在三方面:一是城乡经济脱节。城市以规模化、集约化、专业化的现代经济形式为主,农村以小农化、单一化、分散化的传统经济形式为主。在发达国家,完善的市场体系,现代的经营理念,先进的组织形式会随着城镇化的推进,逐渐拓展和延伸到农村地区,从而实现农业现代化。而在我国,由于长期侧重城市经济发展,牺牲农村经济发展。因此,并未高度重视将先进、高效、集约的

经营模式与管理理念推广应用于农村经济发展中,使得城乡经济出现了脱节现象;二是城乡产业脱节。长期以来,我国城镇发展与农业发展存在相对孤立发展的现象,现代工业、服务业与农业存在相互脱节的现象。城市产业发展的同时,农业现代产业并未得到应有的发展;三是城乡居民脱节。随着城镇化的推进,越来越多的农村剩余劳动力转移到城镇务工。但由于城乡二元户籍制度以及自身能力的限制,他们不得不往返于城乡之间,在城市生活的同时,又保留农村的房屋和土地。这在一定程度上限制了农村土地的规模化、现代化、集约化、专业化经营,使得城镇化进行得并不彻底。

因此,总的来说,当前我国城镇化与农业现代化存在协调不力的现象,农业现代化明显滞后,使得城镇化缺乏有力的外在动力。农业就业结构演进慢于产业结构变化,大量人口滞留在农村,不利于农业规模经营发展。[18]工农业发展不平衡,农业劳动生产率偏低,制约着农业现代化进程的推进。同时,农民收入水平和消费水平大幅低于城镇居民,也影响着内需特别是消费需求扩大,使得城镇化发展缺乏有效的外在动力。

四、"四化同步"发展新型城镇化的推进路径

"四化同步"发展新型城镇化,需要充分发挥新型工业化、信息化以及农业现代化对新型城镇化的推动作用。因此,"四化同步"发展新型城镇化的推进路径主要包括深入推进新型城镇化与新型工业化互动发展、持续推进新型城镇化与农业现代化协调发展、不断推进新型城镇化与信息化融合发展三方面。可以说,新型城镇化与新型工业化互动发展是关键和核心,新型城镇化与农业现代化协调发展是重点和难点,新型城镇化与信息化融合发展是创新点和突破点。它们之间相互促进,相互支撑,共同构成了"四化同步"发展新型城镇化的推进路径。

(一)深入推进新型城镇化与新型工业化互动发展

新型城镇化与新型工业化互动发展是城镇化发展的关键和核心。因此,新型城镇化进程中,要正确处理城镇化与工业化之间的良性互动关系,努力寻找两者互动发展的切入点和突破点。要在推进新型城镇化的同时,坚持推进新型工业化。具体来说,主要有以下几条路径。

1. 大力发展战略性新兴产业,促进产业结构升级

新兴产业是经济增长的重要推动力。新型城镇化的推进离不开产业的支撑,离不开产业结构的优化升级。在新型城镇化进程中,大力发展先进制造业以及信

息技术、生物、新能源、新材料、新能源汽车等战略性新兴产业、现代服务业,努力改造传统产业,坚决淘汰重污染产业,始终坚持走新型工业化道路。这既有利于提升资源利用效率,促进经济效益发展,为新型城镇化推进提供产业基础。同时,又有利于改善和保护生态环境,促进经济绿色、低碳、循环发展,为新型城镇化推进提供生态基础,从而有利于人口、经济、资源与环境的协调发展。

2. 科学谋划产业发展,不断优化产业布局

以产业布局调整优化为"四化同步"发展新型城镇化的战略支点,按照科学规划产业发展的思路,依据每一个区域的经济发展特征、经济社会发展需求以及生态环境承载能力配套基础设施,给予资金支持,推进产业集聚发展,培育特色产业体系,促进地区、区域产业有序转移,逐步形成城市群与城市群之间,城市与城市之间以及城市与农村之间"分工协作、优势互补"的产业格局。具体来说,大城市要加快产业转型升级,大力推进新型工业化,建立健全以先进制造业、战略性新兴产业、现代服务业为主的产业体系,充分发挥其引领作用和延伸功能;中小城市要注重优化资源配置,鼓励引导产业和公共服务资源向其倾斜,加强基础设施和公共服务设施建设,壮大特色产业,培育龙头企业,发展优势项目,以增强市场竞争力,夯实产业基础;小城镇和农村地区要注重提升质量、集约用地、发展特色产业,依据自身的资源优势以及与大中小城市的距离远近,科学规划未来的产业发展道路,从而实现大中小城市、小城镇以及新型农村社区协调发展。

3. 有效推进农民市民化,不断提升农民就业能力

新型城镇化与新型工业化的互动发展,最终要落实到人的实践当中,需要各类人才的支撑。农业转移人口作为新市民,在新一轮的新型工业化和新型城镇化建设中扮演着重要的角色。但事实上,在城镇化的推进过程中,大量的农业转移人口面临着市民化问题,农民市民化程度在很大程度上影响着新型城镇化与新型工业化的健康发展。因此,推进农民市民化是实现新型城镇化与新型工业化良性互动的重要路径。一方面,农民市民化意味着农民技能和素质的提升,有利于满足新型工业化对人才的需求;另一方面,农民市民化意味着农民社会福利的提升,有利于体现新型城镇化对农民权益的保障。为了有效推进农民市民化,必须做好制度创新工作,改革户籍制度、就业制度、社会保障制度、公共服务供给制度,等等,为农业转移人口积极投入到新型工业领域、城镇建设领域提供制度保障,从而实现城乡协调发展。

(二)持续推进新型城镇化与农业现代化协调发展

目前,我国农业现代化明显滞后于城镇化,成了"四化同步"发展新型城镇化的重点和难点。城镇化与农业现代化的"非协调"发展,在很大程度上制约了城镇化水平的提升。因此,要大力推动城镇化与农业现代化协调发展,而不是片面强调城镇化,忽略农业现代化。要在城镇化发展的基础上,不断完善农业现代化发展的基础设施、技术、资金、政策等保障体系,促进农业生产的规模化、机械化、集约化经营,为统筹城乡发展提供新机遇,从而解决城乡之间生产要素交换不公平、基本公共服务供给不均衡、基础设施投入不到位、收入分配不平等问题。具体来说,持续推进新型城镇化与农业现代化协调发展的路径包括以下几条。

1. 深化土地制度改革

土地是农民生产的重要资源,是农民生活的重要保障,同时也是城镇建设的重要载体。因此,土地能否集约节约利用是影响新型城镇化与农业现代化协调发展的重要因素。为了实现这一目标,必须深化土地制度改革。最优的土地安排必须是既有利于农业的规模化发展,又有利于新型城镇化的可持续发展。这就需要进一步整合规划土地用地,探索土地有序流转方式,合理分配土地增值收益,提升土地节约集约利用水平,从而缓和城市用地与农业用地的内在矛盾。

2. 推进农业产业化发展

产业发展无论是对于城镇化来说,还是对于农业现代化来说,都是实现经济社会效益的主要路径。新型城镇化进程中,除了支持城市高新产业发展以外,还要注重农业产业化发展。各地区要根据自身资源比较优势,发展特色、高效、生态、安全的农业产业,突出发展生态有机高效农业、农产品精深加工业以及观光农业,提高农业竞争力。同时,有效引导城市资本、技术人才、管理人才、营销人才等生产要素向农村合理倾斜,将城市先进的经营、管理、营销理念推广到农村地区,推进农业产业化发展,充分发挥农业现代化对新型城镇化的基本保障功能。

3. 培育新型职业农民

新型城镇化与农业现代化的推进需要各类人才的支撑,同时也对农民素质提出了更高要求。但当前普遍存在着农民技能水平不高,就业能力不强等问题,这在很大程度上制约着新型城镇化与农业现代化的协调发展。因此,要大力发展农业职业教育,培育新型职业农民。对不同岗位的职业农民进行上岗培训,以掌握农业现代化、产业化、规模化生产所需的各类知识和技能。新型职业农民的培育不仅有利于为农业现代化输送大批人才,同时也有利于解决新型城镇化推进过程中农民就业难等问题。

（三）不断推进新型城镇化与信息化融合发展

不断推进新型城镇化与信息化融合发展是"四化同步"发展新型城镇化的创新点和突破点。信息化与城镇化相辅相成，信息化对于推进新型工业化、新型城镇化以及农业现代化都具有带动作用。新型城镇化与信息化的融合发展，有利于促进新型城镇化朝着生态、节能、高效、环保的方向健康发展。因此，在新一轮的新型城镇化推进过程中，要充分发挥信息化的引领作用，推动信息技术的深度应用。具体来说，融合的路径包括以下几条。

1. 完善信息化基础设施建设

新型城镇化与信息化的同步推进，需要以城乡信息基础设施建设一体化为依托。在此过程中，要对大中小城市、小城镇以及新型农村社区统一规划，将信息化建设规划列入城镇化建设规划中，将信息化基础设施建设列入城镇基础设施建设范畴，逐步建立健全城乡一体化的信息化基础设施体系，以充分发挥信息化的产业推进功能以及社会服务功能。

2. 加快城市管理智能化发展

充分发挥物联网、云计算、第三代移动通信技术等信息技术在促进城市管理方面的作用，大力推进电子政务建设，努力实现城市管理的互联化、智能化、数字化，为城市发展提供良好的社会环境。通过建立健全电子政务系统以及电子政务应用平台，实现政务管理的公开化、透明化、规范化，提升社会治理水平。

3. 加强信息化人才队伍建设

信息化技术在新型城镇化进程中的推广和应用需要专业人才的推动。可以说，人才是信息化与新型城镇化同步推进的核心力量。完善信息化基础设施建设是信息化推进的基础，信息化人才的培养才是信息化推进的关键。因此，需要加强信息化人才队伍建设，加强信息化应用有关知识的宣传与培训，提高信息技术的运用能力，推进信息产业发展。

参考文献

[1]綦鲁明. 当前我国工业化的水平和特征[J]. 经济研究参考,2013(68).

[2]李浩. 城镇化率首次超过50%的国际现象观察——兼论中国城镇化发展现状及思考[J]. 城市规划学刊,2013(1).

[3]宋周莺,刘卫东. 中国信息化发展进程及其时空格局分析[J]. 地理科学,2013(3).

[4]冯献,李宁辉,郭静利."四化同步"背景下我国农业现代化建设的发展思路与对策建议[J].农业现代化研究,2014(1).

[5]姜爱林.城镇化与工业化互动关系研究[J].财贸研究,2004(3).

[6]陈志峰,刘荣章,郑百龙,曾玉荣.工业化、城镇化和农业现代化"三化同步"发展的内在机制和相互关系研究[J].农业现代化研究,2012(2).

[7]姜爱林.城镇化、工业化与信息化的互动关系[J].城市规划汇刊,2002(5).

[8]韩斌.信息化是发展先进生产力的火车头[J].实事求是,2003(2).

[9]夏春萍.工业化、城镇化与农业现代化的互动关系研究[J].统计与决策,2010(10).

[10]冯献,崔凯.中国工业化、信息化、城镇化和农业现代化的内涵与同步发展的现实选择和作用机理[J].农业现代化,2013(3).

[11]国家发展和改革委员会国土开发与地区经济研究所课题组.改革开放以来中国特色城镇化的发展路径[J].改革,2008(7).

[12]张占斌.新型城镇化的战略意义和改革难题[J].国家行政学院学报,2013(1).

[13]单卓然,黄亚平."新型城镇化"概念内涵、目标内容、规划策略及认知误区解析[J].城市规划学刊,2013(2).

[14]彭红碧,杨峰.新型城镇化道路的科学内涵[J].理论探索,2010(4).

[15]中共中央、国务院.国家新型城镇化规划(2014-2020年),2014—3—16.

[16]李刚,魏佩瑶.中国工业化与城镇化协调关系研究[J].经济问题探讨,2013(5).

[17]蓝庆新,彭一然.论"工业化、信息化、城镇化、农业现代化"的关联机制和发展策略[J].理论学刊,2013(5).

[18]刘玉.农业现代化与城镇化协调发展研究[J].城市发展研究,2007(6).

耕地压力与中国城镇化:基于地理差异的实证研究

罗 翔 罗 静 张 路

一、研究背景和问题的提出

中国过去 20 年的经济高速增长,得益于工业化和由此带来的城镇化。20 世纪 90 年代中后期以来,中国经历了大规模的快速城镇化,城镇化率从 90 年代末的 30% 不到提升至 2012 年的约 52%。工业化引致的城镇需求促进了生产要素城乡空间上的再配置,人力资本与实物资本均得到迅速积累,形成了经济增长的巨大动力(中国经济增长前沿课题组,2011)。然而当前中国,无论是在农村还是城市,均没有通过城镇化有效地实现土地的集约使用。首先,从耕地资源的变动来看。1990 年以来,我国耕地面积累计减少超过 1000 万公顷以上,其中每年约减少 69 万公顷。[1]特别需要强调的是,中国耕地资源减少较多的省份并没有获得相应规模的城镇化。[2]不仅如此,中国"空心村"的现象还日趋严重。其次,城镇土地的利用率低。2003 年以后,由于国有建设用地指标更多地向内地省份(中部和西部)倾斜以试图平衡区域经济发展,缺乏产业支撑的地区却获得了相应比较多的

[基金项目]本文为国家社会科学基金青年项目(13CJY035):基于农业生产风险的中国城镇化成因与路径特征研究阶段性研究成果。

[作者简介]罗翔(1978—),男,江西九江人,经济学博士、管理学博士后,华中师范大学城市与环境科学学院副教授。罗静(1966—),男,湖北松滋人,华中师范大学城市与环境科学学院教授、博士生导师。张路(1985—),男,山西吕梁人,华中科技大学公共管理学院博士后。

① 具体比例作者根据《中国国土资源年鉴》和《中国农业发展报告》测算。

② 以违法占用耕地为例,1993 年至 2010 年,全国违法占用耕地比例最高的是内蒙古(50.1%),其次是新疆(36.14%)和贵州(25.4%),在 13 个粮食主产区中,内蒙古为 50.1%,山东为 24.64%,河南为 21.07%,江苏为 12.65%,安徽为 11.45%,辽宁为 10.38%,湖北为 10.01%。

建设用地指标,再加上工业园区和卫星城的盲目占地,导致了城镇土地的集聚不足和产城发展失调。① 而产城发展失调一个最为直接的后果就是"鬼城"的大量涌现。需要说明的是,中国的"鬼城"是典型的规划型"鬼城",即城市规划与城市实际发展相背离(聂翔宇、刘新静,2013)。换句话说,中国的"鬼城"是由行政指令干预下要素配置扭曲所导致的。

通过对中国城镇化发展事实的简单回顾,我们发现,中国城镇化正在面临高度的效率损失:一方面,城镇化并没有实现土地资源的集约使用;另一方面,人口城镇化滞后土地城镇化。② 对此,现有文献比较强调土地财政对中国城镇化的影响。分税制改革后,国有建设用地的市场价值开始凸显,土地财政成为地方政府收入的主要来源(罗必良,2010;中国经济增长与宏观稳定课题组,2009)。因此各级地方政府均热衷于用扩张城镇面积的方式推动城市化。而"中部崛起"和"西部大开发"又进一步助涨了内地省份城镇面积扩张和耕地流失的规模(陶然等,2007)。这意味着,对于中国大多数省份而言,不是为了发展进行土地开发,而是通过农地非农化发展经济。因此,耕地资源的流失成为必然。与此同时,从制度层面看,现行的土地管理制度也无法有效地实现土地的集约使用。根据《宪法》和《土地管理法》的规定,征地是农地转用的唯一合法形式,农村土地只有被依法征收转为国有建设用地后,才能以出让的方式进入市场流转,从而在制度层面内生了一种"先国有化,后市场化"的土地资源配置逻辑(北京大学国家发展研究院综合课题组,2014)。在该逻辑框架内,地方政府对农村土地征收和国有建设用地出让的全过程实行高度垄断,因而土地的无限制开发无可避免(刘东、张良悦,2007)。其结果就是一方面造成耕地的浪费和流失,另一方面也导致了城镇土地后备资源的过度开发(陈江龙等,2004)。不仅如此,基于土地财政的城镇化是以土地金融为纽带拉动经济经济增长的,在长期还势必会增加地方政府的债务风险(范剑勇、莫家伟,2013)。

本文并不否认以上文献所做的贡献,但是需要说明的是,上述研究均是从外生的制度安排角度去考察土地资源与中国城镇化之间的关系。这里暗含着两个

---

① 根据《中国国土资源年鉴》(2003—2012)数据,内地省份(中部和西部地区)2003年国有土地供给量占全国土地供给量的比例为34.77%,2011年这个比例上升至65.07%。

② 2000年至2012年,我国城市人口数量从4.6亿增加到7.1亿,增加了55%;而同期全国城市建成区面积则由2000年的22439.3平方公里扩大到2012年的45565.8平方公里,提高了103.1%,中国建成区的面积增长率平均每年超过城镇人口增长率1.27个百分点。

假定:第一,劳动力无法自由流动;第二,土地资源不存在区域差异。这显然是不符合当前中国城镇化发展事实的。首先,2014 年,国家实行新型城镇化战略,强调城镇包容性发展,2020 年,户籍改革时间表也最终敲定,城乡统一户籍将是大势所趋,各类城乡分割的政策性安排对城镇化的影响势必会逐渐减弱,劳动力的流动将会更加自由。比如已有研究表明,在中国农村劳动力迁移中,举家迁移和长期迁移的比例和趋势都在增强(侯佳伟,2009)。在此背景下,中国城镇化发展的一般特征是什么? 只有对该问题进行清楚的回答,才能从本质上纠正政府的"有形之手"对正常城镇化发展的干预。而这恰恰是现有文献没有加以说明的。其次,从土地资源变动来看,基于土地财政背景的城镇化在全国层面上的影响是一致的。但中国的城镇化发展带有明显的区域特征。比如最近的一项研究发现,我国东部地区存在过度城镇化,而中西部地区的某些省份则出现了低度城镇化倾向(李国平,2008)。这显然也不是单纯从政策干预角度的研究能够合理解释的。因此,仅从政策层面去研究中国城镇化,不仅在理论上是不合时宜的,在操作层面也存在问题。

如果要从土地资源的角度考察中国的城镇化,合理的研究角度应该是区域性和结构性的。一方面,中国是一个疆域辽阔、人口众多、区域发展不平衡的大国,不可能完全由中央政府"一竿子"插到底进行经济管理(沈立人,戴园晨,1990),尤其新型城镇化背景下,要素的流动更加自由;另一方面,城镇化也要遵循土地利用的比较优势原则,即提高土地利用的集约度。进一步的,本文认为,地理因素和自然禀赋将是理解新型城镇化背景下中国城镇发展的重要维度,而这一点并没有引起研究者的足够重视。本质上,中国的城镇化是持续将农民变为城市居民的过程,同时实现土地的集约使用。与之相关最为重要的两个问题是,影响农民向城市迁移的因素是什么? 如何实现土地的集约使用? 从理论上来讲,只要农户的务农收入持续低于城市所得,农户就会向城市迁移。而中国又是一个地理因素差异巨大的国家,农业生产收入受自然条件的影响较大,而在自然条件中,耕地质量对农业生产的影响最为直接(俞奉庆、蔡运龙,2004)。此外,土地的集约使用必然涉及对城市用地与耕地资源的讨论,当前偏好内地的土地发展模式是否实现了土地的集约使用,也亟待从实证的层面给予回答。

鉴于此,本文从耕地压力指数的角度对中国城镇化进行了考察。① 之所以选

---

① 关于耕地压力指数的设定,在第二部分有详细说明,此处不再赘述。

择耕地压力指数,是因为本文认为耕地压力指数可以较好地将中国的地理因素和自然禀赋对城镇化的影响反映出来:第一,从技术层面上来讲,农村劳动力的流动和耕地资源的变动均可以从耕地压力指数中反映。第二,虽然人均耕地面积变动的趋势在全国层面上是较为一致的,但耕地的生产条件和耕地利用的比较优势在各个区域却大不相同。这样就可以从耕地压力指数差异的角度对中国城镇发展的空间格局进行解释。第三,耕地压力指数强调了区域亩产与全国亩产的比例,从某种程度上也反映了农业技术进步对城乡发展的影响。

因此,本文可能的贡献为:第一,从研究主题上来说,本文考虑了中国城镇化发展不同阶段的特征,从耕地资源差异的角度解释了中国城镇化发展中区域失衡的事实,并且首次将耕地压力纳入到中国城镇化实证研究体系中。本文的实证研究可视为现有从地理因素角度考察中国城镇化问题的一个有力补充;第二,考虑到耕地资源的异质性,本文通过对耕地质量标准系数校正得出了修正后的耕地压力指数;第三,本文用工具变量考察了耕地压力对中国城镇化的影响机制,避免了内生性问题对估计结果可能造成的偏误。

二、中国耕地压力的变动趋势:区域内差异到区域间差异

在对耕地压力与城镇化进行实证研究之前,结合中国城镇化的现状,本文首先对中国耕地压力指数的变动趋势进行了完整的考察,希望借此说明耕地压力与城镇化之间可能存在的因果关系。

(一)修正的耕地压力指数

考虑到土地地理差异和自然禀赋对城镇化的影响,选取科学的耕地压力指数指标尤为重要。现有对中国耕地压力的研究中,多数学者使用的是基于最小人均耕地面积的耕地压力指数,在此基础上通过构建耕地压力指数模型测算区域耕地压力程度(蔡运龙等,2002;朱红波、张安录,2007)。需要说明的是,该类指数较多关注耕地面积与人口数量间的对比关系,而忽略了区域间耕地质量及耕地利用的异质性,有其内在的缺陷并难以合理反映耕地压力对城镇化的影响。显然,不同的自然条件和经济发展程度均会影响区域间的耕地利用效率,比如叶浩、濮励杰(2011)发现中国耕地利用效率虽然逐渐提高,但省际耕地利用效率存在明显差异,大部分地区耕地的实际产出与现有投入水平下的潜在产出存在较大差距。相同的研究结论还来自于方修琦等(2009),他们发现过去20年中国大部分地区耕地生产力普遍提高,但耕地生产力的东西差异依然显著,全国存在耕地生产力整

体下降的风险。据此,本文借助已有耕地压力指数概念并结合土地的自然禀赋,将已有的耕地压力指数拓展为集数量和质量为一体的综合性压力阈值,通过耕地质量标准系数校正耕地数量压力指数,从而求出修正后耕地压力指数。[①] 基于蔡运龙等(2002)提出的耕地压力指数,本文修正的耕地压力指数可表示如下:

$$K = \frac{K_s}{\sigma} = \frac{\beta \times [G_r/(p \times q \times k)]}{S(\dot{a})} \times \frac{p_n \times k_{(n)}}{p_{ai} \times k_{ai}} \tag{1}$$

(1)式中 K 为修正后耕地压力指数;$K_s = S_{min}/S_a$ 为耕地数量压力指数,$S_{min} = \beta \times [G_r/(p \times q \times k)]$ 为最小人均耕地面积($hm^2/人$),S_a 为实际人均耕地面积($hm^2/人$),β 为粮食自给率(%),G_r 为人均粮食需求量(kg/人),q 为粮食播种面积占总播种面积之比(%);$\sigma = PL_a/PL_n$ 为耕地质量修正系数,PL_a 为地区耕地生产力,PL_n 为全国耕地生产力,p 为播种面积粮食单产(kg/hm^2),k 为农作物复种指数(%),P_{ai} 为省份播种面积粮食单产(kg/hm^2),k_{ai} 为省份农作物复种指数,p_n 为全国播种面积粮食单产(kg/hm^2),k_n 为全国农作物复种指数。

(二)耕地压力水平的时空演变分析(2000 年至 2012 年)

根据式(1)计算得出各省耕地压力水平的综合得分值,结合耕地压力水平标准的评判法则,本文将耕地压力水平区域划分为安全压力区(0 < K < 0.9)、轻度压力区(0.9 < K < 1)、中度压力区(1 < K < 2)和高度压力区(K > 2)4 种类型,据此判断我国区域间耕地压力水平的变动趋势(图1)。[②]

[①] 其中,耕地质量标准系数由当年各地平均耕地生产力相对于全国平均耕地生产力的比例表征,具体由反映耕地综合生产能力的播种面积粮食单产与农作物复种指数的乘积作为耕地生产力的测算指标。

[②] 2007 年,统计局将我国的经济区域划分为东部、中部、西部和东北四大地区,其中,辽宁、吉林和黑龙江三省化为东北地区。在本文的实证研究中,由于涉及耕地压力指数的测度,结合各省区耕地资源禀赋、地形、光照和水源等条件将以上三省独立出来作为东北地区进行估计的意义不大。因此,本文在统计局 2003 年的划分标准的基础上结合耕地条件将我国东、中、西部划分如下。其中东部地区包括:北京、天津、河北、上海、江苏、浙江、福建、山东、广东、海南;中部地区包括:山西、安徽、江西、河南、湖北、湖南、辽宁、吉林和黑龙江;西部地区包括:内蒙古、广西、四川、重庆、贵州、云南、西藏、陕西、甘肃、青海、宁夏和新疆。

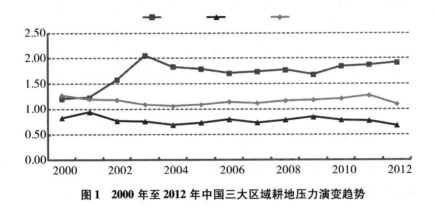

图1 2000年至2012年中国三大区域耕地压力演变趋势

2000年至2012年间,我国东部耕地压力指数持续维持在1.5至2.0的区间内,并且在2003年有过一个显著的上升,从变化趋势来看,东部地区的耕地压力有上升的倾向并逐渐向高度压力区域靠拢;西部的区的耕地压力指数维持在中度压力区间内(1.0至1.5);中部地区的耕地压力指数最轻,属于轻度压力区间(0至0.9)。与此同时,中部地区与西部地区耕地压力指数还有下降的趋势。①

为了更加准确地度量我国耕地压力的变动趋势和区域差异,我们进一步对耕地压力进行了 *Theil* 指数空间尺度上的分解,着重考察三大区域耕地压力强度的差异。设定中国耕地压力水平 *Theil* 指数计算公式为:

$$T = T_W + T_B = \sum_i \sum_j (X_{ij}/X) Ln[(X_{ij}/X)/(1/N)] \tag{2}$$

其中,$T_W = \sum_i X_i [X_i/X] \times T_i$ 和 $T_B = \sum_i (X_i/X) Ln[(X_i/X)/(N_i/N)]$ 分别表示区域内耕地压力差异和区域间耕地压力差异;$T_i = \sum_j (X_{ij}/X_i) Ln[(X_{ij}/X_i)/(1/N_i)]$ 表示 i 区域内省际耕地压力差异指数;X_{ij} 表示 i 区域内 j 省份的耕地压力水平,X 表示耕地压力水平之和,X_i 表示 i 区域内各省份耕地压力水平之和,N_i 表示 i 区域内省份个数;T_W/T 为区域内差异对总体差异的贡献率,T_B/T 表示为区域间差异对总体差异的贡献率;i 表示东、中、西部三大地区。

---

① 对此,我们的理解是,自2000年至2003年粮食产量开始下降后,中央出台系列支持粮食生产的政策措施,2004年至2010年"三农"投入年均增长21.8%,与粮食生产相关的直接投入从1029亿元增加到4575亿元,这些补贴基本投入到我国粮食生产的13个主产区。

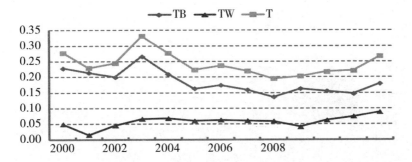

图2 2000 年至 2012 年中国省际耕地压力指数省级、区域内、区域间变动趋势

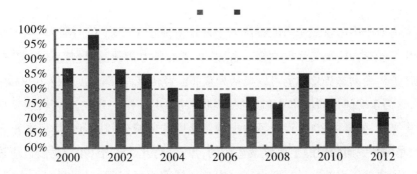

图3 2000 年至 2012 年中国省际耕地压力指数区域内、区域间贡献度变动趋势

图 2 和图 3 是根据 Theil 指数在空间尺度上的分解结果,我们发现,虽然区域内差异对中国耕地压力省级差异贡献较大(解释了 76.85% 程度上的差异),但区域间差异对中国耕地压力省级差异的贡献率却在逐步提高,从 2000 年的 17.55% 提高到 2012 年的 30.42% ,增幅 73.33% 。通过以上对耕地压力指数的空间测度,可以看出,在城镇化的进程中区域内差距对中国耕地压力差异的影响逐渐下降,相应的区域间差距对中国耕地压力的影响力在上升,即三大区域间的耕地压力差异逐渐扩大。

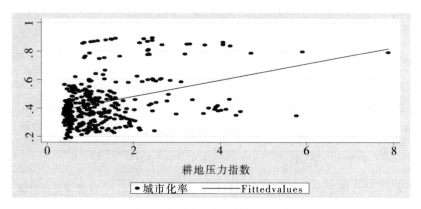

图4 耕地压力与城镇化率关系

以上对于中国耕地压力的整体测度基本上证实了我们关于耕地压力对中国城镇化可能存在因果关系的判断。首先,从耕地压力指数的时空变动趋势来看,耕地压力的变动态势总体上可以概括为东部由轻转重,西部轻度保持不变和中部富余,这与该期间中国城市人口发展的轨迹基本上是相一致的。[①] 其次,从地区差异上来看,如果说2003年以后中国城镇化中的区域分割以及各类资源配置的恶化,是由于偏向内地的土地政策造成的,那么,与此逻辑相一致,我们也应该能看到中国耕地压力的差异逐渐由区域内差异转变为区域间差异,在图4中,我们可以发现2003年前后,区域间的耕地压力差异贡献度开始显著上升。不仅如此,从图4中,我们更能够清楚看出,耕地压力与城镇化之间存在显著的正相关关系。当然,以上关于耕地压力与城镇化之间的关系是基于我们对中国事实的判断和数据的统计性描述,在本文的第四部分,我们将给出耕地压力与城镇化之间的回归证据。

三、计量模型的设定与数据说明

(一)计量模型的设定

基于对相关文献的述评与中国耕地压力和城镇化的特征事实,本文的主计量模型可以表示如下:

---

① 根据全国第五次人口普查与第六次人口普查数据,2000年至2010年,我国常住人口年增长率为0.57%,其中西部和中部地区的常住人口增长率分别为0.46%和0.36%,而东部地区常住人口年增长率高达1.64%。

$$Urban_{it} = \beta_0 + \beta_1 Landpressure_{it} + \beta_2 Controls_{it} + \epsilon_{it} \qquad (3)$$

在其他因素给定的情况下,该计量模型主要考察耕地压力对城镇化的影响。正如上述分析,耕地压力可能对中国的城镇化存在影响机制。因此,本文预期,耕地压力越大的区域其城镇化程度也越高,这正是本文所要检验的核心假设之一。此外,耕地压力对中国的城镇化是否存在长期的影响机制,也是本文所要验证的核心内容。

(二)变量设定与数据说明

在式(3)中,下标 i 和 t($t = 2000, \cdots, 2010$)分别代表第 i 个省份和第 t 年,是随机误差项,是常数项,是核心待估系数。(3)式左边为城镇化率,现有文献均用城市人口(U_{it})与总人口(P_{it})之比来表示城镇化率,本文遵循这种思路,即。2000 年至 2008 年的数据来自《新中国 60 年统计资料汇编》,2009 年至 2012 年的数据来自各省的统计年鉴。

耕地压力指数 Landpressure 是本文的核心解释变量,其具体计算方法已经本文的第二部分进行了详细的交代,此处不再赘述。[1] 由于该变量所涉及的基础数据主要包括耕地面积、总人口、粮食总产量、粮食单产、粮食播种面积、农作物播种面积、复种指数、人均粮食需求量等多个指标,[2]具体数据来源分别说明如下:全国层面的数据均来自 2001 年至 2013 年的《中国统计年鉴》,其中 2009 年至 2012 年耕地面积来自《中国国土资源公报》;各省、自治区、直辖市的数据分别来自 2001 年至 2013 年各省份统计年鉴;部分省份的统计年鉴并未公布粮食单产(或者年份缺失)等数据,查阅中国统计局官网获取;个别年份的缺失数据依据 3 年平均增长率进行插值,其中各省份的人均粮食需求量和粮食自给率采用全国层面的数据。

Controls 是省级层面的控制变量,鉴于耕地压力指数本身是一个指标体系,已经包含了较多的指标,因此,在省级控制变量层面,本文只控制了自然因素和一些明显的政策变化。在自然因素方面,我们控制了降雨量的变动和成灾面积,之所以控制降雨量变动和成灾面积是因为诸如气候突变、虫灾等重大自然灾害可能会影响到复耕指数,继而通过耕地压力对城镇化产生影响,比如 Barrios 等(2006)认

---

① 在稳健性检验中,我们使用了基于蔡运龙等(2002)提出的耕地压力指数,即未修正的耕地压力指数进行稳健性检验。

② 历年粮食自给率等于粮食总产量除以粮食消费量,粮食消费量 = 粮食生产量 + 粮食进口量 − 粮食出口量。

为降雨量的变动会导致短期的城镇化。① 为了消除跨期变量之间的自相关性,同时考虑到某些省份年降雨量变动可能不显著,本文采用 3 年内降雨量增长率的标准差作为降雨量变动 $Rainfallv$ 的代理变量,即 $Rainfallv_t = \sqrt{\dfrac{1}{3}\sum_{t=1}^{3}(Rainfallv_t - \overline{Rainfallv})^2}$,其中 $Rainfallv_t$ 表示 t 年降雨量的增长率。2006年至 2010 年降雨量的数据来源于《中国水资源公报》;2000 年至 2005 年、2011 年至 2012 年直辖市的降雨量数据来源于《中国气象年鉴》,其余省份的降雨量来自《中国环境统计年鉴》。成灾面积使用对数形式 $LnDarea$,其数据来源于 2001 年至 2013 年的《中国环境统计年鉴》和《中国城市建设年鉴》。在政策变化方面,本文引入用户籍制度改革的虚拟变量($Hukou\_dum$)作为控制变量。② 之所以选择户籍制度作为政策控制变量是因为迄今为止,户籍制度是所有影响城镇化政策中最为严格制度。

（三）离群值的处理

鉴于本文的核心解释变量耕地压力指数是一个指标体系,有些指标存在部分数据缺失的情况,虽然我们用平均增长率进行了插值,但在进行回归估计之前还是有必要对该指标进行离群值检验和处理,如果直接回归会造成估计结果的偏误(Flannery and Rangan,2006)。本文用箱形图和正态分布对耕地压力指数进行了离群值检验后显示[1],耕地压力指数存在较多的离群值,由于本文使用的省级层面的面板数据,限于样本空间容量,本文并不打算采取剔除离群值的做法,而是对离群值进行了 10% 水平上双边 wionsorize 处理。表 1 是进行离群值处理后变量的统计性描述。

---

① 成灾面积是指受灾面积中,因灾减产 3 成以上的农作物播种面积;受灾面积指因灾减 1 成以上的农作物播种面积,如果同一地块的当季农作物多次受灾,只计算其中受灾最重的一次。因此,本文认为成灾面积更能反映自然灾害对耕地压力的影响。

② 自十七大提出要推进户籍制度改革以来,我国已经有 13 个省市先后取消了农业户口和非农业户口的二元户口性质划分。这些省市分别为:河北、辽宁、江苏、浙江、福建、山东、湖北、湖南、广西、四川、陕西、云南和重庆。

表 1　变量统计性描述(n = 314)

变量名	含义	均值	标准差	最小值	最大值
Urban	城镇化率(%)	0.44	0.17	0.19	0.89
Landpressure	耕地压力指数	1.30	1.02	0.37	7.87
Landpressure_w	缩边的耕地压力指数	1.17	0.66	0.46	2.45
Landpressure_u	未修正的耕地压力指数	1.37	0.96	0.26	6.95
Rainfallv	降雨量变动的标准差(毫米)	156.02	125.05	4.12	695.57
LnDarea	成灾面积对数形式(千公顷)	6.02	1.57	0	8.33
Hukou_dum	户籍制度虚拟变量	0.11	0.32	0	1
Populationgr	人口自然增长率(%)	5.64	3.23	−3.24	13.1

四、耕地压力对城镇化的影响及其解释

(一)估计方法的选择与估计结果

表 2　城镇化率与耕地压力指数

城镇化率	模型 1	模型 2	模型 3	模型 4	模型 5	模型 6
						缩边处理
耕地压力指数	0.057*** (0.008)	0.034*** (0.009)	0.036*** (0.008)	0.090*** (0.030)	0.024*** (0.010)	0.027*** (0.010)
自然因素	否	是	是	是	是	是
政策因素	否	否	是	是	是	是
异方差	否	否	否	否	是	是
个体效应	否	否	否	否	是	是
离群值	否	否	否	否	否	是
调整 R^2	0.121	0.249	0.261	0.141	0.140	0.146
观察值	314	314	314	314	314	314

注:(1)* 表示在10%的置信水平下显著不为0,** 表示在5%的置信水平下显著不为0,*** 表示在1%的置信水平下显著不为0;(2)括号中报告的是标准差;(3)第6和第7列括号中是基于 White 异方差稳健性标准误计算而得的标准差。

表2是对式(3)的估计结果。模型1至模型3报告的是混合 OLS 估计的结

果。从该估计结果来看,在加入自然层面和政策层面的控制变量后,耕地压力对城镇化的影响始终显著且为正。考虑到异方差可能对估计结果造成的偏误,模型4报告的是GLS估计的结果,从估计结果来看,耕地压力对城镇化的影响依然显著。模型5报告的是静态固定效应FE的估计结果。之所以采用FE估计是基于以下考虑,首先,我们采用的是省级面板数据,虽说各省内部具体的经济政策可能有所不同,但是中国整体的社会发展和政策环境对于各个省份的影响却是一致的;其次,我们使用的是短面板数据,社会的发展在该时间并没有发生突变且是连续的。至此,本文判断个体效应不会纳入到随机误差项中。模型6报告的是控制了离群值后的估计结果。对比模型5与模型6的估计结果,我们发现对耕地压力指数进行缩边后,FE估计系数为0.027,标准差是0.010,与模型5的估计结果略有差别但显著性保持不变。模型6的结果表明,我们对离群值处理后的估计结果是稳健的。

(二)内生性与工具变量估计

表2的估计结果表明耕地压力与城镇化之间存在显著的影响机制,即耕地压力越大的地区城镇化率越高。但是中国城镇化进程中一个无法争辩的事实是城市面积扩张的同时也伴随着耕地资源的减少,虽然暂无全国层面的经验研究证明城镇化会对中国的耕地资源产生压力,但是我们还是先验地判断耕地压力与城镇化之间可能存在逆向因果关系(内生性)从而导致估计结果的偏误。在处理内生性问题中,工具变量是常用的方法。本文的研究中,我们认为人口自然增长率是较为合适的工具变量。一方面,人口自然增长率与耕地压力指数之间存在一定的关系,人口增长率高的地区人均实际耕地面积较小,从而耕地压力指数较大,相反,人口增长率低的地区耕地压力则较小。另一方面,城镇化本身不能影响人口出生率和死亡率①。在使用工具变量进行回归之前,首先要证明工具变量与核心解释变量之间确实存在因果关系,表3是工具变量(人口自然增长率)与耕地压力指数之间的回归结果。

---

① 现有的文献表明,出生率和死亡率主要与当地的经济环境、社会习俗、政治条件有关(Ray,1998)。如果非要强调的话,中国的人口政策可能会影响出生率,但是"单独二孩"政策的全面放开与实施的时间是2014年,而本文所选取的是2000年至2012年的面板数。因此,在本文的研究中,人口自然增长率可视为一个外生变量。

表3 耕地压力指数与人口自然增长率

耕地压力指数					
	模型7	模型8	模型9	模型10	模型11
面板A:所有观察值 人口自然增长率	0.014 (0.017)	0.011 (0.015)	0.013 (0.015)	0.014 (0.020)	0.019 (0.037)
自然因素	否	是	是	是	是
政策因素	否	否	是	是	是
异方差	否	否	否	是	是
个体效应	否	否	否	否	是
面板B:耕地压力 指数缩边处理 人口自然增长率	0.013*** (0.006)	0.011*** (0.005)	0.012*** (0.005)	0.012*** (0.004)	0.031*** (0.011)
自然因素	否	是	是	是	是
政策因素	否	否	是	是	是
异方差	否	否	否	否	是
个体效应	否	否	否	否	是

注:同表2,第6列括号中是基于White异方差稳健性标准误计算而得的标准差。

表3中,模型7、8、9报告的是混合OLS的估计结果,模型10报告的是GLS的估计结果,模型11报告的是FE的估计结果。从表3的估计结果看,面板数据A的估计结果均不显著,面板数据B中,模型7和模型11报告的结果是我们最为关注的,其估计结果显著,这说明,在控制了离群值后,人口自然增长率对耕地压力指数的影响显著为正,即人口自然增长率高的地区,耕地压力指数也越大。

表4模型12至15报告的是2SLS的估计结果,由于控制了内生性问题,估计效率得到了显著提高,与表3的估计结果相比,核心解释变量耕地压力指数 Land-pressure 的估计系数大幅提高且显著。不仅如此,弱工具变量检验 Kleibergen Paap F统计量的值均远大于10,说明本文采用的工具变量是合适的。

表4 城镇化与耕地压力指数（工具变量）

城镇化率				
	2SLS			
	模型 12	模型 13	模型 14	模型 15
耕地压力指数	0.264***	0.266***	0.260***	0.260***
	(0.038)	(0.033)	(0.033)	(0.038)
第一阶段:人口自然增长率	0.013***	0.011***	0.012***	0.012***
对耕地压力指数	(0.006)	(0.005)	(0.005)	(0.004)
Kleibergen Paap F 统计量	34.97	144.06	107.99	45.84
离群值	是	是	是	是
自然因素	否	是	是	是
政策因素	否	否	是	是
异方差	否	否	否	是

注:同表2,第5列括号中是基于 White 异方差稳健性标准误计算而得的标准差。

(三)耕地压力对城镇化的长期影响

在考察耕地压力与城镇化的关系时,值得注意的是,这种影响机制可能是长期的。首先,从经济学上讲,只要农民的务农收入持续低于城市工作所得,农村人口流入城市的趋势在短期内就不可能逆转。① 其次,耕地作为稀缺资源,对农业生产的约束始终是存在的,也即是当年的耕地压力不仅会影响农户当年的生产行为,对其以后的生产行为也会有比较显著的影响。在接下来的实证研究中,本文采用了两种方法来考察耕地压力对城镇化的长期影响。第一,我们使用了滞后3期的耕地压力指数对城镇化进行了回归,验证耕地压力的累积效应是否会对城镇化产生影响;第二,我们采用了 Hodrick - Prescott 过滤器(Hodrick and Prescott,1997)对城镇化率和耕地压力指数提取了周期成分,剔除了周期性因素的干扰,由于我们使用的是年度数据,其 λ 值设为6.25。具体估计结果如表5所示。

---

① 根据国家统计局 2005 年进行的 1% 抽样调查,我国流动人口为 14735 万人,超过全国总人口的 10%,其中跨省流动人口 4779 万人,大部分为农民工。第六次全国人口普查结果显示,2010 年居住地与户口登记地所在的乡镇街道不一致且离开户口登记地半年以上的人口增加 1.17 亿人,与第五次人口普查的数据相比,增长了 81%。

表 5 模型 16 至模型 18 报告的是 OLS 的估计结果,模型 19 报告的是经过去周期后 OLS 的估计结果。之所以选择 OLS 估计,是基于以下考虑:首先,在估计耕地压力对城镇化的累积效应时,我们选取的是耕地压力的滞后项,滞后项本身与被解释变量城镇化之间没有逆向因果关系,不仅如此,与当期的误差项也不相关;其次,从长期趋势来看,如果初始城市人口与省级层面固定效应相关的话,使用FE 回归,会导致估计结果的偏误(Nickell,1981)。从表 5 的估计结果看,耕地压力指数滞后项的累积效应对城镇化的影响显著为正,不仅如此,剔除周期性因素后,这种影响机制依然存在。

表5 城镇化与耕地压力指数(长期影响)

城镇化率	OLS			Hodrick – Prescott
	模型 16 滞后 1 期	模型 17 滞后 2 期	模型 18 滞后 3 期	模型 19 $\lambda = 6.25$
耕地压力指数	0.0543***	0.0549***	0.0551***	0.1159***
	(0.014)	(0.015)	(0.016)	(0.045)
离群值	是	是	是	是
自然因素	是	是	是	是
政策因素	是	是	是	是
异方差	是	是	是	是
调整的 R^2	0.277	0.286	0.310	0.237
观察值	310	279	248	341

注:同表 2,括号中是基于 White 异方差稳健性标准误计算而得的标准差。

(四)估计结果的解释

从模型(15)的实证结果看,耕地压力对城镇化的影响显著为正,耕地压力指数每上升 1 个百分点,中国的城镇化率上升 0.26 个百分点,不仅如此,从长期影响机制来看,过去 3 年耕地压力指数每上升一个百分点,中国城镇化率累积上升0.66 个百分点。

耕地压力指数大的地区往往城镇化率较快,这是由耕地的地理因素和土地利用的比较优势决定的。从地理因素来看,我国的 13 大粮食主产区基本上位于中部和西部地区,①以我国北方平原为例,其处于温带和暖温带范围,有大陆性和季风型气候特征,不仅如此,耕地土壤主要为黑土,土质疏松、有机质含量高,适宜大规模的农业机械化作业,其耕地压力相对较小。耕地条件好的地区通常农业边际产量较高,而边际产量又是农户收入的决定基础,在相同的经济发展条件下,农户向城市迁移的动力通常较低,与此同时,耕地压力较轻的区域产业基础通常比较薄弱,只能发展资源密集型行业(彭连清,2007),其城市就业能力有限,农村劳动力向城市转移的比例较低(刘盛和等,2003)。因此,耕地压力小的地区城镇化率也低。从土地利用的比较优势来看,离港口越近的地区,土地的利用效率越高(Fujita and Krugman,1999)。土地利用效率的提高要求更多的二、三产业的集聚同时伴随着城市面积的扩张和耕地压力的上升。与此同时,经济集聚也意味着城市所得的多样化和城市收入的提高,而收入的多样性可以看作是农户应对农业生产异质性冲击最有效的手段(Townsend,1994;Bardhan and Udry,1999),尤其对于一个耕地压力大的地区来说,更是如此。这样,耕地压力就对城镇化构成了直接的影响:耕地压力越大,城镇化率越高;耕地压力越小,城镇化率越低。我们的实证研究再次表明,城镇化必须以一国的地理条件和自然禀赋为基础,借用行政手段强行配置资源,只会使资源的配置扭曲。

此外,从长期影响机制来看,耕地压力对城镇化的影响依然显著且为正。这说明一方面,持续提高的耕地压力可能会促使农民向城市迁移以规避农业生产风险;另一方面,随着户籍制度的放开,劳动力向要素回报更高地区流动的趋势会愈加明显。而当前的土地政策下的土地资源的配置恰恰是与劳动力配置背道而驰的,即"人往高处走,地往低处流"。2000年至2010年,我国常住人口年增长率为0.57%,其中西部和中部地区的常住人口增长率分别为0.46%和0.36%,而东部地区常住人口年增长率高达1.64%②。在土地的供给层面,2003年至2011年,中部和西部地区所占的国有土地供应量的比例却从34.77%上升至65.07%③。劳动力资源与土地资源配置的扭曲或许正是我国城镇化中区域发展失衡和土地利用的集约度低的症结所在。事实上,已有研究注意到了偏向内地的土地政策对城

---

① 这13个粮食主产区分别为:河北、河南、黑龙江、吉林、辽宁、湖北、湖南、江苏、江西、内蒙古、山东、四川、安徽。
② 根据全国第五次人口普查和第六次人口普查数据,比例为作者计算得到。
③ 数据来源于《国土资源年鉴》(2004－2012)中"国有(建设)土地供应出让情况",比例为作者计算得到。

镇化的影响,比如 Henderson and Wang(2007)认为,移民高度本地化限制了城市规模的扩大,从而不利于城市生产力的提高。我们的估计结果进一步证实了依赖投资推动和政府推动的城镇化在长期内并不有效,反而会扭曲市场资源配置的功能。不仅如此,本文的实证研究还对人口城镇化滞后土地城镇化给出了一个可能的经验解释。

(五)稳健性检验

在稳健性检验中,我们使用了未修正的耕地压力指数(蔡运龙等,2002)对城镇化进行了 2SLS 回归,其估计结果如表 6 所示。从模型 20 至 23 的估计结果看,在逐步加入了自然控制变量、政策控制变量和异方差后耕地压力指数对城镇化的影响机制依然存在,关键变量在符号上与模型 12 至 15 完全一致,在显著性上略微有所差别。这意味着使用未修正的耕地压力指数作为替代变量时,耕地压力指数对城镇化的影响表现出与前文结果的一致性,此外,从工具变量的有效性来看,F 值均远大于 10,这表明本文实证估计的结果是稳健可靠的。

表 6 城镇化与耕地压力指数(稳健性检验)

城镇化率				
	2SLS(第二阶段)			
	模型 20	模型 21	模型 22	模型 23
耕地压力指数	1.871***	2.115***	1.946***	1.947***
	(0.843)	(0.944)	(0.835)	(0.841)
离群值	是	是	是	是
自然因素	否	是	是	是
政策因素	否	否	是	是
异方差	否	否	否	是
Kleibergen Paap F 统计量	13.57	42.76	32.22	29.83

注:*表示在10%的置信水平下显著不为 0,**表示在5%的置信水平下显著不为 0,***表示在1%的置信水平下显著不为 0;括号中报告的是标准误;第5列括号中是基于 White 异方差稳健性标准误计算而得的标准误。

五、结论与建议

基于修正的耕地压力指数,本文使用 2000 年至 2012 年中国省级层面的面板数据考察了耕地压力对城镇化的影响。利用工具变量的估计方法进行实证检验后,本文的主要结论表现为以下两点:(1)耕地压力指数对城镇化有显著的正面影响,这种影响是基于耕地资源的区域差异和利用的比较优势原则之上的;(2)耕地压力对城镇化存在长期的影响机制,这表明当前以平衡区域发展的投资推动和政府推动的城市发展模式导致了城镇化中的区域发展失衡。

本文最重要的发现是证明了耕地压力对城镇化的影响。如果说过去三十年来中国的经济高速增长得益于农村转移人口提供了大量的城市劳动力,使得制造业的规模效应得以发挥,那么在现行的城镇化下,这种资源配置的优势可能正在进一步丧失。一个典型的特征是,2000年以来,建设用地指标的供给并没有顺应城镇化的发展方向,相反,耕地压力较轻、就业创造并不强的区域却获得了相对比较多的建设用地。因此,当前中国,若忽视不同耕地资源对农户迁移行为所造成的影响,而继续实行由政府推动"一刀切"式的城镇化发展模式,将会进一步加剧中国城镇化发展的区域失衡并带来不容忽视的效率损失。从本文的发现出发,本文的政策建议表现为以下两点。

第一,实行差别化的城市发展模式。由于耕地压力在不同区域内存在巨大差异,各地可以实行差别化的城市发展。比如耕地压力较大的东部地区,要发挥其集聚优势,发展二、三产业,尤其是生产性服务业,尽可能多地创造就业。进一步的,可以考虑将部分工业用地适当转变为住宅用地,缓解日益上升的土地成本和劳动力成本对经济增长造成的压力。[①] 对于某些特大型城市,还应该允许与其相邻省份进行农用地跨区域的"占补平衡"。相反,对于耕地压力较小的中西部地区要深掘农业生产潜力,在推进农地流转的基础上城镇化。需要说明的是,耕地压力小的地区人均耕地较为宽裕,更适合规模化农业生产。推进农地流转一方面可以使更有能力的农户充分利用农业经营的规模优势,提高粮食产量,从而保证我国的粮食安全;另一方面也促使有意愿弃农进城的农民自主到城市就业、生活,保证正常的城镇化进程。

第二,实行渐进的城镇化发展模式。由于耕地压力对农业生产的影响是始终存在的,本质上,中国的城镇化就是持续的将农民变为城市居民,因此是个长期、渐进的过程。特别需要强调的,中国的城镇化必须与农业的可持续发展相结合。

---

① 有研究认为,我国工业用地的供应面积与住宅用地面积之比高达2∶1,并且工业用地中还有大量占用和浪费现象(范剑勇、莫家伟,2013)。

比如我国中西部某些适合粮食耕种的地区不能盲目地快速城镇化,尤其是我国粮食主产区的小城镇"就地城镇化"的规模要适度控制。我们认为,可行的做法是,小城镇建设用地指标可以尝试与上一年度农业人口转变为新增城市人口相挂钩。而对于东部地区,降低城市生活成本,消除城市移民与本地居民公共服务上的差异则是当务之急。

参考文献

[1]北京大学国家发展研究院综合课题组(2014):《更新城市的市场之门——深圳市化解土地房屋历史遗留问题的经验研究》,《国际经济评论》,第 3 期。

[2]蔡运龙、傅泽强、戴尔早(2002):《区域最小人均耕地面积与耕地资源调控》,《地理学报》,第 2 期。

[3]陈江龙、曲福田、陈雯(2004):《农地非农化效率的空间差异及其对土地利用政策调整的启示》,《管理世界》,第 8 期。

[4]范剑勇、莫家伟(2013):《城市化模式与经济发展方式转变——兼论城市化的方向选择》,《复旦学报(社会科学版)》,第 3 期。

[5]方修琦、殷培红、陈烽栋(2009):《过去 20 年中国耕地生产力区域差异变化研究》,《地理科学》,第 4 期。

[6]侯佳伟(2009):《人口流动家庭化过程和个体影响因素研究》,《人口研究》,第 33 期。

[7]李国平(2008):《我国工业化与城镇化的协调关系分析与评估》,《地域研究与开发》,第 5 期。

[8]刘盛和、陈田、蔡建明(2003):《中国非农化与城市化关系的省际差异》,《地理学报》,第 6 期。

[9]刘东、张良悦(2007),《土地征用的过度激励》,《江苏社会科学》,第 1 期。

[10]罗必良(2010),《分税制、财政压力与政府"土地财政"偏好》,《学术研究》,第 10 期。

[11]聂翔宇、刘新静(2013),《城市化进程中"鬼城"的类型分析及其治理研究》,《南通大学学报·社会科学版》,2013 年第 4 期。

[12]彭连清(2007):《东、中、西部地区产业结构特征与区域转移趋向》,《经济纵横》,第 6 期。

[13]沈立人、戴国晨(1990):《我国"诸侯经济"的形成及其弊端和根源》,《经济研究》。

[14]陶然、袁飞、曹广忠(2007):《区域竞争、土地出让与地方财政效应:基于 1999 - 2003 年中国地市级城市面板数据的分析》,《世界经济》,第 10 期

［15］叶浩、濮励杰(2011)：《我国耕地利用效率的区域差异及其收敛性研究》，《自然资源学报》，第 9 期。

［16］俞奉庆、蔡运龙(2004)：《耕地资源价值重建与农业补贴——一种解决"三农"问题的政策取向》，《中国土地科学》，第 1 期。

［17］俞奉庆、蔡运龙(2004)：《耕地资源价值重建与农业补贴——一种解决"三农"问题的政策取向》，《中国土地科学》，第 1 期。

［18］中国经济增长前沿课题组(2011)，《城市化、产业效率与经济增长》，《经济研究》，第 10 期。

［19］中国经济增长前沿课题组(2009)，《城市化、财政扩张与经济增长》，《经济研究》，第 11 期。

［20］朱红波、张安录(2007)：《中国耕地压力指数时空规律分析》，《资源科学》，第 29 期。

［21］Bardhan, P and Udry, C (1999)，Development Microeconomics，Oxford University Press, New York.

［22］Barrios, S. , Bertinelli and L. , Strobl, E(2006)，Climatic Change and Rural – urban Migration: theCase of Sub – saharan Africa. *Journal of Urban Economics.* 60: 357 – 371.

［23］D, Ray(1998)，Development Economics. Princeton University Press.

［24］Mark J. Flannerya and Kasturi P. Rangan(2006)，Partial Adjustment Toward Target Capital Structures. *Journal of Financial Economics.* 79: 469 – 506.

［25］Fujita, M. , Krugman, P. R. and Mori, T(1999)，On the Evolution of Hierarchical Urban Systems. *European Economic Review.* 43: 209 – 251.

［26］Henderson, J. V and Wang, H. G(2007)，Urbanization and City Growth: the Role of Institutions. *Regional Science and Urban Economics.* 37: 283 – 313.

［27］Hodrick, R and Prescott, E(1997)，Post – war U. S. Business Cycles: an Empirical Investigation. *Journal of Money , Credit & Banking.* 29: 1 – 16.

［28］Nickell, S(1981)，Biases in Dynamic Models with Fixed Effects. *Econometrica .* 49: 1417 – 1426.

［29］Townsend, R(1994)，Risk and Insurance in Village India. *Econometrica .* 62(3): 539 – 591.

我国基础设施发展的城市化效应时空格局特征

孙　璇　罗　静

1 引言

　　基础设施是指为社会生产和居民生活提供公共服务的物质工程设施,是用于保证国家或地区社会经济活动正常进行的公共服务系统。[1]20 世纪40 年代以来,发展经济学家普遍注意到,基础设施建设具有的"乘数效应"能够带来数倍于投资额的社会总需求和国民收入,在推动经济发展方面意义重大。[2,3]城市化是区域发展水平的重要标志,与基础设施存量规模和投资空间具有密切联系。[4]20 世纪80 年代以来,随着行政管辖和户籍制度的逐步放松,我国的城市化发展逐步进入快车道。2011 年,全国城市人口首次超过乡村人口,城市化水平超过50%。根据国际经验,今后10 年是我国城市化实现"由量的扩展到质的提升"的关键时期。同时,该时期也是我国基础设施存量规模继续扩张和投资空间进一步优化的重要时期,深入研究二者之间的"驱动 - 响应"关系具有重要的现实价值。然而,当前关于基础设施发展的城市化效应研究多集中于交通、能源、水利等单项基础设施的直接经济影响方面,与城市化关系的定量探索尚处在起步阶段,还没有充分展开。[5-7]城市化是我国经济社会发展的客观规律和必然趋势,是区域各单项基础设施综合作用的结果,[8]并且由于自然、人文条件的差异,不同时期各区域的基础设施城市化效应该存在较强的时、空间差异。本研究在梳理全国及各省区基础设施与城市化变化规律的基础上,系统考察基础设施发展的城市化效应时空格局特征,为制定相关的协同发展战略提供依据。

[作者简介]孙璇(1992—),女,山东菏泽人,华中师范大学城市与环境科学学院人文地理学博士研究生。罗静(1966—),男,湖北松滋人,华中师范大学城市与环境科学学院教授、博士生导师。

2 基础设施发展的时空差异特征

2.1 基础设施资本存量估算

基础设施是一个具有多重内涵的概念。根据世界银行在《世界发展报告1994—为发展提供基础设施》中给出的权威定义,基础设施可划分为经济基础设施和社会基础设施两大类。前者是指长期使用的工程构筑、设备、设施及其为经济生产和家庭所提供的服务,具体包括公共设施(如电力、通信、管道煤气、自来水、排污、固体垃圾收集与处理)、公共工程(如大坝、水利工程、道路)以及其他交通部门(如铁路、城市交通、港口、河道和机场)等3种类型。社会基础设施主要包含教育和卫生保健。[9]本研究使用"基础设施资本存量"作为区域基础设施发展水平的表征指标。由于我国各类统计资料均未将基础设施作为一个独立的统计项目,需要根据其内涵自行估算。按照世行报告的建议并限于原始数据的可获性,这里仅考虑经济基础设施。估算采用的方法为永续盘存法,该方法由 Goldsmith在1951年创立,是当前国内外研究者最常用的方法。因此,本文用某地区上一年折旧后的基础设施资本存量与该年度的基础设施投资额之和来表示这一地区该年度的基础设施资本存量,如式(1)所示。

$$ICS_{it} = ICS_{it-1}(1 - \delta_{it}) + I_{it} \tag{1}$$

其中,ICS_{it} 为 i 地区第 t 年的基础设施资本存量(Infrastructure Capital Stock,简称 ICS),I_{it} 为该年度的基础设施投资,δ_{it} 为资本折旧率。计算所需的原始数据均来自于历年的《中国统计年鉴》和《中国固定资产投资统计年鉴》。由于前者提供的分地区、分行业投资数据统计口径在1992年前后发生了较大变化,为保持一致性,这里估算以1993年为基年,估算周期为1993—2008年,资本折旧率根据相关文献取9.2%。[10]

2.2 基础设施发展水平的时空差异

根据公式(1)测算1993—2008年全国30个省区的基础设施资本存量(重庆数据并入四川,1993年价格,下同),结果见图1。可以发现,在研究周期内全国基础设施资本存量一直呈快速增长态势,由1993年的10645亿元增加到1998年的21953亿元、2003年的46669亿元和2008年的113369亿元,16年扩张了11倍,年均增长17.08%。增速较高的主要原因在于,1993年"十四大"确定的社会主义市场经济改革目标和1994年国家启动财政分权改革,成为地方政府积极投资基础设施建设的重要推手,打破了以往主要由中央投资的局面。[11]同时,1998年为克服金融危机实施的积极财政政策,进一步加大了公共基础设施投资幅度。2000 年以后,西部开发、中部崛起与振兴东部老工业基地等一系列区域政策的相继实施,共同推动了全国基础设施的持续、快速增长。[12]

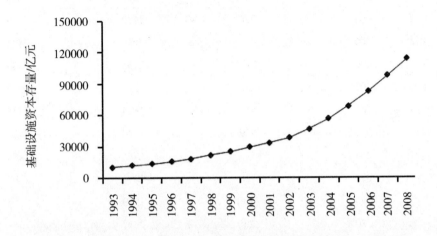

图 1   1993—2008 年全国基础设施资本存量变动

Fig. 1 The change of national infrastructure capital stock from **1993** to **2008**

表 1 显示,1993 年以来各省区的基础设施资本存量均有所增加,平均值由354.83 亿元增加到 2008 年的 3778.97 亿元,16 年增加了 10 倍多。由于不同省区的基础存量和增长速度不尽相同,地区差距逐渐拉大,省际标准差由 1993 年的397.81 亿元逐步增加到 1998 年的 559.07 亿元、2003 年的 1071.87 亿元和 2008年的 2451.35 亿元,增长了 6 倍多。根据国家统计局标准,将大陆划分为东中西三大地区,其中东部包括北京、天津、河北、辽宁、上海、江苏、浙江、福建、山东、广东、海南等 11 个省份,中部包括山西、吉林、黑龙江、安徽、江西、河南、湖北、湖南等 8个省份,其余 11 个省份为西部地区(重庆并入四川)。1993 年,东、中、西三大地区的基础设施资本存量分别为 5967 亿元、2561 亿元、2117 亿元,2008 年达到 55982亿元、27283 亿元、30104 亿元,年均增长率分别为 16.10%、17.08%、19.36%,其中西部增速最快,中部次之,东部最低。分时段看,1993—1998 年三大地区年均增长 14.85%、16.08%、16.95%,1998—2003 年为 14.77%、16.48%、19.64%,2003—2008 年为 18.71%、18.71%、21.54%,年均增长率仍然具有明显的西高东低特征,时间差异明显。

表1 1993—2008 年各省区基础设施资本存量变动 单位:亿元

Table 1 The changes of infrastructure capital stock in all provinces and regions from **1993** to **2008** Unit:one hundred million yuan

地区	1993	…	1998	…	2003	…	2008
北京	404	…	720	…	1132	…	2823
天津	206	…	428	…	862	…	2423
河北	406	…	1077	…	2135	…	5043
山西	302	…	555	…	1223	…	2959
内蒙古	267	…	430	…	1124	…	4438
辽宁	572	…	979	…	1570	…	4429
吉林	244	…	377	…	702	…	2259
黑龙江	324	…	726	…	1292	…	2803
上海	590	…	1130	…	1969	…	5108
江苏	520	…	1236	…	3317	…	7381
浙江	411	…	1157	…	3300	…	8242
安徽	176	…	405	…	1017	…	3149
福建	399	…	958	…	1802	…	4582
江西	178	…	393	…	1041	…	2661
山东	573	…	1127	…	2579	…	5616
河南	409	…	1034	…	2377	…	5450
湖北	527	…	1191	…	2442	…	4760
湖南	401	…	717	…	1478	…	3242
广东	1729	…	2877	…	4701	…	9657
广西	245	…	532	…	1238	…	3240
海南	157	…	234	…	377	…	678
四川	523	…	1429	…	3423	…	9378
贵州	117	…	260	…	892	…	2119
云南	308	…	576	…	1273	…	3461
西藏	41	…	76	…	222	…	453
陕西	237	…	449	…	991	…	2671
甘肃	110	…	253	…	656	…	1302

地区	1993	…	1998	…	2003	…	2008
青海	62	…	146	…	351	…	707
宁夏	52	…	117	…	297	…	625
新疆	155	…	364	…	886	…	1710
全国	10 645	…	21 953	…	46 669	…	113 369

3　城市化进程的时空差异特征

3.1 城市化率修正

城市化是人口向城镇聚集、城镇规模扩大以及由此引起一系列经济社会变化的过程,其实质是经济结构、社会结构和空间结构的变迁[4]。城市化率是衡量特定区域城市化进程的常用指标,一般使用该区域内城市人口占总人口的百分比来表示。[13]中华人民共和国成立以来,由于我国城镇设置与人口统计标准发生多次变动,城市化率的时序可比性较差。特别是,2000 年之前各省区的城市人口数据仅在有限的几次人口普查年份公布过,其他年份无从查起。《中国人口统计年鉴》虽然提供了历年的市镇总人口和市镇非农业人口数据,但用以表示城市人口时,显然存在前者偏大、后者偏少的问题。因此,周一星等学者以"三普"、"五普"数据为基础,利用"联合国法"对市镇非农业人口进行修正,比较合理地得到全国各省区 1982—2000 年的城市化率时序数据。修正结果与 2000 年以后国家正式发布的城市人口数据具有良好的衔接性。因此,本文 1993—2000 年的城市化率直接采用上述修正结果,2001—2008 年采用中国统计年鉴提供的数据。

3.2 城市化进程的时空差异

图 2 反映了我国 1993–2008 年城市化水平变动情况,可以发现,研究周期内全国城市化率一直呈现稳定增长态势,由 1993 年的 27.99%增加到 1998 年的33.35%、2003 年的 40.53%和 2008 年的 45.68%。16 年共提升 17 个百分点之多,几乎每年增长 1 个百分点,速度之快在世界发展史上比较少见。主要原因之一在于,我国 90 年代初期已初步摆脱户籍制度限制和计划经济时期的收缩政策阴影,滞后的基础设施得到恢复性建设,城市辐射功能逐渐增强,城市化从沿海向内地全面展开,成为 90 年代新一轮经济增长的主导因素。1997 年亚洲金融危机爆发,对中国出口导向型经济产生了较大冲击,出口和消费乏力,政府通过积极的

财政政策和货币政策,加大基础设施建设规模,客观促进了全国城市建设和城市化基本框架的形成。2000年以后,伴随着基础设施的逐步完善,全国城市化进程总体进入加速发展阶段。[14]

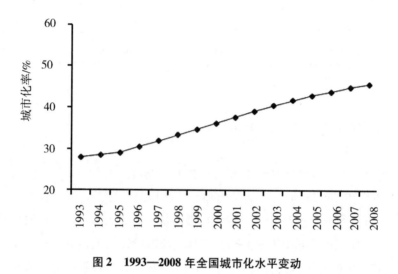

图2 1993—2008年全国城市化水平变动

Fig. 2 The changes of national urbanization level from **1993** to **2008**

从省区层面看,由于自然、人文条件的不同,各省区城市化水平与提升速度差异较大。1993—2008年间,城市化率最低的西藏一直未突破25%,最高的上海则一直高于75%,两者之间的最大差距超过69个百分点(2005年)。城市化水平较高的省区多位于东部沿海地带,中部省区的城市化水平相对较低,西部最低,与基础设施发展水平的地带性具有明显联系。在提升速度方面,16年增长最快的是河北省,增长率为4.43%,最慢的是吉林省,为0.54%,不到前者的1/8。研究周期内,各省区城市化水平虽然参差不齐,但地区差异逐渐缩小,省际标准差由1993年的16.21%逐步降低到2008年的15.10%。

美国地理学家诺瑟姆等根据对各国城市变化的实证研究,认为城市化发展具有所谓的"S"形规律,发现城市人口超过10%时城市化水平会逐步加快,超过30%时城市化进入加速阶段,直到城市人口达到70%以后才会逐步减缓,城市化开始步入成熟阶段,城乡间人口实现动态均衡。[4,15]如果将图2所示的研究起点适当前移,可以发现"S"形规律比较符合我国的城市化进程现实。当前,除了河南、甘肃、西藏等极少数中西部省区外,2003年及以后全国绝大多数省区已跨越

30%的门槛,总体进入城市化加速发展时期。特别是东部省份,普遍超过了45%,京、津、沪3个直辖市甚至超过70%,率先进入城市化成熟阶段。

4 基础设施发展的城市化效应时空格局特征

4.1 城市化效应测度

弹性是一个物理学概念,表示系统对干扰吸纳的缓冲容量或能力。目前该概念已被广泛应用于其他学科、领域,如在经济学中,弹性特指当经济变量之间存在依存关系时,一变量对另一变量变动的反应程度。本研究利用弹性分析法构建基础设施发展的城市化效应测度模型,如式(2)所示。

$$UE_{it} = \%\Delta UL_{it}/\%\Delta ICS_{it} \tag{2}$$

其中,UE_{it}为 i 地区 t 时期城市化对基础设施发展的弹性系数,UL_{it}为 i 地区 t 时期的城市化率,ICS_{it}为 i 地区 t 时期基础设施资本存量。式(2)本质上衡量了基础设施资本存量每增长一个百分点所对应的城市化率增量,反映的是城市化对基础设施发展的依赖关系或敏感程度。为缓解期初、期末值可能导致的计算偏差,这里采用以 5 年间隔期分段考察。

4.2 城市化效应的时空格局特征

全国及各省区的城市化弹性系数见表2,显示在3个考察时段里,全国及各省区的城市化变率与基础设施变率同向增加,弹性系数均为小于1的正数,说明城市化进程均受到基础设施发展的正向驱动,但增长速度低于基础设施速度。从全国层面看,1993—1998 城市化弹性系数为 0.1803,1998—2003 年略增至 0.1912,2003—2008 年骤降到 0.0889,说明全国的城市化效应经历了一个"先增、后减"的波动过程。就各省区而言,1993—1998 年弹性系数最小的是天津(0.0083),最大的是海南(0.6077),两者相差 70 多倍;1998—2003 年和 2003—2008 年的最小值为新疆(0.0099)和上海(0.0007),最大值为河北(0.3373)与河南(0.2505),分别相差 34.07 倍、357.86 倍。在弹性系数极大、极小值差异"先变小、后变大"的过程中,反映全国整体差异水平的省际标准差在 3 个时段内分别为 0.1141、0.0748、0.0626,持续变小,显示各省区的城市化效应具有一定趋同趋势。

表2　全国及各省区的城市化弹性系数

Table 2 The elastic coefficient of urbanization in nationwide and all provinces

地区	1993—1998	1998—2003	2003—2008
北京	0.0438	0.1293	0.0491
天津	0.0083	0.0123	0.0377
河北	0.1222	0.3373	0.1838
山西	0.1185	0.1148	0.1144
内蒙古	0.1346	0.0639	0.0528
辽宁	0.0544	0.0623	0.0397
吉林	0.0436	0.0420	0.0125
黑龙江	0.0263	0.0343	0.0455
上海	0.1191	0.0394	0.0007
江苏	0.1211	0.2250	0.1308
浙江	0.0839	0.0875	0.0580
安徽	0.1129	0.1314	0.1267
福建	0.1041	0.1524	0.0690
江西	0.0839	0.1553	0.1391
山东	0.1195	0.0790	0.1178
河南	0.1238	0.1402	0.2505
湖北	0.1725	0.0605	0.0803
湖南	0.2655	0.1676	0.2163
广东	0.2509	0.0795	0.0818
广西	0.2234	0.0296	0.1936
海南	0.6077	0.2260	0.1369
四川	0.0973	0.1798	0.1304
贵州	0.0439	0.0106	0.1274
云南	0.1536	0.1778	0.1400
西藏	0.2714	0.0688	0.1364
陕西	0.1706	0.1195	0.1091
甘肃	0.0705	0.1049	0.1769
青海	0.0544	0.0588	0.0692

地区	1993—1998	1998—2003	2003—2008
宁夏	0.0923	0.0737	0.1977
新疆	0.0172	0.0099	0.1641
全国	0.1803	0.1912	0.0889

　　为探索基础设施城市化效应的地域模式,这里以基础设施增速均值为界将各省区划分为基础设施"高增长"和"低增长"两种类型,以城市化增速均值为界将各省区划分为城市化"高效应"和"低效应"两种类型。1993—1998 年、1998—2003 年与 2003—2008 年 3 个时段的基础设施增速均值分别为 1.1057、1.2452、1.4481,城市化增速均值分别为 0.1282、0.1272、0.1530。按照分类组合情况,将各省区划分为"高增-高效"、"高增-低效"、"低增-高效"和"低增-低效"4 类地域模式,见表3。其中,"高增-高效"(即高-高型)省区的基础设施资本存量增速较高,城市化率提速快、效应明显;"高增-低效"(即高-低型)省区基础设施增速较高,但城市化效应不明显;"低增-高效"(即低-高型)省区基础设施增速较慢,但城市化率提速快、效应明显;"低增-低效"(即低-低型)省区基础设施增速较慢且城市化效应不明显。

表3　各省区基础设施城市化效应地域模式

Table 3 The regional model of urbanization effect on infrastructure in all provinces

类型	1993—1998	1998—2003	2003—2008
高-高型	福建、河北、江苏、浙江、河南、湖北、安徽、广西、四川。	浙江、江苏、河南、江西、安徽、西藏、甘肃、四川。	江西、安徽、云南、陕西、内蒙古、广西、四川。
高-低型	黑龙江、江西、新疆、青海、甘肃、宁夏、贵州。	山东、内蒙古、新疆、青海、宁夏、广西、贵州。	北京、辽宁、上海、天津、福建、浙江、吉林。
低-高型	海南、广东、湖南、西藏、云南、陕西。	福建、河北、海南、山西、湖南、云南、陕西。	江苏、河北、湖南、山西、河南、甘肃、宁夏、贵州。

类型	1993—1998	1998—2003	2003—2008
低－低型	北京、辽宁、上海、山东、天津、吉林、山西、内蒙古。	广东、北京、辽宁、上海、天津、黑龙江、吉林、湖北。	海南、广东、山东、黑龙江、湖北、西藏、新疆、青海。

表 3 显示,1993—1998 年东部省区多属于"高－高"、"低－低"型,两者合计占东部省份总数的 9/11;西部省份则有近一半属于"高－低"型。1998—2003 年国家投资重心西移,中东部省区投入相对减少,多属于"低－高"、"低－低"型,两者合计占 8/11;西部省份则多属于"高－高"、"高－低"型,两者合计占 9/11。2003—2008 年,国家偏向西部的投资倾向有所改变,投资重心明显东移,长三角、珠三角、环渤海经济圈等重点区域的投入力度明显加大,基础设施快速扩张,但此时由于东部城市化率普遍超过 45%,增长速度放缓,故以"高－低"型居多。另一方面,由于城市化变动对基础设施增长的滞后性,[8]2003—2008 年西部多数省份的城市化率出现了补偿性增长,故以"高－高"与"低－高"型居多。例如,新疆在 1998—2003 年西部开发启动实施之际,基础设施资本存量在短短 5 年里由 364 亿元增加到 886 亿元,增长了 143.41%,而城市化率由 33.91% 提高到 34.39%,5 年增长 1.42%。2003—2008 年随着基础设施的逐渐完善,5 年城市化率增长率达到 15.27%,是前一时期的 10 多倍。

5 结论与讨论

作为区域经济发展的必要条件和重要标志,基础设施和城市化问题均为经济地理学研究的重点领域。本研究将二者结合起来,在估算基础设施资本存量、修正城市化率的基础上,考察了我国 1993－2008 年基础设施发展的城市化效应时空格局特征。研究发现,第一,研究周期内各省区基础设施增长较快但不均衡,地区差异逐渐拉大;城市化水平虽然参差不齐,但地区差异逐渐缩小。第二,城市化率对基础设施发展的弹性系数均为小于 1 的正数,说明全国及各省区的城市化进程受到基础设施的正向驱动,但增长速度低于基础设施增长速度。第三,全国层面的基础设施城市化效应经历了一个先增大后减小过程,省区层面的城市化效应则具有明显的省际趋同趋势。第四,由于区域政策调整及城市化增长的"S"形规律作用,各省区城市化效应的 4 类地域模式具有显著的阶段性和空间异质性特点。

城市化是我国经济社会发展的客观规律和必然趋势,[8]上述结论显示,全国及各省区的城市化进程与基础设施的依赖关系是客观存在的,因而基础设施应作为各级政府重点发展的行业和领域,在制定相关的协同发展战略时需要充分考虑二者"驱动—响应"模式的时空差异特征。

参考文献

[1]魏下海.基础设施、空间溢出与区域经济增长[J].经济评论,2010(4):82 - 89.

[2]范九利,白暴力.基础设施投资与中国经济增长的地区差异研究[J].人文地理,2004,19(2):35 - 38.

[3]刘生龙,胡鞍钢.基础设施的外部性在中国的检验:1988 - 2007[J].经济研究,2010(3):4 - 15.

[4]陈明星,陆大道,刘慧.中国城市化与经济发展水平关系的省际格局[J].地理学报,2010,65(12):1443 - 1453.

[5]刘生龙、胡鞍钢.交通基础设施与中国区域经济一体化[J].经济研究,2011(3):72 - 82.

[6]武力超,孙浦阳.基础设施发展水平对中国城市化进程的影响[J].中国人口.资源与环境,2010,20(8):121 - 125.

[7]柳思维,徐志耀,唐红涛.公路基础设施对中部地区城镇化贡献的空间计量分析[J].经济地理,2011,31(2):237 - 242.

[8]谭俊涛,张平宇,李静.三江平原垦区基础设施建设对区域城镇化的影响[J].地理研究,2014,33(3):501 - 508.

[9]世界银行.1994 年世界银行发展报告[R].北京:中国财政经济出版社,1994.

[10]张军,吴桂英,张吉鹏.中国省际物质资本存量估算:1952—2000[J].经济研究,2004(10):35 - 44.

[11]李一花,骆永民.财政分权、地方基础设施建设与经济增长[J].当代经济科学,2009,31(5):66 - 71.

[12]张军,高远,傅勇,等.中国为什么拥有了良好的基础设施?[J].经济研究,2007(3):4 - 19.

[13]欧向军,甄峰,秦永东,等.区域城市化水平综合测度及其理想动力分析[J].地理研究,2008,25(7):993 - 1002.

[14]吴建楠,曹有挥,姚士谋,等.基础设施与区域经济系统协调发展分析[J].经济地

理,2009,29(10):1624 – 1628.

　　[15]刘红兵. 新疆绿洲城市综合规模与基础设施灰色关联时空分析[J]. 经济地理,2012,32(4):77 – 82.

农村电子商务的兴起与新型城镇化的破局

邵占鹏

党的十八届三中全会的《决定》指出,我们要"坚持走中国特色新型城镇化道路,推进以人为核心的城镇化,推动大中小城市和小城镇协调发展、产业和城镇融合发展,促进城镇化和新农村建设协调推进。"[1]新型城镇化道路的提出具有重要的战略意义[2],对克服传统城镇化模式弊端、实现城乡一体发展意义深远。新型城镇化道路尚处于不断探索与不断深化的阶段,反思新型城镇化推进中面临的问题,总结新时期新经验,进一步创新新型城镇化的发展模式,是非常必要的。

一、新型城镇化推进中面临的问题

新型城镇化道路在理想与现实之间还存在很大差距,传统城镇化道路中存在的弊病并不容易消除,把握新型城镇化推进中面临的问题需要从时代变迁、思维陷阱与城乡二元这三个方面来把握。

1. 农村的"信息化"无法与其他三化同步

党的十八大报告指出:"坚持走中国特色新型工业化、信息化、城镇化、农业现代化道路,推动信息化和工业化深度融合、工业化和城镇化良性互动、城镇化和农业现代化相互协调,促进工业化、信息化、城镇化、农业现代化同步发展。"[3]这一决策也被概括为"四化同步",并用于指导新型城镇化发展。但实际上,"四化同步"面向的是"加快完善社会主义市场经济体制和加快转变经济发展方式",在新型城镇化与城乡一体化的推进中,"四化同步"并未落地,也就是说,目前在新型城镇化中缺少"四化同步"的现实载体。

[作者简介]邵占鹏(1987—),男,吉林长春人,中国人民大学社会学理论与方法研究中心博士研究生。

　　"以信息技术为中心的技术革命,正在加速重造社会的物质基础。"[4]信息社会的到来是整个世界的共同趋势,而只有跟上了信息社会的大潮流才不至于落后于时代。"四化同步"中,将"信息化"作为"四化"之一,足以看出信息社会带来后的深远影响。然而,目前的新型城镇化道路、城乡一体化以及新农村建设在整体上还是过多地重视农业的现代化与产业化、农村的城镇化与工业化,"四化同步"中的信息化似乎与农村相距甚远。与此形成鲜明对比的是,城市里的信息化程度已经很高了,如果忽视农村的信息化建设,那么,从时代变迁的角度看,新型城镇化所强调的以人为本、城乡一体以及协调发展都是难以实现的。

　　在"四化同步"中,农村的"信息化"无法与其他三化相同步是新型城镇化推进中面临的首要问题,这是时代变迁与新社会形态来临的历史大背景决定的。

　　2. "将农村城市化"的现代化思维范式陷阱未突破

　　新型城镇化是否超越了传统的城镇化模式呢? 回答这一问题就是要明确新型城镇化中的"新型"是什么含义。对此,学界有着看似差别但实质相同的论述。有学者认为,"新型城镇化模式的基本内涵是,以人口城镇化为核心内容,以信息化、农业产业化和新型工业化为动力,以'内涵增长'为发展方式,走可持续发展道路,建设城乡一体的城市中国。"[5]有学者认为,"新型城镇化,就是要突出'四个新型',即以异地转移的农民工为对象主体;以促进农民工市民化为宗旨;以城市群为空间承载;以体制机制创新为动力。"[6]从上面的两种相近的观点可以看出,新型城镇化道路仍然是在想如何让农民变得更加市民一些,无论这种转变的目的是解决"三农"问题、还是经济持续增长,无论这种转变的途径是身份的转变、还是产权关系的转变,新型城镇化还是力图实现农村的城市化。

　　其实这是一种思维陷阱,新型城镇化在强调以人为本的情况下,还是不自觉地将农村事先设定为落后的,而新型城镇化就是旨在让农村仿照城市的道路前进。这是现代化思维范式的陷阱,即传统向现代的转变已经形成思维定式,伴随的是传统的舍弃与现代的模仿,传统与现代之间是依附与被依附的关系。之所以存在这样的陷阱,是因为传统与现代在话语权上是不对等的。例如,农村代表传统,城市代表现代,而整个社会已经被城市所主导的现代化意识形态所支配,资本主义扩张促使人们(既包括城里人,也包括农村人)一切向"钱"看,物质文明与精神文明的评价标准是根据城市而制定出来的,所以"农村"的地域情怀不见了,"农民"的身份优势没有了,最终农村永远在跟着城市跑。一直在模仿,都已经缺少自信了,又如何实现超越呢? 如果囿于现代化思维范式的陷阱中,农村与城市的差距不但无法缩小,而且只会越来越大。

3. 产业链上的城乡分工造成的城乡"剪刀差"难破解

受时代变迁与思维陷阱方面的影响,中国的城乡二元的结构已经不再停留于制度层面了,单纯地想通过制度变革来改变城乡二元结构是不现实的。户籍制度改革只是便于实现人口的城镇化,但对缩小城乡差距没有直接影响;以公共服务与基础设施建设为核心的新农村建设无法改变资源配置的不均衡,建设再好的美丽乡村也难以留住人才。城乡二元结构集中体现在城乡在资源配置、产业结构、主辅关系上的"剪刀差"。新型城镇化提出了一系列举措,如十八届三中全会《决定》中指出的"加快构建新型农业经营体系、赋予农民更多财产权利、推进城乡要素平等交换和公共资源均衡配置、完善城镇化健康发展体制机制"四个方面的系列改革办法,但是这些举措可谓是能够一定程度缓解城乡二元的恶化趋势,要想破解城乡"剪刀差"的结构性难题,还需要一剂猛药。

真正破解城乡二元,必须抓住造成城乡二元结构的症结所在。造成城乡"剪刀差"的关键是整个产业链上的城乡分工,城市依靠资本和技术来实现扩大再生产,而农村所赖以生存的就只有劳动力和土地了,城乡在整个产业链上的不对等关系决定了农村难以通过其他的渠道改变弱势地位,必须在调整产业链分工上想办法改变城乡的不对等关系。也就是说,农民不能总想着去城市打工,不能总想着自己的相对优势(廉价劳动力),更重要的是能与时代变迁接轨,抢占先机去与城市中的信息化产业分一杯羹。

二、农村电子商务的兴起与新型城镇化的破局

广义的农村电子商务是指利用互联网、计算机、多媒体等现代信息技术,为从事涉农领域的生产经营主体提供在网上完成产品或服务的销售、购买和电子支付等业务交易的过程;狭义的农村电子商务则仅指从事涉农领域的生产经营主体在网上销售产品或服务的过程。农村电子商务是近几年才兴起的,却呈现出井喷的发展趋势。举例来说,江苏省徐州市沙集镇的东方村被称为"淘宝村",该村有三百多个家具厂,四十多家快递,仅 2014 年"双十一"一天的销售额就达到 5987 万,而截止到 2013 年年底,与此类似的"淘宝村"国内有 20 个。从农产品销售额的变化趋势来看,2010 年整个淘宝平台上的农产品销售额大概有 37 亿,2011 年为 110 多亿,2012 年为 198 亿,2013 年则达到了 400 亿以上。[7]农村电子商务的兴起不仅仅是商业现象,它对新型城镇化、城乡一体化以及新农村建设更是影响深远。

1. 农村电子商务对农村信息化发展的重要意义

上文已经指出,党的十八大提出了"四化同步"的目标,农村的"信息化"是严重落后于其他三化的,这也严重制约了新型城镇化的有效推进。目前我们国家在新农村建设中也非常注重信息基础设施建设,从通信设备的推广到互联网的部分覆盖,信息基础设施建设取得了较好的成绩。不过问题是,信息基础设施建设并不等于农村信息化,很多农村的村民能够每天上网,但网上活动的内容则基本是游戏与娱乐,信息传播的功能尚待开发,更不用说农民运用信息来增进知识、开启思路、拓宽市场了。

与城市的信息化发展相区别,农村信息化的发展缺少技术条件、存在观念障碍、缺乏自发刺激,这种情况下来推进农村的信息化,缩小城乡的"数字鸿沟",就需要牢牢抓住农民神经的刺激点,从最直接的现实利益入手,农民对信息化的热情才会得到提升。信息化如果能够跟产业化、工业化相融合,情况则完全不一样了,农村电子商务正是这种结合的产物。以前,农民是被动地接受信息社会的到来,而在农村电子商务中,农民开始积极主动地学习新事物,开始注重自身信息化素质的培养。

"四化同步"中已经指出了要"推动信息化和工业化深度融合",尤其是在农村能实现了二者的深度融合,意义是深远的。农村电子商务将信息化融入产业化当中,让信息化更加具有诱惑力,更容易被村民所接收,同时在信息化与产业化相融合的基础上,农民的身份发生了转变,从以前的农民身份、地方工厂的雇员变身为独立的老板,他们可以学习网上开店技术,可以自己管理自己的店铺,同时实现与不同类型人的商务往来,从而实现了就地城镇化,这样也就实现了"四化同步"中的"工业化和城镇化良性互动、城镇化和农业现代化相互协调"。这种通过互联网来实现农业产业化的农民被称为"新农人","新农人"代表着农民的信息化,如果农民真的信息化了,农村自然就完成了信息化。

农村电子商务的兴起会产生连锁反应,举例来说,在浙江省临安市昌化镇白牛村,随着电子商务的日益更新,村内还设置了电子商务公共服务网点,以方便村民代购、代缴水电费,代售农产品等。临安市还建立了便民服务中心信息系统,将多个与村民切身相关的部门整合进系统中,实现了村民网上办事。从当地村民对信息化社会的接受过程来看,农村电子商务所起到的刺激作用是非常重要的。

2. "农村"优势在凸显、现代化思维范式在势微

上文指出了新型城镇化推进中的现代化思维范式陷阱的存在,只不过这种陷

阱在新型城镇化中变得隐蔽了,不再像传统城镇化中那样露骨。现代化思维范式陷阱之所以长期存在,是源于我们很难找到农村发展上的道路自信和文化自信,不仅城里人认为农村是落后的,需要向城市靠拢,而且农村人更是这样认为。在这样的舆情背景下,不是决策者和学者们可以一厢情愿能够左右的。但城乡与"现代—传统"的对应关系不是绝对的,"欧美的现代化理论将传统和现代截然对立起来是站不住脚的,并非在'传统'之后才有了'现代',恰恰相反,我们是因为有了'现代'而发生'传统',因此,'传统'实质上就是'现代'的另一面,是对'现代'更为深刻的表达和揭示。"[8]既然传统与现代之间并非是简单的时间先后序列,那么传统也就不会必然向现代转变了,虽然我们可以说整个社会是从传统向现代转型的过程,但是城市并不能够毫无疑问地证明自身就代表着现代,因此更无法推出农村必然要效仿城市。真正的解决办法是,让农村在把握时代脉搏的基础上,凸显自身的优势,走出自身的特色发展之路。

跳出现代化思维范式的陷阱就是要找到农民能够重获道路自信与文化自信的途径,找到让农村优势闪光的突破点。农村电子商务体现了几方面优势:(1)它接地气,能够最大程度依托农村的固有优势(自然资源、文化资源、人力资源等),让农村的优势得以打包呈现,克服了线下交易的地域局限性,走出了"酒香也怕巷子深"的困局,也让越来越多的城里人看到了农民里的乡土情深;(2)它接前沿,能够让农民也享受信息时代的成果,让农民运用信息时代的生产工具服务于自身,让农民有了追赶时代潮流的可能,便于农民摆脱"数字鸿沟"所造成的自卑感,从而重拾文化自信;(3)它接问题的核心,在自由主义与资本主义的文化渗透下,农民地位的认同不再是勤劳与忠厚了,用农民朋友的话说,就是"再勤劳,赚不到钱,也没用",这种情况下,农村电子商务给农民的是与切身利益相关的实在好处,核心问题解决了,农民才会一点点跳出现代化思维范式的陷阱。

虽然在农村电子商务兴起之前,以广东、浙江为代表的东部沿海等地也存在农民优势的凸显,但那种情况出现的源头是"土地",在城市圈形成后,土地升值最终带来了农民的受益,这依然是停留于现代化思维范式的陷阱。农村电子商务区别于东部沿海农民的土地优势,是让农民在社会发展大趋势中找到了自身优势,这里包含着知识习得、市场意识以及文化优势等,以至于城里人要对农村人刮目相看了(而不再归结为农村人运气好)。因此可以说,农村电子商务所带来的农村优势凸显,对全社会人们的思维观念有着巨大的冲击,城乡在人员素质与能力方面的认知在调整,这种转变跳出了现代化思维范式陷阱,也在这个意义上摆脱了城镇化所固有的理论范式桎梏。

3. 农村电子商务对城乡"剪刀差"的有效缩减

城乡的"剪刀差"严重制约了新型城镇化目标的实现,要想扭转城乡的"剪刀差"、实现城乡的良性互动是很困难的。有学者已经指出了,"新农村建设是缩小城乡差别的根本途径,也是推动新型城镇化的必由之路",[9]不过,如何推进新农村建设才算抓住问题的根本呢?城乡在整个产业链上的不对等关系是城乡"剪刀差"的症结所在,若想缩小城乡的"剪刀差",就需要在城乡产业链的不对等关系方面下功夫。

农村电子商务的兴起实现了农村的产业信息化,让农民也能在信息时代与城市人去分一杯羹,这是一个可喜的成绩。原本农村产出的一些农产品只属于整个产业链的末端,产品附加值过低,而现在在"淘宝村",农民将特色农产品经过简单加工、包装、贴牌,增加了产品的附加值,实现了商业化过渡,可谓是一定程度上在商务领域的争得了一片天。当然,在看到成绩的同时,我们也看到农村电子商务与城市电子商务的差距还很大,农村电子商务的内容多停留于农产品,较少涉及制造业,更不用说高科技产品了,所以,即便农村电子商务一定程度缩小了城乡的"剪刀差",但是这时的"剪刀差"仍然是很大的。目前的"淘宝村"也有几个在进行产业升级换代,不再过度依赖农村的传统资源(如山货等),而是寻求服装制造、玩具加工等,这种进一步缩小城乡"剪刀差"的努力我们不能忽视。城乡在产业链上的不对等关系得到调整之后,城乡的"剪刀差"也就得到了有效缓解,新型城镇化也由此跳出了传统城镇化的城市剥削农村的困境。

从未来电子商务的发展趋势来看,农村电子商务具有广阔的市场空间与竞争优势,随着信息化的进一步推进,如果能解决农村电子商务的物流局限,农村电子商务有比城市电子商务更加明显的优势(如离工厂近、地租便宜、薪资便宜等)。在大城市病日益突出的情况下,城市周边的农村或城乡接合部都可以成为农村电子商务的集聚地,这时,城乡的"剪刀差"会进一步缩小。

随着农村电子商务的日益壮大,农村电子商务也吸引了一部分高层次人才。例如目前"淘宝村"的一些龙头企业都会高薪聘请懂技术、有经验的专业技术人才做经理,同时在客服、售后方面也会聘请大量的大中专毕业生在农村就业,这样发展的结果是部分人才的逆向流动。人才是决定城乡"剪刀差"的重要因素,从"推—拉"理论来看,人才的流向说明了城乡在吸引力和排斥力上的变化。目前出现的部分人才的逆向流动说明了农村电子商务对人才的吸引力在提升,而能够让农村留住人才,并且这些人才能够带动更多的人走向富裕、走向"新农人",那么农村也就实现了城镇化,只不过地域上没有变,但身份上、观念上、物质上都实现了转变,这正是新型城镇化的一种创新所在。

三、以信息化手段发展农村电子商务、推进新型城镇化的对策建议

农村电子商务的兴起开启了新型城镇化的一种新模式,它有助于打破新型城镇化推进中面临的一些问题,提供不同于现有发展思路的另一种方案。为此,总结这种模式的内容与特点,正确看待模式局限,提出针对性的改革措施是非常必要的。

1. 新型城镇化推进中的农村电子商务模式

农村电子商务虽然早就引起了学者们的关注,但它对新型城镇化的意义却挖掘得不够,一些地方总结了农村电子商务的发展模式(如浙江省的"遂昌模式"),但更多地着眼于如何让农村电子商务落地扎根,却没有注重发挥它在推进新型城镇化中的作用。

新型城镇化中的农村电子商务模式,是站在"四化同步"的高度,旨在摆脱现代化思维范式陷阱、彰显农村优势、缩小城乡"剪刀差"、推动农村电子商务的产业化升级,从而让农村实现"四化同步"、让农民实现就地城镇化的发展模式。这种模式的中心内容是:借助信息产业化改变城乡的过度"剪刀差",让农民通过电子商务在实现致富的过程中实现农民向市民的转变,同时又不趋于单纯模仿市民,而是彰显农村的先天优势、文化优势,从而实现农村的特色城镇化之路。

新型城镇化中的农村电子商务模式具有几个鲜明的特点值得注意。(1)这种发展模式重在抓住城乡二元结构的症结即产业链上的不对等关系,从问题的核心入手才具有战略意义;(2)该模式重在抓住农民神经的刺激点即信息化与产业化相结合,根据受众特点推进模式才能够发挥农民的主观能动性;(3)该模式重在通过现代化的优势即信息社会的到来弥补了地域局限,来实现农民的就地城镇化,信息社会的城镇化不应再过度强调地域的优势,因为互联网能够有效地拉近时空距离,城镇化的实现也能够借此实现农民的就地转移。

2. 正确看待"新型城镇化推进中农村电子商务模式"的局限

农村电子商务的兴起虽然能够克服传统城镇化的一些不足,实现新型城镇化的发展目标,但是也不能过分乐观地对待农村电子商务,盲目的做出模式推广,因为这种发展模式也存在一些局限性。

农村电子商务发展前景的不确定。农村电子商务的发展目前还存在很多问题,如产品质检问题、恶性竞争问题、市场饱和问题等。这些问题中如产品质检问题是可以通过技术的手段解决的,但恶性竞争问题与市场饱和问题则是不容易解决的。恶性竞争问题源于农村电子商务销售产品的同质性,也就是说农村电子商务的竞争力不够,多元性不足;市场饱和问题源于农村电子商务在产品研发和创新性方面不够。这两方面的问题都要求,农村电子商务的推广需要找准市场、找到自身特色,避免简单移植、盲目模仿。从整个电子商务的发展态势来看,电商高速增长的时代已趋于结束,导致过去这些年来每年翻番的条件(市场红利与人口红利)已经减弱。[10]受整体市场环境的影响,农村电子商务发展前景的更是未知的,这决定了"新型城镇化推进中农村电子商务模式"不能在短时间内随意推广,一旦市场萎缩、缺乏竞争力、效益低下,该模式便无法实现预期效果。

农村电子商务模式对农民的能动性要求较高。如今代表农村电子商务发展势头的 20 个"淘宝村"均集中于东部地区,这一方面是因为这些地区的产业基础较好,很多地区在农村电子商务兴起之前,已经具有了多年线下经营的丰富经验,另一方面是因为这些地区的农民能动性较强、市场意识浓厚、前瞻能力较好,他们肯吃苦、善经营、愿学习、胆大心细,这些能力不是全国所有农民都具备的,反过来,如果不具备这方面的能力,农民是很难在电子商务的激烈竞争中赢得一席之地的,单纯实现农民向"新农人"或"市民"身份的转变是没有现实意义的。"新型城镇化推进中农村电子商务模式"的效果取决于农民在信息社会中的竞争能力,这不是政府的配套支持与培育所能左右的。

3. 通过发展电子商务推进新型城镇化的对策建议

在认识到"新型城镇化推进中农村电子商务模式"的发展优势与自身局限的基础上,如何进一步发挥优势、克服局限、实现新型城镇化的特色推进呢?

(1)加快农村信息化设施建设,促进电子商务的就地发展。农村电子商务的发展离不开农村的信息化基础设施建设,这包括互联网和物流快递的普及等。虽然我国互联网的普及工作已经取得了骄人成绩,但是物流快递的普及工作还有很长的路要走。东中西部在电子商务上的一个显著区别就是:东部地区大体上实现了物流快递在乡镇一级的覆盖,而中部和西部则只实现了县一级的覆盖甚至还没有实现,因此中部和西部的农村电子商务是无法实际操作的,农民有网络而无物流支撑,特色农产品无法借助电子商务销售出去,外地产品也无法借助电子商务购买进来。信息基础设施建设上的差距不但影响到农村电子商务的培育,也制约了农民追随信息时代的步伐。

（2）多方努力克服农村电子商务现实困难，培育农村电子商务广阔前景。目前农村电子商务在发展中还受制于很多因素，硬件方面如网络流量、场地配置等，软件方面包括人才数量、推广渠道、品牌打造、产业升级等。针对这些因素的制约，地方政府、基层自治组织要着力解决好网络普及、供电保障、场地提供、人才吸引、产业升级等问题；村里要尽快成立相应的电商协会，便于品牌整合、市场推广、自主研发等。通过发展电子商务来推进新型城镇化就需要保持好农村电子商务良好的发展势头，从质量保障、产品多元、不断换代等方面着手，解决好产品质检问题、恶性竞争问题和市场饱和问题，从而培育农村电子商务的广阔前景。

（3）重点扶持农民的整体转型，让农民成为农村电子商务的真正受益人。农村电子商务虽然兴起于农村，但农民并不必然是其中的主角。"淘宝村"里经营较好的网店老板还不是地道的农民，很多农民只是在为当地网店供货，没有转变为较专业的网店店主，更难以打造有影响力的龙头企业。目前地方政府还更加强调农村电子商务的经济效益，一些地方模式中更强调"让专业人做专业的事"，从而间接将农民排除到了农村电子商务的主流环节之外，这是非常不可取的。从"四化同步"的高度来看，地方政府应该重点扶持农民的整体转型，促使农民尽快地学习电商基本知识与技能，迅速占领农村电子商务这块阵地，从而让农民成为农村电子商务的真正受益人。农村电子商务的兴起可能引发农村新一轮的上下分层流动，在产业分工调整与分层流动之中，切忌不要将农民与这次机遇擦肩而过。

参考文献：

［1］中共中央关于全面深化改革若干重大问题的决定（2013 年 11 月 12 日中国共产党第十八届中央委员会第三次全体会议通过）［EB/OL］. 中国共产党新闻网，2013－11－15. http：//cpc. people. com. cn/n/2013/1115/c64094－23559163. html

［2］张占斌. 新型城镇化的战略意义和改革难题［J］. 国家行政学院学报，2013（1）.

［3］胡锦涛. 坚定不移沿着中国特色社会主义道路前进　为全面建成小康社会而奋斗——在中国共产党第十八次全国代表大会上的报告［EB/OL］. 新华网，2012－11－8. http：//www. xj. xinhuanet. com/2012－11/19/c_113722546. htm

［4］［美］纽曼尔·卡斯特. 网络社会的崛起［M］. 曹荣湘，译. 北京：社会科学文献出版社，2006.

［5］倪鹏飞. 新型城镇化的基本模式、具体路径与推进对策［J］. 江海学刊，2013（1）.

［6］王振. 深刻把握新型城镇化的"新型"含义［J］. 社会科学，2014（3）.

［7］陈亮. 阿里双十一数据及新农人研究报告（预发布）［EB/OL］. 阿里研究院网站，2014 – 11 – 24. http://www. aliresearch. com/? m – cms – q – view – id – 77250. html.

［8］郑杭生. 现代性过程中的传统和现代［J］. 学术研究，2007（11）.

［9］陈承明. 论新型城镇化和新农村建设的辩证关系［J］. 社会科学，2014（3）.

［10］黄若. 走出电商困局［M］. 北京：东方出版社，2013.

新型城镇化的新要求、新特征与新路径

袁方成　杨　灿

在实施"十二五"规划的收官之年,为适应经济发展新常态,当前全国各地正加快推进新型城镇化,特别是在深入实施促进中部崛起、"一带一路"、长江经济带和创新驱动发展、扩大内需等战略的过程中,为处在战略交汇点上的武汉,提供了难得机遇,开辟了新的发展空间。为此,分析和总结武汉市新型城镇化的新要求、新特征与新路径,对我国新型城镇化的深入发展以及各地探索创新各具特色的城镇化发展模式和道路具有重要的借鉴和参考价值。

一、推进新型城镇化的新要求

《国家新型城镇化规划(2014—2020 年)》明确提出,城镇化是伴随工业化发展,非农产业在城镇集聚、农村人口向城镇集中的自然历史过程,是人类社会发展的客观趋势,是国家现代化的重要标志。积极稳妥扎实有序地推进新型城镇化,是武汉市"十二五"期间的一项重要任务,是统筹中心城区与新城区之间城郊协调融合发展和武汉市经济持续健康发展,全面建设小康社会的重大发展战略,是大力推进美丽江城、幸福武汉建设,建设国家中心城市和国际化大都市、复兴大武汉的现实要求与实践需求。

[基金项目]2015 年度国家社会科学基金一般项目"新型城镇化进程中人口—土地及其财政投入的均衡协调发展研究"(项目编号:15BZZ045);武汉市 2015 年软科学计划项目"武汉市新型城镇化战略研究"(项目编号:2015040606010237)。
[作者简介]袁方成(1978—),男,湖北武汉人,华中师范大学中国农村综合改革协同创新中心教授,湖北经济与社会发展研究院研究员,中国商会发展协同创新中心研究员。杨灿(1990—),男,湖北随州人,华中师范大学中国农村综合改革协同创新研究中心助理研究员。

（一）推进新型城镇化是提升城市价值、复兴大武汉，建设国家中心城市的战略选择

武汉城镇化已进入加快发展、快速推进的重要阶段。武汉市在 2015 年政府工作报告中指出，要全面贯彻落实党的十八大和十八届三中、四中全会精神，深入学习贯彻习近平总书记系列重要讲话精神，积极把握和主动适应经济发展新常态，围绕"支点之点"，突出创新驱动加快转型升级，突出建管并重提升城市功能品质，突出完善公共服务增进民生福祉，圆满完成"十二五"规划的各项目标任务，为建设国家中心城市、复兴大武汉奠定坚实基础。以推进新型城镇化为重要途径，不断提升城市价值，推动武汉成为经济发达、实力雄厚的大武汉，知识引领、创新领先的大武汉，智慧便捷、畅通九州的大武汉，宜居宜业、幸福和谐的大武汉，成为中国中部具有重要影响力的国家中心城市，引领形成区域一体、辐射全球的"大武汉都市圈"，为武汉实现全面复兴注入了强大动力。

早在国家制定的《促进中部地区崛起规划》的"重点地区发展"这一章中，提出要在中部地区培育武汉城市圈等城市群，作为促进中部地区崛起的增长极。同时，在城镇化快速发展阶段，城镇化正在由东部向中西部加快推进。[1]武汉新型城镇化发展，是适应武汉处于工业化加速推进阶段的新要求，把武汉城乡区域作为包括经济、政治、文化、社会和生态建设在内的有机整体来统筹谋划，是复兴大武汉、建设国家中心城市战略总体布局的有机展开。武汉综合经济实力和城市功能不断增强，步入了加速发展的上升期。推进城市建设管理创新，提升城市功能和形象，要牢牢把握和紧紧抓住城镇化进程所蕴含的巨大机遇，推动城乡经济社会结构的调整和城镇发展方式的转变，积极推进武汉市新型城镇体系的建设和发展，为武汉市早日建成国家中心城市和国际化大都市以及开创武汉科学发展奠定基础。

（二）推进新型城镇化是加快武汉市转变发展方式，促进武汉市经济平稳较快发展的重要路径

在现代社会中，城镇化是工业化和现代化发展的客观要求和必然产物。城镇化是工业化和现代化的重要基础和载体，工业化和现代化的过程同时是城镇化的过程，对现代工业和现代文明具有显著的承载功能和聚集效益。城镇化水平在相当程度上也是一个国家和地区工业化和现代化水平的重要标志。武汉市新型城镇化发展，是适应武汉处于工业化加速推进阶段的新要求。

从实践来看，随着工业化和现代化水平的提高，各地城市化水平不断提高。

城市化水平与工业化水平基本上是同步的。当前武汉市工业化和现代化正处于加速发展的重要时期,随着工业化和现代化的发展,迫切要求武汉市工业布局不断调整和优化,进一步提高工业和资源的聚集程度,推动人口向城镇集中、工业向开发园区集中。这是当前推进新型工业化和现代化的迫切要求和必然趋势。同时,城镇化也是带动区域协调发展的重要途径。区域协调发展的过程,是一个生产要素和人口在空间上合理聚集的过程。改革开放30多年来,珠三角、长三角、环渤海等发达地区率先发展,在形成外向型经济格局的同时,形成人口和经济集聚程度较高的城市群,有力地带动了东部沿海地区的迅速发展,成为全国经济发展的增长极。[2]中西部地区与东部地区的发展差距,在很大程度上表现为城镇化水平的滞后,区域城镇化水平决定和影响区域综合竞争力。可以看出,推进新型城镇化,是促进区域协调发展的支撑点,是加快武汉市转变发展方式,促进武汉市经济平稳较快发展的重要路径。

(三)推进新型城镇化是统筹城乡发展,促进城乡融合式发展的必然步骤

农业、农村和农民问题一直是党和政府工作的"重中之重"。在人多地少,资源紧缺的条件下,依靠土地和农业不可能让农民和农村富裕起来,也难以实现充分就业。农业和农村的发展最终还是取决于工业化和城镇化的发展。从武汉当前发展实际来看,城郊发展不平衡,就业、住房、教育、医疗和社会保障等依然是城镇居民面临的最直接最现实的问题,改善城乡困难群众生产生活条件的任务还十分繁重。解决"三农"问题的根本出路在于加快推进城镇化。农业要把粮食和重要农产品做多、做优;农民要把人数做少、收入做高,农村要实现精神文明、生态文明,这是"三农"工作的基本目标。实现这一目标必须坚定不移地走新型城镇化的路子。

推进新型城镇化,是促进城乡统筹和协调发展的重要抓手。新型城镇化作为统筹城乡融合发展的重要抓手,推进新型城镇化,是促进区域协调发展的支撑点,也是解决"三农"问题的总钥匙。城镇化既可以使农村富余劳动力从传统农业生产中解放出来,推动农业的规模化、产业化和现代化,也可以相应增加农民人均拥有资源量,从而提高农业劳动生产率和商品化率,还可以提升城镇经济实力,增强以工促农、以城带乡的能力,带动农村经济社会发展[3]。健全城乡一体化发展体制机制,积极稳妥推进新型城镇化,是把武汉市城乡区域作为包括经济、政治、文化、社会和生态建设在内的有机整体来统筹谋划的有机展开。

国家深入实施区域协调发展、创新驱动发展和新型城镇化战略,武汉作为中

部地区和长江中游的中心城市,多重战略机遇叠加,区位、交通、科教、市场等优势将进一步增强和充分释放,加速转化为发展优势、竞争优势。促进武汉城乡融合式发展的出路在于推进新型城镇化建设[4]。坚持工业反哺农业、城市支持农村和多予少取放活的方针,统筹城乡规划建设、经济发展和社会管理,建立城乡经济社会发展一体化体制机制,形成城乡资源配置一体化、基础设施一体化、空间和产业布局一体化、基本公共服务一体化,提升城镇经济实力,增强以工促农、以城带乡的能力,带动农村经济社会发展,从而实现城乡融合式发展,形成区域战略新格局,努力建设国家中心城市的新局面。

(四)推进新型城镇化是武汉市深度融入"两圈两带"和长江中游城市群建设的有效手段

"两圈两带"和长江中游城市群总体发展战略是贯彻科学发展观的重大举措,是深化对湖北省情认识的重要成果,目的在于对接国家区域发展战略,推动全省区域协调发展。"两圈两带"和长江中游城市群既是产业圈、产业带,又是城镇圈、城镇带。作为"两圈两带"和长江中游城市群的中心城市的武汉要深度融入全面实施"两圈两带"和长江中游城市群发展战略,必须以加快推进新型城镇化为抓手和支撑,以城镇化带动和促进区域协调发展。

如何扩大内需,使经济发展具有内在和持续的动力和拉力,是经济发展中迫切需要解决的问题。从国内外发展环境条件变化和我们所处的发展阶段来看,城镇化蕴含着巨大的内需空间,最大的内需是城镇化,最雄厚的内需潜力在城镇化,城镇化既能增加投资,又能拉动消费,是扩大内需的必然选择。同时,城镇化为生产要素的高效聚集构筑平台。[5]工业化创造供给,城镇化创造需求。没有工业,城镇失去依托,没有城镇,二、三产业就缺乏载体。一个城市的成长发展过程就是工业化与城市化相互促进的过程。城市需求,最基本的因素是人。有了人的聚集,生产要素就会聚集,有了生产要素的聚集和激荡,就会产生产业需求,产业才能搞起来。也正因如此,武汉市委、市政府不仅将城镇化作为远郊发展的重要途径,也视为城市经济"扩内需、调结构、促发展"的重要抓手。

二、新型城镇化的新特征

2013 年,党在十八大提出要改变目前"要地不要人的伪城镇化"、提高城镇化的质量。中央和部委先后印发了《国家新型城镇化规划(2014 - 2020 年)》(中发〔2014〕4 号)、《关于落实中央经济工作会议和中央城镇化工作会议主要任务的分工方案》（中办发〔2014〕7号）、《关于开展国家新型城镇化综合试点工作的通知》（发改规划〔2014〕1229号），积极稳妥地推动新型城镇化建设，新型城镇化已成为新时期的国家战略。

表1：武汉新型城镇化的主要特征

核心指标	关键内容	具体内容
指导思想	科学发展观	以人为本、全面可持续发展，在武汉新型城镇化的进程中实现人口、资源、环境协调发展
发展模式	集约化、生态化	强调人与自然、环境和谐发展，全面绿色发展
基本内容	功能多元化、体系合理化	结合武汉实际，建构一个结构完整、聚集和辐射功能强大的城镇体系
基本目标	统筹和规划城乡一体化	完善就业支撑、均衡城乡服务、提升设施水平，促进城郊融合式发展

（一）"新"的指导思想：科学发展观

发达国家城镇化水平遥遥领先，在这巨大的压力下，部分地方政府单纯追求人口和规模的城镇化，城镇化的发展也因此不可避免地步入了片面城镇化的误区。这导致城镇化发展不但脱离了城市发展的经济基础，破坏了人们赖以生存的环境，牺牲了子子孙孙的利益，而且违背了人口与经济、环境、资源协调发展的规律，倘若一直这样下去，必然会受到大自然的惩罚。事实上，武汉的城市发展是以主城区扩张为主，小城镇发展缓慢，规模小，聚集程度低，对农村的辐射带动力差。中心城区因过度扩张而引发的"城市病"尤其突出。为此，武汉新型城镇化道路必须以科学发展观为指导思想，科学发展观强调的是以人为本、全面可持续发展，它要求在城镇化的进程中实现人口、资源、环境协调发展，突破片面城镇化的局限。[6]

（二）"新"的发展模式：集约化、生态化

新型城镇化道路明确了集约化、生态化的发展模式，这两种模式是符合我国城镇化道路实际的。集约化发展模式是指是一种科学的、合理的、内涵式的城镇化发展模式，通过对城镇内部现有资源的整合，优化城镇结构，完善城镇功能、增加城镇内涵。生态化发展模式强调的人类在生产生活过程中对自然环境的保护，强调人与自然、环境和谐发展。集约化、生态化是科学发展观的必然要求，也是我国新型城镇化道路的必然选择。[7]它们是一个包含了城乡社会生产方式和人民生活消费方式及其社会结构与价值观念转变创新的全面绿色发展的关键性概念。2015年，武汉被列入国家新型城镇化综合试点地区，同时，在中法武汉生态示范城项目中，武汉城市圈被选作为中法城市可持续发展合作协议试点，武汉市将以生态示范城建设为契机，运用中法两国在城市规划设计、建造和管理领域的可持续发展技术和经验，着力于探索新型城镇化体制机制创新，以期推进以人为本、四化同步、优化布局、生态文明、文化传承的融合发展。

（三）"新"的基本内容：功能多元化、体系合理化

功能多元化是新型城镇化的基本内容之一，城镇是区域范围内经济文化中心，具有多方面的综合功能。一方面，城镇化过程中，人们的生产生活方式从第一产业逐渐过渡到二、三产业，人们的生产和生活环境有了一定的提高；另一方面，城镇化过程会带来新的劳动力、资本和技术，这些新的生产要素的聚集会给城镇带来经济的发展。体系合理化也是新型城镇化的基本内容之一，城镇体系是指一定区域内通过组合多个空间关系密切的小城镇而形成的城镇群体组织，城镇群体组织无论在聚集还是辐射功能上都具有强大的效应，是以往那些中小城市所无法替代的。体系合理化的城镇化道路是在科学发展观的指导下形成的，是符合我国客观实际的，新型城镇化要在协调发展各类大中小城市过程中，构建出一个结构完整、聚集和辐射功能强大的城镇体系。[8]针对武汉发展实际，应重新梳理武汉城市体系，并制定相适应的城市发展策略。

（四）"新"的基本目标：统筹和规划城乡一体化

长期以来，武汉市一直实行城乡二元体制，城市公共服务与农村公共服务不论是在供给数量还是在供给水平上均存在较大差距，导致长期以来城乡公共服务不均等。武汉市是湖北省政治、经济、文化中心，湖北省会城市、武汉城市圈的中心城市，同时也是推动武汉城市圈发展的龙头城市。2007年，武汉城市圈被批准为全国"两型社会"建设综合配套改革试验区，并通过改革，破除城乡二元体制，形成区域间城乡一体化发展格局。2008年开始，武汉开始在推进城乡规划布局、基础设施建设、公共服务、劳动就业、社会管理、人口素质提升6个方面实施一体化。随着武汉市经济社会的快速发展，城镇化水平不断推进。然而，由于户籍问题、城镇化中的土地利用及农民权益、统筹城乡社会保障等问题严重阻碍了城镇化进程，影响了城镇化的质量。因此，新型城镇化就是要实现城乡一体化，真正做到经

济、社会、居民生活水平共同发展。[9]新型城镇化的发展要鼓励城市支持农村发展。积极推进城乡规划、产业布局、基础设施、生态环境、公共服务、组织建设"六个一体化",促进城乡统筹发展。如正在编制的《武汉市新型城镇化暨全域城乡统筹规划》,旨在通过完善就业支撑、均衡城乡服务、提升设施水平,保障城乡居民最终具有公平公正的发展机会,共享新型城镇化的发展红利。其目的则在于统筹和规划城乡一体化,为破解城乡二元体制奠定基础。

三、推进新型城镇化的新路径

党的十八届三中全会提出:"完善城镇化健康发展体制机制,坚持走中国特色新型城镇化道路,推进以人为核心的城镇化,促进城镇化和新农村建设协调推进"。《国家新型城镇化规划(2014—2020年)》将"加快转变城镇化发展方式,以人的城镇化为核心"作为指导思想和基本原则。"完善城镇化健康发展体制机制,积极稳妥推进以人为核心的城镇化"也是湖北省委十届四次全会提出的一项重要任务。在经济发展进入新常态下,推动武汉城镇由偏重规模扩张向规模扩张和功能提升并重转变,由偏重经济发展向注重经济、社会和生态协调发展转变,由偏重城市发展向注重城乡统筹发展转变,是武汉市"十三五"期间的一项重要任务,也是加快建设国家中心城市的历史使命。在任何国家和社会中,城市化都是在特定的自然、经济、社会、政治及历史背景下进行的,不可避免地受到特定的环境、条件和制度的制约。[10]结合武汉实际,走武汉特色的新型城镇化应着力于以下几方面。

（一）城乡一体,走城郊融合的城镇化道路

城镇化的首要表现和核心内容是农村人口向城镇的转移和聚集。我国城镇化的重要任务及主要困难之一就是如何顺利转移农村人口尤其是庞大的剩余劳动力。然而,长期以来,同全国其他地区一样,武汉郊区农村人口的城镇化转移一直受制于城乡二元化的体制,在狭小的空间中选择,并由此引发诸多的问题。二元化体制不仅是我国经济社会协调发展的结构性障碍,也是阻碍武汉城镇化健康发展的结构性障碍。当前武汉已进入加速破除城乡二元结构、形成城乡经济社会发展一体化新格局的重要时期,必须将新型城镇化的发展置于城乡一体化的格局下进行推进。为此,要以破除城乡二元体制为抓手,竭力创造农村人口向城镇转移和聚集、城乡资源的合理配置提供条件。由于城镇化既是农村人口转化为城镇人口的过程,[11]也是城镇空间扩张和农村土地城镇化的过程。城镇化的发展就要求破除城乡二元化的户籍管理体制、二元化的城乡土地产权制度并建立相应的城乡一体化的社会保障体系。

(二)科学规划,走多元化的城镇化道路

城镇化是人口向非农产业和城镇聚集的过程,它直接带来城乡人居空间布局的调整和变化。[12]武汉市的人口和资源相对分布不均,各区经济发展水平及文化生态环境有较大差异。在城镇化过程中,必须对城乡产业发展、城镇空间布局、公共设施建设及生态环境保障等科学规划,合理布局。与此同时,由于武汉中心城区与近郊、远郊之间自然、经济社会条件禀赋各异,环境承载力和城市综合承载力千差万别,简单地强调优先发展中心城区还是重点推进新城区"独立成市"都难以符合各区的实际。因此,应根据武汉当地经济社会发展水平、区位特点、资源禀赋和环境基础,按照城乡统筹、城镇带动、产业驱动、绿色发展、优化结构、突出特色的原则,坚持"大小多少"和"三个层次"的城镇化发展思路,加强各城区之间的经济联系和分工协作,实现城市以及地区优势互补和共同发展,构建以武汉城市圈为核心,以城市群和中心城市为支撑,以长江经济带为纽带,具有区域竞争力的城镇空间布局结构。

(三)转变方式,走绿色、可持续的城镇化道路

截至 2014 年末,武汉市常住人口 1033.80 万人,市域范围面积 8494.41 平方公里,仅为湖北省面积的 4.6%;市域周长 977.28 公里,7 个中心城区面积 863 平方公里,建成区面积 552.61 平方公里,可开发土地资源非常有限。资源能源、生态承载、环境制约等是武汉经济社会发展中亟待解决的问题,缺煤、少油、乏气成为制约武汉可持续发展的瓶颈。人口资源环境条件决定了武汉的城镇化,只能在一些发展条件较好、人口密集、城镇密布的地区集中展开。为此,必须走一条走绿色、低碳、高端、可持续、能推广的城镇化发展道路。

国家深入实施促进中部崛起、"一带一路"、长江经济带和创新驱动发展、扩大内需等战略,为处在战略交汇点上的武汉提供了难得机遇,开辟了新的发展空间。武汉的城镇化发展不可能也不允许重复长三角、珠三角的历史路径,以牺牲生态环境和农村耕地为代价来换取非农产业的快速扩张和城镇建设用地的无序蔓延。武汉城市圈已被国家确定为"两型社会"试验区并被赋予先行先试的政策创新权。借此机遇,武汉城镇化建设应按照建设国家级的生态示范城的要求,坚持绿色发展,致力于宜居城市、生态城市、园林城市和文明城市建设,把城乡发展与提高资源利用效率、改善生态环境有机结合起来,在城镇化发展中应转变城镇化发展方

式,从"外延式扩张"转变为"内聚式发展",[13]立足区域环境承载力,着力提高城镇综合承载力,走武汉特色的绿色、可持续城镇化道路。

(四)优化管理,走市场配置型的城镇化道路

无论从国外的经验还是我国改革以来的实践来看,市场是资源优化配置的有效方式,市场竞争也是活力与效率之源。改革以来武汉工业化、城镇化及城乡经济快速发展的根本原因是不断改革和发挥市场在资源配置中的作用。在新型城镇化发展过程中,必须改变现行的依靠农民的土地、资源和积累支持城镇化发展的方式,切实保障农民的财产权益。城镇化本身是农村经济社会发展和现代化的过程,是农村和农民群众繁荣富裕的过程。新型城镇化的发展及发展道路的成功与否最终都取决于是否有助于农村的发展和农民的富裕,是否有助于城乡的繁荣与社会的和谐融合。在现代市场"无形的手"的调节下,只要生产要素能自由流动,城乡之间及工农之间的比较收益也将逐渐趋于平衡。作为国家新型城镇化试点城市,全面提高城镇化质量,加快转变城镇化发展方式,进一步推进市场体制改革,更大程度地发挥市场在资源配置中的基础性作用,也是武汉城镇化及城乡经济发展的关键所在。

(五)提升服务,走功能互补型的城镇化道路

城镇功能除了产业功能外,还包括公共服务功能、居住功能、生态环保功能等,这些共同构成了城镇综合承载能力。强化功能,提高综合承载能力是城镇化发展的基础。要强调城、乡的空间异质性,"宜城则城、宜镇则镇、宜村则村",形成功能互补的城乡关系;编制产城融合发展规划,推动产业项目向新城聚集,推进新城区产业、功能和城市格局现代化;加快建设城镇市政道路、供水排水、污水处理、垃圾处理等基础设施,完善教育、医疗、文化等公共服务设施;积极开展生态乡镇、生态村"四级联创",创建国家级"美丽乡村"、省级"宜居村庄";探索"菜篮子"工程跨区域发展,发展农产品精深加工,推进赏花经济产业化、规模化、品牌化,提升现代都市农业发展水平;持续改善农村生产生活条件,确保水利工程质量,加快农村电网改造,支持革命老区建设发展。引导农村土地经营权有序流转,纵深推进农村改革,加强功能建设和环境品质的提升。经验表明,加快城镇基础设施建设,既有利于强化城镇功能,提升城镇品位,也有利于克服城镇发展中带来交通拥挤、住房紧张、环境恶化等"城市病"。

当前,武汉市城镇化已进入加快发展、快速推进的重要阶段。武汉市"十二五"规划的《建议》明确提出要"加快推进新型工业化、农业现代化和新型城镇化,

实现城乡融合式发展","加快推进新型城镇化和农村新社区建设"。2015 年政府工作报告中也明确提出,要坚持统筹城乡、四化同步,加快推进新城区"独立成市"。因此,从总体上看,城乡一体化是一个系统的工程与有机的体系,需要政府提供宏观的政治制度与体制环境,进一步推进城乡一体化必须从法律、体制、制度等层面入手,破除传统体制、制度及法律法规的束缚,形成统筹城乡发展的重要组织机制、财政基础及相关法律制度基础,这也是推进城乡一体化发展的现实要求。

总之,新型城镇化是一个不断探索的过程。作为中部地区的典型代表,武汉应站在国家实施促进中部地区崛起的战略高度,充分利用推进城市圈"两型"社会综合配套改革试验区和东湖国家自主创新示范区建设的重大机遇,深度融入"两圈两带"和长江中游城市群合作,统筹推进区域流域要素集群,推进区域经济一体化、城镇化改革大试验,构建大都市圈,同时为全国各地探索创新各具特色的城镇化发展模式和道路提供有益的参考和借鉴。

参考文献

[1]项继权,袁方成. 湖北城镇化的发展及政策选择[J]. 城市观察,2013(1).

[2]湖北省社会科学院,中共湖北省委财经办(省委农办)课题组. 湖北跨越发展战略研究[M]. 武汉:湖北人民出版社,2011.

[3]张占斌. 新型城镇化的战略意义和改革难题[J]. 国家行政学院学报,2013(1).

[4]付明星. 对推进武汉市城乡一体化发展的思考[J]. 学习与实践,2009(6).

[5]徐代云,季芳. 新型城镇化道路的顶层设计及其实现路径[J]. 人民论坛,2013(20).

[6]熊辉,李智超. 论新时期中国特色城镇化思想[J]. 马克思主义与现实,2013(5).

[7]彭红碧,杨峰. 新型城镇化道路的科学内涵[J]. 理论探索,2010(4).

[8]麦尔旦·吐尔孙,王雅鹏. 城镇化路径与特定因由的他国镜鉴[J]. 改革,2015(2).

[9]张波. 以新型城镇化推进城乡发展一体化[J]. 河北学刊,2014(4).

[10]项继权. 城镇化的"中国问题"及其解决之道[J]. 华中师范大学学报(人文社会科学版),2011(1).

[11]胡英. 城镇化进程中农村向城镇转移人口数量分析[J]. 统计研究,2003(7).

[12]山东社会科学院课题组. 城镇化面临的突出问题及解决[N]. 大众日报,2014 - 01 - 26(6).

[13]喻新安. 新型城镇化究竟"新"在哪[N]. 中国青年报,2013 - 04 - 15(2).

新型城镇化发展的形势、矛盾及其破解之道

柳红霞　罗家为

城镇化是工业化和生产力发展的必然选择。从世界城市化发展的进程来看，发达国家由于在工业化和现代化中处于领先地位，其城市化发展也遥遥领先与发展中国家。我国世界最大的发展中国家，农业人口众多，经济社会发展迅速，城镇化水刚与世界平均水平持平，发展潜力巨大。从我国城镇化的历史来看，城镇化存在许多问题，未来的城镇化发展必须摆脱传统发展老路，走新型城镇化道路。

为此，十八大报告提出要坚持走"四化"同步的新型城镇化道路，坚持新型城镇化、新型工业化、信息化、农业现代化综合协调发展，进一步廓清了新型城镇化的发展方向。此后，十八届三中全会《中共中央关于全面深化改革若干重大问题的决定》提出坚持走中国特色新型城镇化道路，推进以人为核心的城镇化。2014年3月17日，中共中央、国务院印发《国家新型城镇化规划（2014－2020年）》，规划指出，到2020年我国常住人口城镇化率将达到60%，城镇人口将会超过8亿人。至此，新型城镇化在全国范围内达成了共识，我国新型城镇化进入全面建设阶段。

武汉三镇扼长江，地理位置优越，被誉为"九省通衢"。20世纪之交曾是非常繁华的大都市，从19世纪80年代到21世纪，武汉接连经历了两次起落。上个世纪90年代以来，武汉开始走上了复兴之路。1999年，在国务院批复的武汉市城市

[基金项目]2015年度国家社会科学基金项目"新型城镇化进程中人口—土地及其财政投入的均衡协调发展研究"（项目编号:15BZZ045），2015年武汉市软科学计划项目"武汉市新型城镇化战略研究"（项目编号:2015040606010237）

[作者简介]柳红霞（1976—），女，湖北武汉人，中南财经政法大学马克思主义学院副教授。罗家为（1990—），男，湖南株洲人，华中师范大学中国农村综合改革协同创新研究中心助理研究员。

总体规划中,武汉被定位为"中部地区的重要中心城市"。2005年开始,武汉经济总量实现"三级跳",到2010年3月,国务院最新批复的武汉市城市总体规划中,武汉被定位成"中部地区的中心城市",武汉作为中部中心城市的定位,被明确下来。此后,武汉市、湖北省政府以及专家学者提出将建设国家中心城市作为武汉发展的新目标;2011年初,在新制定的武汉市"十二五"规划中,国家中心城市的目标得到明确。武汉经历了从"中部地区重要中心城市"到"中部中心城市"再到"国家中心城市",全面复兴历史地位,建设国家中心城市成为国家和武汉人民的共同呼声。

2014年6月,在国家"发改委"等11个部门联合下发的《关于印发国家新型城镇化综合试点方案的通知》中,武汉被列为国家新型城镇化试点城市。无论从国家城镇化战略布局,中部崛起战略的实施还是湖北和武汉人民迫切的复兴梦来看,武汉新型城镇化都具有重要的研究价值。武汉建设国家中心城市离不开新型城镇化建设,新型城镇化的建设将促进武汉市政治、经济、社会、生态、民生问题的全面升级,强化中部崛起龙头引领效应,成为武汉市复兴历史地位,建设国家中心城市的动力机制和支撑力量。武汉市新型城镇化建设蕴含着我国新型城镇化建设普遍规律,对武汉市新型城镇化建设的研究将为新型城镇化实践提供了鲜活的素材,丰富我国新型城镇化的理论要义。

一、新型城镇化发展面临的新形势

(一)国家经济转型和战略布局为武汉新型城镇化提供了历史性的机遇

当前武汉市社会经济正处于高速发展进程中,2014全年地区生产总值10069.48亿元,首次突破万亿大关;按可比价格计算,比上年增长9.7%,城镇化发展迅速,面临着重重的历史机遇。一方面,国际金融危机以后,我国经济产业结构正面临着升级转型,传统的依赖于劳动力和资源优势的产业将逐渐向资金、技术密集型产业转型。经济发展推动力逐渐由投资、出口拉动到依靠投资、出口、消费拉动相结合,尤其注重内需的刺激。沿海地区劳动密集型产业纷纷向周边内陆转移。这给武汉市乃至于湖北省发展新型城镇化、工业化、农业现代化,实现跨越式发展带来了历史性的机遇。另一方面,国家的中部崛起战略,长江中游城市集群建设进入实质性推进阶段,都为地区内经济转型、提高区域综合竞争力提供了良好的机遇。作为国家指定的中部地区国家中心城市,中部崛起战略的引领城市,享有长江经济带开放开发、东湖国家自主创新示范区等一系列政策优惠。这些都为武汉市新型城镇化建设提供了历史性机遇。

（二）经济社会转型、跨越式发展需要新型城镇化的推动和支撑

跨越式发展是湖北省重要发展战略，"一主两副"中心城市跨越式发展战略即以武汉为主，襄阳、宜昌为两翼加快实践科学发展观、发挥中心城市辐射带动作用、促进全省区域协调发展、加快构建促进中部地区崛起重要战略支点。武汉市是湖北省经济社会发展的"龙头"，在全省乃至全国经济格局中的地位和作用十分突出，支持其进一步做大做强，有利于更好地发挥武汉市的支点支撑作用，提升湖北省整体竞争力，而社会经济的转型、跨越式发展离不开新型城镇化的推动和支撑。新型城镇化强调城乡一体，实现城乡基本公共服务均等化。从城镇化发展率来说，城镇化率的提高有利于刺激民间消费，推动经济社会发展。从新型城镇化的内在要义来看，与传统相比，新型城镇化有利于促进国家资源的优化配置，缩小城乡差距，这无疑将增加农村基础设施建设投资，农村公共服务的投资以及农村消费市场的扩大，刺激内需，这将极大地推动武汉市社会经济的转型，实现跨越式发展。

（三）打造"武汉城市圈"核心大都市需要加快新型城镇化建设

武汉城市圈又称"武汉圈""1＋8"城市圈、"大武汉都会圈"，是指以中部地区最大城市武汉为圆心，覆盖黄石、鄂州、黄冈、孝感、咸宁、仙桃、天门、潜江周边8个大中型城市所组成的城市群。武汉为城市圈中心城市，黄石为副中心城市，仙桃为西翼中心城市。"武汉城市圈"不仅是湖北经济发展的核心区域，也是中部崛起的重要战略支点，其中武汉是"武汉城市圈"核心城市。武汉市具有天然的区位优势，雄厚的科教力量、良好的工业基础，丰富的自然资源和历史文化资源；集湖北省会城市与国家副省级城市于一体，也是湖北政治中心，在城市圈中处于主导地位，对其他八大城市的发展具有重要的辐射和带动作用；其发展好坏直接关系到其他城市发展乃至中部崛起战略的实现。新型城镇化的建设将极大地促进武汉市社会经济的转型与升级，同时对于"武汉城市圈"内的城市具有示范和带动效应，推动整个"武汉城市圈"整体性推进。

二、当前新型城镇化建设的突出矛盾

武汉市作为全国副省级城市，中部地区中心城市，国家新型城镇化综合试点城市，其城镇化的发展在中部地区乃至全国都具有举足轻重的地位。2013年，市常住人口1022万人，户籍人口822万人，常住人口城镇化率和问题79.3%，户籍

人口城镇化率 67.6%,居中部六省第一。①城镇化取得了巨大的成就,但与其国家中心城市,新型城镇化综合试点城市的要求还存在差距,城镇化发展存在不少矛盾和问题。

(一)大市域、小市区的空间布局不合理

武汉市由原来的武昌、汉口和汉阳三镇组成。截至 2014 年末,全境面积 8494.41 平方公里,为湖北省面积的 4.6%;市域周长 977.28 公里,7 个中心城区面积 863 平方公里,建成区面积 552.61 平方公里。武汉是百湖之市,受江河湖泊以及低洼湿地等自然地理因素的限制,发展空间相对比较分散零碎。两江交汇、湖泊密布、山水相间的自然地理特征,造就了武汉丰富多彩的城市空间和独特的城市格局,但是也给城市空间拓展造成了一定的限制,使得发展空间比较分散零碎,难以形成长期集聚式优化发展的充足空间,也使城市继续向外扩展面临较大的门槛。

在经国务院批复的武汉市城市总体规划中,将全市域划分为都市发展区、农业生态区两大圈层,其中,都市发展区进一步分为主城区和新城组群两个空间层次,构建“主城 + 六大新城组群”的“1 + 6”空间发展格局。然而,从当前武汉市的空间布局来看,呈现了大市域、小都市的发展格局;换言之,从总体上看,武汉市由三镇组成,加上湖泊、江河、湿地纵横交错,形成了大区域的市域格局。一方面,武汉三镇各成体系,存在外部竞争,很难形成一个公认的市中心。另一方面,武汉市中心城区与边缘城区和郊区缺乏梯次发展格局,各方面差距较大,造成了一种小马拉大车的城镇化发展现象,城镇化布局不合理,缺乏长效的动力机制。此外,武汉市“1 + 6”的城市发展格局配套设施薄弱,主城和新城之间的产业集聚和联系不足,新城承接能力不高,主城辐射能力大大削弱,新城的发展受到掣肘。

(二)城乡“二元体制”与城市管理机制难突破

一是城乡二元体制,虽然改革以来城乡关系有重大的改变,但是,迄今为止城乡二元结构仍没有完全打破。如在农民城镇转移和市民化过程中,由于现行教育、医疗、卫生、社保、住房等方面的城乡差别依然存在,给农民市民化造成了诸多障碍[1]。从武汉新型城镇化的现实情况来看,城乡二元体制的集中体现则是户籍城镇化率低于常住人口城镇化率,半城镇化问题突出。从统计数据来看,目前常住人口城镇化率与户籍人口城镇化率相差 11.7 个百分点,大约相当于 120 万常住人口没能取得武汉城市户口,由此造成了大量的社会问题。客观上来说,在我国城乡二元体制下,一本户籍的价值绝对不仅仅是一个小册子那么简单,附着在户籍制度之上的教育制度、公共服务、医疗保险、社会保障等社会福利才是城市户口与农村户口最根本的差别。城乡二元体制的残续给流动人口的生存和发展造成巨大压力，不仅损害了其合法权益，也挫伤了其生产积极性，成为新型城镇化进程中的一大矛盾点。

二是城市管理机制，武汉市涌现了百步亭社区管理模式等全国文明的社区管理创新和实践。然而，基础设施投资管理方面市场化程度不够，不能盘活社会资本投入到城市基础设施建设，事业型的城市基础设施建设管理严重浪费了国家资源，不利于城市自身活力的激发。此外，基层管理难以条条块块的管理框架，存在政出多门，职能悬浮，效率低下等问题，这都是武汉市新型城镇化道路中要着力解决的问题。

（三）"四化"同步发展不协调

十八大报告提出，要坚持走中国特色新型工业化、信息化、城镇化、农业现代化道路，推动信息化和工业化深度融合、工业化和城镇化良性互动、城镇化和农业现代化相互协调，促进工业化、信息化、城镇化、农业现代化同步发展。从当前"四化"发展情况来看，四化协调不够。据武汉市统计局初步核算，2014 年全年地区生产总值 10069.48 亿元。其中，第一产业增加值 350.06 亿元，增长 5.0%；第二产业增加值 4785.66 亿元，增长 10.2%；第三产业增加值 4933.76 亿元，增长 9.5%。一、二、三产业比重为 3.5:47.5:49.0。[②]从数据可以看出，第一产业所占比重明显偏小，农业对经济增长的贡献率不足，农业现代化与城镇化发展不相协调。

表1 2014 年武汉市三大产业一览表

指标	绝对数（亿元）	比上年增长（%）
生产总值	10069.48	9.7
第一产业	350.06	5.0
第二产业	4785.66	10.2
工业	3942.75	10.3
建筑业	842.91	10.0
第三产业	4933.76	9.5

此外，武汉市 2014 年全社会固定资产投资总额同比增长 16.5%，达到 6962.53 亿元，主要集中在制造业和房地产业，分别为 2477.47 亿元和 2622.28 亿

元,而公共管理和社会组织、金融、农业、餐饮、信息传输、计算机服务和软件业投资不足,分别为32.40、24.70、25.95亿元、25.45亿元和47.12亿元,[3]其中公共管理和社会组织、金融、餐饮、信息传输、计算机服务和软件业固定资产投资出现负增长。由此可知,现代都市农业与信息化基础设施投资不足,投资结构不合理,大量资金流入房地产和制造业,造成了第一产业和第三产业投资疲软,农业现代化跟不上城镇化发展的步伐;大量的造城运动也不利于工业化和城镇化的良性互动;信息化发展滞后不利于信息化与工业化的深度融合。最终导致了"四化"发展不协调。

表2 武汉市2014年全社会固定资产投资情况

行业	投资额(亿元)	比上年增长(%)
制造业	2477.47	14.5
房地产业	2622.28	24.3
公共管理和社会组织	32.40	−19.7
金融业	24.70	−46.9
农林牧渔业	25.95	7.5
住宿餐饮业	25.45	−31.0
信息传输、计算机服务和软件	47.12	−25.5

(四)"产城互动"与产业支撑不力

"产城互动"是指工业化与城镇化的良性互促发展,就是以新型工业化为核心的产业集群为"发动机",引领城镇化水平提升;以新型城镇化为"增长极"支撑工业优化升级,最终实现工业化城镇化有机结合和"双加速"发展。[2]在我国当前背景下,"产城互动"与融合在宏观上是指开发区与城市的互动与融合,在中观上指产业区内生产与生活功能上的融合,产业用地与居住服务用地空间上相融、相联、相联等,在微观上是指城市市民和产业区就业者的就业、居住、公共服务的互动与融合。[4]

从武汉市新型城镇化的发展来看,无论是工业化与城镇化的互动发展,还是开发区和城市的互动融合、生产与生活上的融合、产业区和市民就业等方面的融合都存在一定的差距。一方面,新型城镇化和工业化的互动不足,工业产业主要以制造业和建筑业为主体,对劳动力的吸纳能力不强。加之工业规模超千亿的行业主要集中在汽车及零部件、装备制造、食品烟草、能源及环保等重工业领域,产业支撑比较单一,缺乏完整、系统和科学的产业结构,产业支撑能力有限。另一方面,新城和老城区的互动不足,新城的基础设施和配套的公共服务无法满足城区建设和开发的要求,居民的产业融合度和生活、居住服务融合度较低,离新型城镇化的内在要求还有一定的差距。

表3 武汉市2014年超千亿产值所在行业分布情况

指标	工业产值(亿元)	占比(%)
汽车及零部件	2346.15	20.42
电子信息	1713.03	14.91
装备制造	1676.49	14.59
食品烟草	1351.32	11.76
能源环保	1004.99	8.75
其他	3395.14	29.57
行业总值	11487.12	100

(五)城乡区域发展仍显失衡

城乡统筹发展是新型城镇化的内在要义,城镇化进程中能否实现城乡统筹是判定是否符合科学发展观,构建和谐社会的重要依据。统筹城乡发展必须充分关注城镇化的城乡差别效应。[3]首先,城乡收入差别效应明显。武汉市2014年底全市常住居民人均可支配收入29627元,比上年增长10.1%。其中,城镇常住居民人均可支配收入33270元,人均消费支出22002元;农村常住居民人均可支配收入16160元;人均消费支出11672元。⑤无论是从人均可支配收入看还是从人均消费支出看,城乡差距都比较大,农村常住人口收入仅相当于城市常住人口的一半。

表4 武汉市2014年居民城乡收入与消费情况

指标类别	收入值(元)	比上年增长(%)
全市常住居民人均可支配收入	29627	10.1
城镇常住居民人均可支配收入	33270	9.9
城镇常住居民人均消费支出	22002	10.4

指标类别	收入值（元）	比上年增长（%）
农村常住居民人均可支配收入	16160	12.3
农村常住居民人均消费支出	11672	13.5

其次,城乡基础设施差距明显。一方面是基础设施投资差距大,乡村地区交通、自来水、娱乐设施、公园投资建设比较之后,一些地区连基本的路面硬化都没有做好。另一方面,城乡公共服务和社会保障差距较大,由于城乡经济社会结构以及人口结构的差异,在公共服务上,城市各种公共服务明显优于农村;在社会保障上,城市各种医疗保险、养老保险比农村的新型农村合作医疗福利给付高,管理科学,农村还存在大量的低保人员。此外,中心城区、旧城区、独立城市的旧城区发展协调性不够,中心城区负载过重,旧城区改造困难重重,新城区建设滞后,严重影响了城市的整体性。由此可知,在城镇化发展过程中,武汉市并没有处理好城乡、区域统筹发展问题,城乡在收入、基础设施建设、社会保障、公共服务等方面差距依然较大;区域协同功能未能充分发挥,离新型城镇化的发展要求还有差距。

(六)大城市病与人居环境亟待改善

所谓"大城市病",通常是指一个城市因规模过大而出现的人口拥挤、住房紧张、交通堵塞、环境污染等问题。[4]大城市病最早是西方发达城市在20世纪六七十年代出现的,简单地说,就是人口过多引起的一系列城市问题。在早期城市发展过程中,武汉并没有相对科学的管理体系,由于缺乏科学的规划,城市发展往往采取"摊大饼"的方式,一旦发展到一定程度,超过环境的承载力,大城市病就出来了。武汉市大城市病主要表现在交通、人口和工业的过度集中。第一,道路交通就是典型的城市病,现有的道路宽度和格局,基本只能满足70—80万辆机动车出行,但机动车保有量已超过200万辆,且增速惊人。下雨量稍大,7个中心城区就会多处溃水;长江大桥若堵车,过江交通立马瘫痪。

第二,武汉人口众多,且主要集中于老城区,新城区的承接能力较弱,2014年末总人口达到1033万,6个新城现状常住人口总规模才100.6万人,其他900多万人都集中于老城区,人口的过度集中给老城区的交通、公共服务和社会治安管理造成了困难,城市基础设施不堪重负。第三,第二产业中的建筑业以及制造业的巨大投资和快速发展排放量大量的废气、粉尘等;加之生活垃圾、汽车尾气的排放,严重污染了空气。工业废气、粉尘、汽车尾气的排放的逐渐增加,使武汉一年有一半以上的时间处于雾霾中。

三、新型城镇化的转型与发展之道

根据国务院批复的武汉市国家新型城镇化综合试点工作方案要点,到 2020年,武汉市常住人口达到 1200 万—1300 万人,常住人口城镇化率达到 84%以上,户籍人口城镇化率达到 75%以上。按照户籍人口计算,目前城镇化率为 67.59%,新型城镇化建设任务艰巨。武汉将以人的城镇化为核心,争取到 2020 年着力解决"3 个 100 万人"的农业转移人口市民化,实现常住人口基本公共服务全覆盖。"3 个 100 万"分别是:推进市外农业转移人口居住证梯度赋权 100 万人,推进有能力、有意愿的市外农业转移人口落户武汉 100 万,引导市内农业转移人口在城镇就业、定居 100 万。⑥基于武汉市新型城镇化以上规划和目标,应从城市规划、体制机制改革、城乡统筹、产业升级、民生服务和"宜居新城"建设六个方面着力,破解新型城镇化建设矛盾和难题。

(一)以规划为先导,提升城镇建设整体水平

科学的规划是科学发展的前提,新型城镇化发展必须以科学规划为先导。新型城镇化的规划要从两方面着手。一是加强规划的科学性和严肃性,改变过去规划过程中"重城轻乡"的指导思想,将城市和乡村地区统筹起来,提高规划的整体性。增强规划的执行力和权威性,对于违规建设坚决予以查处。二是将新型城镇化各项指标纳入规范范畴,优化规划内容;一方面,新型城镇化是人的城镇化,伴随着生活方式的变化,需要坚持以人为本,要加强人居环境、公共服务等方面的规划,创建宜居城市。另一方面,城镇化是产业的聚集和发展。为此,要对产业结构和空间分布进行合理布局,形成产业之间相互融合,相互支撑,结构优化的发展布局。

具体而言,武汉市新型城镇化需要解决人的城镇化、产业结构和空间布局。如果说在之前缺乏科学规划的情况下,形成了"摊大饼"般的发展布局的话,新型城镇化应该在"1+6"城市格局基础上,进一步细化城市分级,建立全域一体的空间发展体系。作为中部地区中心城市,其主体在中心城区,这是城市体系的顶层;汉口、汉阳、武昌三镇作为三个独立城市,均为大城市,为城市体系的第二层;蔡甸、纸坊、金口、阳逻、邾城等新城区重点发展区域,未来可能发展为中等城市,为第三层;小城市或小城镇、城郊新型生态社区也可作为两个层级予以考虑。[5]也就是说,要改变过去那种大市域、小都市的发展格局,以汉口、汉阳、武昌三镇为城市

中心,向外分层梯次扩散,建立全域一体空间体系。为此,在规划上要正确处理好老城区与新城区的产业、人居之间的关系,提升城镇化建设整体水平。

(二)以改革为动力,积极推行体制机制创新

二元化体制不仅是我国经济社会协调发展的结构性障碍,也是阻碍城镇化健康发展的结构性障碍。可持续城镇化的道路必须以实现城乡之间收入均等化为主要目标,促进农业增效、农民增收、农村稳定。[6]首先,要打破城乡二元经济结构,改变过去计划经济时代遗留下来了农业问题,大力发展现代都市农业,提高农业产业的比较收益,实现农业现代化与新型城镇化的相互协调。其次,要将户籍制度与教育、就业、社会保障、公共服务剥离开来,创新城乡一体化实现形式。此外,加强社会管理创新,强化基层社区建设和社会治理,创建服务型政府。

具体而言,武汉市需要着力解决市外农业转移人口、外地常住人口与、市内城镇人口在各项公共服务、社会保障、就业、教育享有权之间的关系。换句话说,要缩小常住人口城镇化与户籍人口城镇化之间的差距,促进权利的平等公正。按照新型城镇化的实现城乡基础设施一体化和公共服务均等化的要求,需从以下几个方面着手。第一,推进户籍制度改革,建立健全城市落户制度,一方面,需要建立城市落户积分管理制度,依据武汉市实际情况和新型城镇化目标制定积分入户管理办法,并严格执行,加强监督。第二,加大乡村地区基础设施投资力度,建立分类细化,系统完整的城乡公共服务供给机制,促进城乡一体化发展。最后,加强城市基层管理体制创新,强化社区服务功能,激活基层社会治理活力,化解基层社会矛盾。

(三)以统筹为基点,形成"四化"同步协调机制

新型城镇化不仅仅是人口的城镇化和土地的城镇化,更是人口权利的城镇化、生产方式的城镇化;其中,统筹协调是新型城镇化的内在要求。按照十八大要求,在新型城镇化建设过程中要注重"四化"的协调发展,推动信息化和工业化深度融合、工业化和城镇化良性互动、城镇化和农业现代化相互协调,促进工业化、信息化、城镇化、农业现代化同步发展。为此,需要大力发展信息产业,提高工业化的信息化利用率;明确工业化在城镇化的地位,科学引导工业化的发展;积极发展现代都市农业,巩固农业的基础地位,合理有序的转移农村劳动力人口。

具体而言,首先,发展现代都市农业,促进农业现代化发展。一是加大农业资金投入,引导城市工商资本合理适度涉农。二是创新农业生产组织方式,大力推进家庭农场、农民专业合作社、农技协会、龙头企业发展;根据当地人口、社会经济

发展的实际情况,适当的推动土地流转,发展农地适度规模经营。三是加快培育新型农民,鼓励有能力、有技能的新型公民进行农业产业创业。四是促进农产品深加工,提高工产品附加值,并大力发展城乡物流、金融一体化,提高农业竞争力。其次,优化工业产业结构,改变房地产与制造业独大的产业结构,加大信息化产业投资力度,推动东湖新技术开发区等四大产业集聚区的建设。鼓励有技能、有学识的大学生投身互联网＋等创新创业活动,促进信心化产业的发展。最为关键的是,将信息化、农业现代化、新型工业化与新型城镇化的发展统筹考虑,实现"四化"同步协调发展。

(四)以产业发展为支撑,增强城镇发展后劲

新型城镇化的发展离不开产业支撑,只有在不断发展壮大产业经济,才能保持城镇化的持续推进。为此,一方面要科学规划产业结构,保持三大产业协调发展,巩固农业产业的基础地位;调整提高第二产业,大力振兴支柱产业,提高工业整体素质;积极发展第三产业,重点发展为生产和生活服务的行业。另一方面,要协调好产业内部的结构,合理推进现代都市农业的发展,加快现代工业体系,大力推进工业转向升级,着力壮大市场主体,全面优化空间布局。此外,要注意劳动密集型产业和资金、技术密集型产业的关系,协调好经济发展、居民收入提高、就业之间的关系。

具体而言,首先,选准突破重点和发展方向,加强自主创新和技术改造,强化产业竞争力,促进电子信息、汽车、装备制造、钢铁、石油化工、食品等六大支柱产业转型升级。以建设东湖国家自主创新示范区为契机,着力发展光电子、移动通信、新型显示、消费类电子、半导体及大规模集成电路等五个领域,将武汉建设成为全球光电子信息技术创新的制高点和产业基础。[⑦]其次,积极培育壮大新一代信息技术、节能环保、新能源、生物、高端装备制造、新材料、新能源汽车等七个战略性新兴产业。

此外,继续对广就业、融合型、多功能的日用轻工、纺织服装和建材等产业,继续保持规模、拓展内涵、提升功能。增强中小企业民营经济发展活力,吸纳和承接农业劳动力的转移,增加就业。打造四大产业集聚区,促进东湖新技术开发区、武汉经济技术开发区、武汉化学工业区、吴家山经济技术开发区四大产业集聚区转型升级。建成环城工业带,促进市级都市工业园转型升级,提升新型城镇化产业品质。最后,要加大餐饮、文娱、旅游、金融、各类技术服务等第三产业的开发和培育,促进三大产业结构优化,协同共进,强化产业支撑,增强武汉市新型城镇化发

展后劲。

（五）以民生为重点，提升公共服务均等化水平

新型城镇化的一个重要议题就是关注民生问题，实现公共服务均等化。民生问题的解决主要集中于两个方面，一是城乡社会公民民生问题的整体性改善。二是城乡之间，城市户籍人口与农村户籍人口之间享受改革开放成果差距的一个弥合。城镇化进程中，城市新移民社会权利的不完善主要体现在劳动就业权、住房权、受教育权、社会保障权等方面，根源于思想观念障碍、利益固化的藩篱、制度安排不到位。[7]为此，在科学顶层设计指导下，重点建设与人民群众生产和生活息息相关的民生问题。

具体而言，第一，大力建设城镇化基础设施，加快城市科、教、文、卫基础设施以及服务平台的建设，引导社会资源面向广大基层街道、社区延伸。缩小城乡医疗卫生、社会保障、基础设施之间的差距。第二，要大力发展职业教育，提升高等教育社会，加强就业指导和培训，并培养相关产业经济，增加就业，降低失业率，提高城乡居民收入，刺激社会消费，拉动内需。第三，强化政府公共服务和社会治理职能，引导广大城乡居民参与涉及自身切身利益的公共决策和咨询，促进社会利益群体的利益表达，化解社会矛盾，构建和谐社会。最后，促进社会主义新农村建设，提高农村地区公共服务水平，促进城乡公共服务均等化。加快武汉市周边地区小城镇建设，从产业布局、经济发展、人口集、交通规划和建设各方面给予小城镇相应支援，形成一批30000左右人口规模的小城镇，引导有意愿的农民就地城镇化，强化城乡之间经济、人口、公共服务之间的联系。

（六）以集约、生态、低碳为方向，推进宜居城镇建设

集约、生态、低碳和"宜居"是新型城镇化的基本内内涵之一，也是新型城镇化发展的重要方向。宜居城镇化包括以下几个维度：一是自然物质环境好，适宜居住；二是就业机会多，失业率低；三是生产、生活和出行方便；社会治安良好，市民安全感强；四是关注健康，文体设施、娱乐场所一应俱全；最后，宜居城市一定是一个具有文化内涵的城市，市民的文化素养较高。面对大城市病日益突出问题，生态环境逐渐恶化的现状，宜居新城的建设迫在眉睫。为此，武汉市需要以集约、生态、低碳为方向，推进宜居新城建设。

具体而言，应该着力抓好市政工程建设、产业结构调整和升级、历史文化古迹的保护、乡村生态旅游的开发等工作。首先，加强市政建设。一方面，要做好城市交通规划和建设工作；积极发展多样化、立体式的交通系统，形成地铁、轻轨、公

路、立交桥相互辅助,共同分担人流的城市交通网络,构建旧城区和新城区的交通联系,促进旧城区人口的分流,缓解交通压力。另一方面,加强下水道、文体娱乐等基础设施建设,为市民提供良好的生活和锻炼场所。其次,加快产业结构的升级,大力发展电子信息、新能源、互联网+等低碳产业,重点推广面向生物医药、汽车仿真、装备制造、模具生产等领域的信息资源云计算服务示范应用,进一步推动信息技术、制造技术和互联网技术交叉融合[8],减少工业和汽车尾气污染。此外,作为一座历史文化名城,辛亥革命的摇篮,浓缩了近半部近代史,要正确处理好城镇化的发展和历史文物古迹保护之间的关系,赋予由武汉历史文化特色的城镇化。最后,大力发展乡村生态旅游产业,既能实现农业劳动力的就业,提高农民收入,又能加强城乡联系,促进城乡生态文明建设,助力武汉宜居新城的建设。

注释

①数据来源:武汉市国家新型城镇化综合试点工作方案要点,中商情报网。

http://www. askci. com/finance/2015/02/04/1456482c3o. shtml.

②③⑤资料来源:武汉市统计局.2014 年武汉市国民经济和社会发展统计公报,武汉统计信息网,2015 – 03 – 12。

http://www. whtj. gov. cn/details. aspx? id = 2513.

④中国城市规划学会."产城互动"与规划统筹,参见中国城市规划网。

http://www. planning. org. cn/news/view? id = 55.

⑥参见武汉获批新型城镇化综合试点农业转移人口市民化方案。

⑦资料来源:武汉市工业发展"十二五"规划。

⑧蔡进军. 推进武汉市"智慧城市"建设的思路选择,武汉市城乡建设委员会,2011。

参考文献

[1][6]项继权,袁方成.湖北城镇化的发展及政策选择[J].城市观察,2013(1):78.

[2]官锡强.创新体制机制推进产城互动发展[J].当代广西,2015(13):16.

[3]朱宝树.人口城镇化与城乡统筹发展[J].华东师范大学学报(哲学社会科学版),2006(4):28 – 34.

[4]王桂新.中国"大城市病"预防及其治理.[J].南京社会科学,2011(12):57.

[5]蔡木子,建立全域一体空间发展体系[N].长江日报,2015 – 08 – 04.

[7]苏昕.新型城镇化背景下的城市新移民社会权利保障[J].马克思主义研究,2014(2):138.

02

农民市民化

以户籍制度改革为突破口　推进城乡一体化发展

蒋大国　江立华

我国现行的户籍管理制度是以 1958 年全国人大通过的《中华人民共和国户口登记条例》为法律依据逐步建立的,并以此为基础逐步建立健全相应的社会保障及公共服务政策措施,从而逐渐形成了城乡二元结构的户籍制度。2012 年,党的十八大提出"加快户籍制度改革,有序推进农业转移人口市民化,努力实现城镇基本公共服务常住人口全覆盖。"2014 年 7 月国务院出台《关于进一步推进户籍制度改革的意见》,标志着户籍制度改革开始进入全面实施阶段。目前,全国已有多个省宣布实现城乡统一登记的居民户口制度,但户籍制度改革仍然面临着许多新的挑战,需要进一步探寻改革的突破口,不断深化。

一、户籍制度改革已取得的成效与经验

在户籍制度改革不断摸索的进程中,湖北省以户籍制度改革为突破口,逐步推进城乡一体化发展,已经积累了一些经验,取得了一定成效。具体来讲主要表现在以下三个方面。

第一,在全省建立、推行了城乡统一的户口登记管理制度。湖北省户籍制度改革于 2004 年启动,目前,已经在全省范围内逐步取消农业户口、非农业户口的户口性质及地方城镇户口、蓝印户口、自理口粮户口、农场商品粮户口等各类户口类型,统称为"湖北省居民户口",已由公安部门为城乡居民免费换发了《居民户口

[作者简介]蒋大国(1948—),女,湖北随州人,华中师范大学湖北经济与社会发展研究院院长,湖北省城乡一体化协同创新中心主任,教授,博士生导师。江立华(1965—),男,安徽歙县人,华中师范大学社会学院常务副院长,教授,博士生导师。

簿》，按照有关规定对户口登记和户口迁移进行统一管理，并为了满足部分原农业户籍人口有关就业、计划生育、农业补贴等国家政策性奖励等方面的特殊需求，还由公安部门为其开具农业户籍性质证明。

第二，取消了进城人口计划指标管理，实行户口迁移条件准入制度，并放宽了亲属投靠限制。从 2004 年的城市准入条件下发后，凡在工作地城市里有合法固定住所和相对稳定的职业或合法的的生活来源的都可以准入。武汉市根据经济、社会发展的规划及综合承受能力，从 2006 年前逐步放开，尤其是《关于进一步推进户籍制度改革的意见》颁布后，进一步放宽了城市准入和落户条件，包括对申请迁入城市投靠亲属的条件限制，明确规定：未成年子女，不受条件限制，可自愿在父亲或者母亲常住户口所在地申报落户。属投靠配偶的，不受年龄、婚龄限制；属父母投靠子女的，不受身边有无子女的限制。对计划外生育子女，经有关部门征收社会扶养费后准予落户。非婚生育、被遗弃的婴儿凭有关部门证明；孤寡老人或父母双亡的未成年人，经公证部门公证，可在近亲属户口所在地办理入户。

第三，以重点新区和小城镇为改革示范点，落实失地农民整村推进户籍制度改革的新举措。如：鄂州市、荆门市、宜城市、京山县温泉新区等地，通过用原村集体预留土地补偿款、流转土地经营收益和国家政策扶持，为农转非村民缴纳城市职工养老保险或工伤保险；荆门市高新区、鄂州市开发区为部分农民购买经济适用房或廉租房；全省不少市州基层政府参照国家劳动力就业培训相关政策与措施，为失地农民进行免费再就业培训或小额贷款，激励或扶持其再就业与创业，以推进户籍制度改革与城乡一体化协调科学发展。

二、深化户籍制度改革面临的问题与挑战

户籍制度改革深化与健全完善，是推进新型城镇化建设与城乡一体化发展的重要举措，也是建设社会主义新农村、全面建成小康社会的有效途径。但因户籍制度建设长期受城乡二元结构的影响与制约，而随着农村政策不断健全和户籍制度改革的深化，农民对户籍制度改革认识及到城镇落户的意愿也有所变化与不同，户籍制度改革仍然面临着一些急待解决的问题，急需要积极认真研究与探索。

据调查显示：所处的环境与条件的不同，对落户城镇的意愿有较大的差别。

一是性别、职业不同，意愿不同。一般女性比男性愿意落户城镇率高，分别占所调查的女性、男性的 61.5%、57.7%；务农者、个体户、打零工者、有稳定工作者等愿意落户城镇的比例分别为 69.2%、71.4%、50.7%、38.2%，就连未从事有收

入的工作者也占 29.1%。

二是年龄、文化程度不同,意愿不同。35 岁以下、36 岁至 59 岁、60 岁以上的愿意落户城镇的分别为 31.7%、56.1%、12.2%,36 岁至 59 岁的比例最高;具有小学、初中、高中、大专以上文化程度愿意落户于城镇的分别为 45.5%、63.5%、63.9%、93.8%,具有大专以上文化程度的意愿最高。

三是婚姻、居住地不同,意愿不同。未婚、已婚、离婚、丧偶者分别占 82.1%、58.3%、50%、29.4%,未婚意愿最高;居住城中村、近郊、乡镇社区、远郊社区愿意落户城镇的比重分别为 75.1%、61.5%、48%、41%,城中村农民意愿最高。

四是家庭成员、收入不同,意愿不同。家庭成员有一名、二名、三名、四名农村户口人员愿意落户城镇的比重分别为 78.6%、70%、61.5%、46.3%,有一名农村户口人员意愿最高;家庭年收入 1 万元以下、1 万至 3 万、3 万至 5 万、5 万至 10 万、10 万元以上的分别占 58.3%、49.7%、64.4%、64.9%、50%,5 至 10 万元的意愿最高;是否有家庭成员去外地打工的意愿也不同,有打工的为 57%、没有为 61.2%,低 4.2 个百分点。

存在不同意愿的原因是多方面的。根据调查表明,主要有以下原因。

第一,户籍制度改革仍然存在户籍城镇化与人口城镇化的分离。当前,户籍制度改革已经完成落实城乡居民统一登记的户籍管理制度,彻底改变了以往农村户口与城市户口的区别。但是,户籍制度改革大部分停留在户籍城镇化的表层上,与城镇户籍制度相适应的其子女受教育、就业再就业、参加社会保险、享受住房等基本公共服务待遇没有完全落实,仍然存在双重标准,即使是在同城内部,也没有享受到与市民一样的同城待遇;绝大部分进城农民缴纳养老保险的标准、享受最低生活保障和社会救助的待遇等,与市民有较大的差距,存在同等户籍、不同等待遇标准的现状。

第二,农民进城落户享受同城镇市民待遇仍存在重重限制。目前,中小城市的落户条件已经大大放开,逐步降低落户门槛。但大城市与特大城市,由于受城市人口规模控制等原因,进城落户的农民仍然受到严格限制。如:有些大城市大都实行的流动人口积分落户措施,遵循的是吸引资金和人才的城市户口迁移原则,对普通农民进城落户的门槛仍然较高,超出了绝大部分农业户籍人口的落户能力。有的中小城镇由于受长期城乡二元结构的影响,即使在同一城镇落户也很难享受同等市民的基本待遇,明确规定社会救助、养老保障、子女受教育、政府保障性住房等仍然只面向本地户籍人口。特别是在流动农民工聚集的社区,由于公立教育资源短缺,外来务工、经商农民随迁子女难以入学,只得返回原籍就读,形成流动农民工与其子女长期两地分离的特殊问题,子女难以得到父母的关爱。

第三,相当部分农民担心进城落户后原来所享受的权益受损害。根据调查了解,有 60.1% 农民顾虑重重,对其在农村所经营的土地、享有的宅基地等权益重视的程度普遍较高,最担心进城落户后失去已享有的土地经营和宅基地享有的权益。随着国家对各种农业补贴政策进一步健全、完善、提高,农民对农村既得权益的重视程度越来越高,即使允许进城落户农民继续保留其享有的农村权益,仍有 53.43% 的农民不愿进城落户。这表明,户籍制度改革面临着农民既得利益能否继续保障,是户籍制度改革面临的一重大挑战。

第四,户籍制度改革的相关政策与扶持措施宣传不力、落实不到位等。国务院《关于进一步推进户籍制度改革的意见》对户籍制度改革目标、原则、政策、重点及措施都做了明确规定,是指导户籍制度改革的重要指导性文件。但调查显示:有高达 81.2% 的农业户籍人口对最新的户籍制度改革政策缺乏了解,甚至有 34.4% 的人认为落户城市没有什么实惠,没有享受到应享受的政策待遇,制约了其参与户籍制度改革的积极性。

第五,城镇及农民自身承受能力有限。根据调查了解,农民落户于城镇,子女就学、交纳社会保障、购买住房等经济压力较大,大都超过其经济收入。一般在小城镇、中等、大城市落户,户均分别具有 10 万元、20 万元、30 万元经济实力承担相关落户的各项待遇缴费的成本和公共服务设施建设应承担费用,而到城镇务工人员大都是灵活就业,稳定就业的不多,收入水平大都不高,月均收入 2000 元以下的占 34.5%,月均收入 4000 元以上的只占 9.6%,若由个人低水平的收入来承担农民市民化成本是难以承受的,若完全由政府负担,财力也难以承担。

三、进一步推进户籍制度改革的原则与路径

户籍制度改革的最终目标是:建立全国城乡统一的居民户口登记管理制度,使居民在城乡区域之间合理、科学、自主流动、互融互动,享受均等化的公共服务。因此,必须立足国情、省情、尊重居民意愿,有序推进。应坚持以下原则:

一是以人为本、农民自愿。应把维护人民群众根本利益作为户籍制度改革的出发点和落脚点,充分尊重农民群众进城落户的意愿,坚持依法、规范、公平、公开,决不能以牺牲农民的合法权益为代价,搞行政命令、一刀切,更不能"一平二调",必须保障农民群众的合法权益。

二是统筹规划、稳步推进。户籍制度改革是一项涉及城乡居民和城乡发展的系统工程,应该立足本地实际和农民承受能力,深入调查研究,广泛听取农民意见,统筹规划,明确阶段目标,制定切实可行的实施方案及措施,积极稳妥、有条不紊地推进户籍制度改革。

三是因地制宜、循序渐进。应坚持分类指导,兼顾不同地区的特殊性,根据不同区域不同城镇的发展规模、功能定位、产业资源优势、综合承载力和公共服务供给能力,制定不同的政策措施,探索改革的新途径、新模式,稳步推进户籍制度改革。

四是分类有序、多元并举。户籍制度改革应该坚持因地因人制宜、分类分层有序地进行。针对不同人群的特点和意愿,采取相应的措施,多元并举,有序推进。既应减轻户籍制度改革的难度及地方政府、城镇和农民承受的压力,也应提高改革的效率和成效。

户籍制度改革应遵循的路径如下。

第一,根据本地经济社会发展状况及承受能力,分步推进。户籍制度改革涉及面广,既要考虑到本地经济社会发展现状、趋势及潜力,也要注重本地城镇人口出生率、扩大就业能力及资源承载和财政承受能力,量力而行,尽力而为。首先,应立足当地经济社会发展实际与未来需要及资源禀赋和人口出生率与增长幅度,科学论证分析评估,明确城镇功能定位与发展阶段和规模;其次,根据本地经济发展和财政承受能力及农民意愿,确定分阶段推进户籍制度改革方案、政策与措施;其三,着力推进农民经营土地、享有宅基地的确权及财产登记、颁证,为推进户籍制度改革奠定基础;其四,建立健全城乡基本公共服务体系,逐步实现城乡社会保障一体化、均等化,吸引农民主动进城落户,形成主动迁移与激励流动相结合的双重农业转移人口落户模式。

第二,根据城镇类型与规模,分层推进。特、大、中、小城镇,不同类型,不同规模,其功能、资源禀赋及经济、财政承受能力、发展潜力与需要不同,必须立足实际和发展需要,分类分层推进。《国务院关于进一步推进户籍制度改革的意见》明确规定:"优先放开中小城市、小城镇、特别是县城和中心镇的落户条件"。根据调查情况来看,中小城镇尤其是县城及中心镇容量大、提供就业岗位多、户籍制度改革成本低,应加快落实以稳定居住为依据的城市户籍准入制度,促进符合条件的农业转移人口在城镇落户,并根据本地生产力发展水平和财政支撑能力及城镇综合承受能力,分类分层逐步落实基本公共服务政策。首先,可享受就业岗位推荐、培训、市民医疗、养老保险及其子女接受义务教育等政策,家庭困难、符合条件的可享受低保、社会救助等;其次,根据本人自愿,在企业的参加职工养老、医疗、工伤、生育、失业等社会基本保险,灵活就业的可参加灵活人员基本社会保险或市民养老、医疗保险,居民可参加居民基本社会保险;其三,鼓励有条件的购买或租赁住房,没有条件购买或租赁的可以通过政府代建经济适用房、保障住房或发放住房补贴金等办法,分期分批解决到城镇落户人员住房等困难,以调动他们落户城镇的积极性。

大城市和特大城市是户籍制度改革的重点,也是改革的难点。应按照有序放开大城市落户限制的要求,合理确定大、特大城市落户条件与政策,可建立统一积分落户制度及梯度享受基本公共服务政策,即:根据其到大或特大城市就业年限、居住时间、职业资格、技术水平、学历层次、岗位贡献等内容,设置积分指标体系与标准及奖惩办法,并根据其积分指标提供梯度基本公共服务,以引导农民合理有序流动、集聚,分期分批到大、特大城市落户,逐步享受同城同待遇等基本公共服务,以实现真正的市民化。

第三,根据农业户籍人口分布的地域特点与意愿,分批推进。调查显示,农民落户城镇的意愿与地域分布紧密相关,并呈现出离城镇中心区越远,落户意愿越低的特点。因此,户籍制度改革,应遵循科学规律,将农民进城的需求的紧迫性与城镇基本公共服务供给能力和财政支撑能力综合考虑,针对不同群体的意愿与需求,分三个层次,即:先城内(含城中村、存量农民)、后近郊、再远城,有重点,分期分批,逐步推进。中心城区的农民工、城中村等农业户籍人口(含存量农民),由于拥有一定的城市生活经验及基本的工作能力和技能、较稳定的就业岗位、较强的落户意愿等,应成为最先落户的群体。尤其是大量举家流动的农民工,更应作为优先落户的重点对象,以多元一体的落户政策措施,吸引农民进城落户。

四、进一步推进户籍制度改革的政策与措施的建议

为进一步推进户籍制度,各地应深入调查研究,进一步建立健全相应的优惠政策和措施。

一是保障农民合法权益,探索户籍制度改革与土地制度改革良性互动的机制。《国务院关于进一步推进户籍制度改革的意见》强调,要切实保障农业转移人口及其他常住人口合法权益。坚持以人为本、保障农民合法权益,是户籍制度改革的关键与核心。而现阶段经济发展水平不高,城镇承载能力与财政支撑能力有

限,农民承担户籍制度改革压力较大,必须积极稳妥探索户籍制度改革与土地制度改革良性互动机制。即:以农民自愿、有偿、依法、公平、公开、有序流转土地经营权、宅基地使用权和集体财产收益权来减轻户籍制度改革地方政府及所在城镇和农民所承受的压力。首先,应依法开展农村产权确认,明晰农村产权主体。应加快对农民承包地、宅基地、房产登记和办证工作,坚持公平、公正、公开原则,严格、有序、全面推进,做到农民承包地、面积、合同、证书"四到户"。在此基础上,扩大农村集体经济组织产权制度改革试点,开展集体土地、林地、水域滩涂、水利设施、房屋等产权确认登记,并颁发证书,为促进生产要素合理有序流动、有效集聚、互融互促创造条件。其二,应建立农村产权交易平台,促进农民承包土地经营权公平有序自愿流转。应在村、乡(镇)、县(市)三级分别健全土地流转产权交易平台和服务机构,如:产权交易中心、土地流转中心和农民权益保障中心及市、县建立农村土地纠纷仲裁委员会,加强流转土地、交易产权价格的论证评估、合同签订、法规咨询、信息沟通、纠纷调处等服务;建立兼顾国家、集体、个人的土地增值收益分配机制,合理提高个人收益,以扶持失地农民参加社会保险;规范农民相互之间互换、转包、置换、反租赁、倒包,引导和促进农民自愿转让、入股、租赁、抵押、出售等,公平、公正、有偿挂牌交易,平等参与项目合作、经济建设;强化交易、评估、商议全程监督,确保交易公平、规范、安全;研究制定土地流转各项制度和补偿政策,积极调解处理土地流转中的矛盾纠纷,确保农民经营土地流转费用、补偿政策及其流转后的就业、保险等待遇落实,切实通过农民自愿公平交易、有效地配置所经营土地,让农民手中的"死资产"变成"活资本"、真正成为市场主体,自由合理流动,做到失地不失权,失权不失利,失利不失业。其三,试点改革城乡建设用地,促进农村土地规模、集约经营。在坚守耕地红线和粮食稳定红线的基础上,以建立城乡统一的建设用地市场为着力点,以土地交易中心为平台,按照"先补后占"的新型土地平衡理念,建立健全集体经营性土地与国有土地入市同权同价机制及工业用地与居住用地合理比价机制,科学确定土地征用补偿政策标准,稳步开展城乡建设用地增减挂钩、公开公正公平交易试点,以实现农村集体建设用地的市场价值,促进农村土地向规模、集约经营集中,农民向城镇集中,工业向发展区集中,有效地保护耕地、保证国土整治和耕地再造工程的实施、维护集体和农民的合法权益,为户籍制度改革、城乡一体化发展奠定坚实基础、提供保证。

二是健全城乡统一的劳动力市场,促进农民有序转移。促进户籍制度改革,关键是要解决有序转移农民工在城镇能稳定就业。应建立健全以省、市为龙头、市县为支撑、乡(镇)及社区为平台的统一开放、规范有序、公开公平、优质便捷的城乡统一的劳动力市场;强化就业岗位、信息提供,就业再就业培训、咨询、指导、服务及劳动市场工资指导价位科学评估、确定、监管、调整和落实;完善培训和基本社会保险补贴、小额贷款、税收优惠、信贷支持等优惠政策,激励和扶持农民工及大学生充分就业与创新;加强产业结构调整、优化、升级,发展绿色、循环、环保、科技、旅游、深加工等特色产业,扩大就业,为有序转移农民拓展就业空间、打造就业创业平台。

三是完善公共服务,吸引农民进城落户。完善公共服务,是促进户籍制度改革与城乡一体化发展的活力与动力。应适应城乡居民发展需求,整合资源与职能,建立健全教育、就业、卫生、救助、文体、安全等"八位一体"公共服务网络体系和乡镇、社区综合服务中心与平台,加强网络对接、信息互通、政策标准衔接、人员待遇核实监管和程序规范公开,强化目标责任,优化完善服务,严格目标考评与责任追究,不断提高服务质量和水平,逐步形成以适应满足城乡居民需求为目的,以健全公共服务网络体系为基础,以完善统一服务标准和待遇为目标,以增强公共服务持续支撑能力为重点,以优化服务队伍和质量为保障的政策公平、标准统一、程序规范、设施配套、信息共享、服务优质、制度覆盖、机制长效、城乡一体的公共服务体系,以吸引农民自愿、规范有序进程落户。

四是"多位一体",建立户籍制度改革成本分担机制。实现农民市民化,关键是应落实进城农民均等化公共服务待遇,主要保障农民的基本生活,子女接受教育、就业、基本社会保险、住房、公共服务设施建设等。这些完全由政府或个人承担,都是难以负担的,必须坚持权利义务对等、收支平衡,建立健全政府、企业或单位、个人合理分担机制。首先,应建立健全中央与地方政府财政合理分担机制。属于中央政府承担的随迁子女义务教育、就业扶持、社会保障支出和户籍制度改革等补贴,应在核定总量的前提下,通过增加财政转移支付总额、调整转移支付比例和增设专项资金等方式,加大对地方扶持力度,增设户籍制度改革、公共服务设施建设专项补贴资金,按照转移人数和一定比例予以补贴等。促进地方政府财力与事权匹配。如:大规模农民进城落户后,应调整城镇义务教育中央与地方负担比例和农村与城镇的财政教育支出比例分配;调整城镇与农村社会保障、就业培训补贴结构,增加对地方社会保障基金和就业培训的补助。其次,应健全落实政府与企事业单位(含社区)合理承担农民有序转移的责任。应坚持权责统一原则,健全落实政府推进农民有序转移进城落户的主体责任,按照户籍制度改革的总体与年度目标,依据户籍制度改革人均享受公共服务待遇标准及设施建设成本,设立专项资金,按照城镇类型、转移人数和承受能力,给予城镇和农民适当补贴,以激励和推动户籍制度改革与城乡一体化建设发展;农民所在企业和单位,应落实其享受的社会基本保险、特困救助、住房、公共服务设施建设及其子女接受教育等各项待遇政策标准,按时依规交纳社会保险费、提供培训就业、社会保险补贴、小额贷款和享受社会保险待遇,依法依规保障落户的农民合法权益。其三,进城落户的农民应自觉履行参加就业培训、社会保险等责任与义务。应引导和督促进城落户农民根据工作需要和岗位实际,依法依规按时参加就业与技能培训、社会保险和公共服务,按时足额交纳社会保险费,督促其子女自觉接受义务教育,依法维护自身合法权益、减轻其所在城镇政府及户籍制度改革的压力,促进农民科学有序转移、进城落户创业。

新型城镇化进程中农民市民化的双重路径

蒋大国 胡 倩

当前,我国城镇化率已超过50%,标志着中国开始由乡村中国向城市中国的历史性转变,[1]并正在经历有史以来规模最大、影响最深、效益最显的城镇化过程。但传统城镇化建设带来了诸多遗留问题,其中最为严重的是城镇化与农民市民化的非同步性发展,农民市民化相对滞后于城镇化。如果这些遗留问题得不到有效重视和妥善解决,未来新型城镇化进程中的农民市民化任务将更加艰巨。因此,新型城镇化进程中的农民市民化问题不仅仅要解决增量问题,还要解决存量问题。农民能否顺利完成社会角色转型,实现"农民"向"市民"的角色转变,势必关系到新型城镇化的成败,关系到社会的稳定与和谐发展。因此,如何实现"农民"向"市民"的转变,成为新型城镇化进程中急需解决的核心问题之一,成为当前我国学术、政府部门以及社会普遍关注的热点、难点问题之一。

一、进城农民与居村农民:农民市民化的"两大主体"

农民市民化是探讨农民市民化问题的核心概念,对农民市民化内涵的不同解读,将引导我们进行不同的农民市民化路径选择。因此,如何准确解读新型城镇化背景下的农民市民化内涵,对我们推进新时期的农民市民化进程具有至关重要的影响和启示意义。

[基金项目]湖北省城乡一体化协同创新中心招标课题"'四化同步'发展新型城镇化体系研究"。

[作者简介]蒋大国(1948—),女,湖北随州人,华中师范大学湖北经济与社会发展研究院院长,湖北省城乡一体化协同创新中心主任,教授,博士生导师。胡倩(1989—),女,江西萍乡人,华中师范大学湖北经济与社会发展研究院博士研究生。

"如果没有城市,就无所谓农民,如果整个社会全部城市化了,也就没有农民了。"[2]由此可见,农民与市民是相对存在的两个概念,是相互区别的两大群体。在长期的社会发展过程中,农民与市民在很大程度上生活在不同的地域空间,并逐渐形成了社会身份、社会地位、社会权利、生产方式、生活方式、行为方式、思维方式及价值观念等方面的差异。正是基于此背景,在城镇化进程中,农民市民化问题相应被提出,并得到普遍关注与广泛探讨。因此,农民市民化概念提出的背后隐含着一个基本认识,即认为农民是指居住在农村且拥有农业户口的农村居民,市民是指居住在城市且拥有非农业户口的城市居民;农民与市民之间存在着诸多区别,而这些区别的弥合过程就是进城农民向城市居民转变的过程。

在这一基本认识的主导下,学者大多从城市角度出发,以农民进城变市民为终极目标,将农民市民化视为一个"农民进城"的过程,以此解读农民市民化的核心内涵。从现有的文献资料来看,大体形成了以下几种解释:

一是从社会权利和增能出发,强调外部"赋能"与内部"增能"。认为"市民化是指作为一种职业的'农民'和作为一种社会身份的'农民'在向市民转变的进程中,发展出相应的能力,学习并获得市民的基本资格、适应城市并具备一个城市市民基本素质的过程。"[3]

二是从社会资本出发,强调社会关系网络转型。认为"市民化不单是农民居住地的转变,还意味着,具备了在非农产业就业的职业特征与城市文化接轨的意识、行为方式的文化特征,从传统的以亲密关系为主的乡土社区网络转变为契约关系为主的城市化社区。"[4]

三是从社会角色转型出发,强调外部特性与内部属性。认为"农民市民化不仅仅是农民职业身份的转变(非农化)和居住空间的转移(城市化),更是农民社会文化属性与角色内涵的转型(市民化)和城乡关系的重构过程(结构化)。户籍转变、地域转移、职业转换只是农民市民化进程的'外部特性',而更为重要的是新市民群体如何在角色内涵上实现真正的转型与再造。"[5]

以上关于农民市民化的概念界定基本上遵循的是"结构——能动"解释框架。这一解释框架既强调农民市民化是社会权利、社会地位、社会身份、社会资本、职业属性等结构性因素的转变过程,也强调农民市民化是生活区域、生产方式、生活方式、行为方式、思维方式以及价值观念等能动性因素的转变过程。但以上农民市民化中的"农民"一般界定为"进城农民"这一单一主体,忽略了未进城农民这一更庞大的农民主体。因此,这一解释框架有利于我们准确把握农民市民化的具体内容,但不利于我们拓展农民市民化的推进路径。这主要是由于以上关于农民市民化的解读注重从城市出发,强调"进城农民"这一主体的市民化内涵,使得我国农民市民化的研究重心和推进路径局限于"进城农民"的市民化,而忽略了未进城农民的市民化问题。

因此,近两年来,有学者提出了"居村农民市民化"概念,开始关注居住在县城镇以下和村庄农民的市民化问题。[6]事实上,当前农民群体可以区分为进城农民和居村农民两类,并都具有传统农民社会文化属性明显,无法享受与市民同等社会福利待遇的特征。在这里所谓的进城农民,主要包括从农村地区转移到城市的农民工和城郊失地农民,他们一般在城市生活、工作,从事非农产业,其中大部分依然是农业户口;居村农民,主要是指长期生活在农村地区的农民,他们一般在农村生活、工作,部分人从事非农产业,部分人从事农业产业。而且从数量上来看,"居村农民"的数量远远大于"进城农民",因此居村农民的出路同样需要得到我们的进一步关注。同时,从我国的现实需求来看,新型城镇化应该是大中小城市、小城镇以及新型农村社区协调发展的城镇化。因此,新型城镇化进程中的农民市民化主体不仅仅包括农民工、城郊失地农民这类"进城农民",还应该包括居村农民。即"居村农民"和"进城农民"应该一起被视为新型城镇化进程中"农民市民化"的两大主体。

在此认识基础之上,农民市民化,"不是让所有农村人口都迁移到城市,而是要让所有人口,无论居住在城市还是农村,都能享受现代城市文明生活。它包括两个方面的变化。一是人口从乡村向城市运动,并在都市中从事非农业工作;二是乡村生活方式向城市生活方式的转变,这包括价值观、态度和行为等方面。"[7]即农民市民化的本质内涵不仅是农民从农村向城市的区域空间转移、农民从农业户口向非农业户口的户籍转变、农民从农民向市民的身份转变过程,而且是农民享有公共基础设施和基本公共服务以及生产方式、生活方式、行为方式、思维方式、价值观念变迁过程。这一新解释不仅仅符合新型城镇化进程中农民市民化的实际需求,也有利于拓展农民市民化的推进路径。"农民市民化"内涵的重新解读,"农民市民化"主体的重新定位,将给予我们最大的启示是农民市民化的实现一方面需要继续推进农民工、城郊失地农民向大中小城市转移;另一方面还需要推进居村农民向小城镇、新型农村社区转移。因此,本文正是基于这一全方位、多主体的农民市民化内涵进行的研究。

二、城市异地与农村就地：农民市民化的"双重路径"

从发达国家的发展经验来看,城市化过程本身伴随着农民市民化的实现。但从我国的现实情况来看,农民市民化严重滞后于城镇化,农民市民化进程缓慢,农民市民化效果不佳,大多数农民工和城郊失地农民尚处于"半市民化"状态,或只有少部分"进城农民"真正实现了农民市民化,并未真正启动"居村农民"市民化进程。而这与我国需要转移的上亿农民形成较大的反差。究其原因,一方面是由于我国城镇化进程中面临的约束条件与发达国家城镇化过程中面临的约束条件不同,主要表现为城市吸纳能力有限、农业转移人口规模庞大;另一方面也受到了我国传统城镇化道路选择的影响,传统的城镇化道路一般走土地城镇化之路,而忽略了人口城镇化。再加上农民与市民之间本身在综合素质、社会权利、价值观念等方面存在的悬殊,最终使得我国城镇化进程并为伴随着真正的农民市民化,而是部分农民的市民化或者说农民的"半市民化"。

新型城镇化与传统城镇化的最大区别体现在:它不仅仅是土地的城镇化,也是人口的城镇化。人口城镇化的本质是使居住在一定区域(无论是大中小城市,还是小城镇、新型农村社区)的人口共享均等的公共基础设施和基本公共服务,并分享共同的城市文化、生产方式、生活方式、行为方式、思维方式以及价值观念。因此,农民市民化的推进逻辑不是让所有农民的生活区域都从农村转移到城市,也不是让所有的农民都从农业户口转为非农业户口。因为农民和市民的本质区别不是体现在户籍、居住区域、身份上,而是体现在生产方式、生活方式、行为方式、思维方式、价值观念以及社会权利等方面。可以说,农民市民化实际上是培育农民现代化意识,分享现代城市文明,共享城市经济社会发展成果的过程。其最终的目的是缩小城乡差距,实现城乡一体化发展。这一市民化目标除了通过城市异地转移实现以外,还可以通过农村就地转移实现。因此,在新型城镇化背景下,在确定"进城农民"与"居村农民"同时为农民市民化的两大主体基础上,同时推进城市异地转移与农村就地转移自然而然成为了农民市民化的路径选择。即农民市民化需要多头并进,除了继续推进农民工、城郊农民向城市转移外,还必须根据城乡一体化的内在要求加大居村农民市民化的力度。[8]

具体来说,第一条路径是通过发展大中小城市,进一步优化大中小城市的产业结构,促进产业转型升级及要素互融互动,以吸纳更多农民工、城郊失地农民真正融入城市,从而实现"城市异地转移"市民化;第二条路径是通过发展小城镇、新型农村社区,强化小城镇和新型农村社区的服务功能,根据比较优势,大力发展现代化农业和各类服务业,吸引居村农民向小城镇和集中居住区聚集,从而实现"农村就地转移"市民化。而之所以选择这两条路径同时推进,是有其现实原因的:一是农村转移人口规模大,2012年农村人口为6.4222亿,流动人口2.36亿,[9]城市无法容纳如此庞大的人口,否则容易导致"城市病"。因此,不能单纯依靠"城市异地转移"这一单一路径推进市民化;二是小城镇、新型农村社区能够为农民市民化提供新载体和便利条件。实践证明,随着小城镇、新型农村社区的发展,基本公共服务均等化逐步推进,城乡互动逐渐加强,农民生产方式、生活方式、行为方式、思维方式以及价值观念逐渐转变,农民即使不进城也能增强农民市民化的意愿,就地实现"市民化"。因此,"农村就地转移"实现农民市民化成为了一条重要的路径;三是"双重路径"推进,有利于降低农民市民化风险和成本,有利于在更短的时间内完成更多农民向市民的转变,这更符合我国农村转移人口规模大的现实需求;四是"双重路径"推进,有利于发挥"城市异地转移"与"农村就地转移"之间的相互促进、相互影响作用。事实上,"城市异地转移"与"农村就地转移"不是一个相互分离的过程,而是一个彼此促进的过程。二者构成一个良性的互动系统,有利于最终解决我国广大农民的市民化问题,避免"城市病"和"农村病"的发生。

因此,我国农民市民化应建立在城市化、农村城镇化基础上,依托城市、农村城镇以及农村自然村落。[10]具体来说,应依托大中小城市、小城镇以及新型农村社区,同步推进"城市异地转移"市民化和"农村就地转移"市民化。这有利于拓展我国农民市民化的推进路径,缓解城市发展压力。即:基于农民群体分化的事实,随着工业化、城镇化和农业产业化的推进,农民可以通过异地转型或就地转型这两条路径转化为市民,以实现农村劳动力的角色转型。[11]在这里,所谓"城市异地转移"市民化主要是指随着大中小城市的经济社会发展,农村人口不断向城市聚集,并享受和城市居民同等的公共基础设施和基本公共服务,在生产方式、行为方式、生活方式以及价值观念方面向市民转变,主要强调的是"农民工"以及"城郊失地农民"的市民化进程;"农村就地转移"市民化主要是指随着小城镇、新型农村社区的经济社会发展,传统的乡村社会逐渐向城市社区转变,农村人口在农村当地就能够享受和城市居民同等的公共基础设施和基本公共服务,并逐步实现生产方式、行为方式、生活方式以及价值观念向市民的转变,主要强调的是"居村农民"的市民化。

三、"双重路径"推进需重点解决的几大问题

遵循"人的城镇化"的发展理念，新型城镇化背景下的农民市民化必须为广大"进城农民"和"居村农民"提供均等的公共基础设施和基本公共服务，并逐步推进其生产方式、行为方式、生活方式以及价值观念向市民转变。这是"双重路径"推进农民市民化的主要任务，但从现实情况来看，由于城乡二元格局的存在，"双重路径"的并举推行，需要重点解决以下几大问题。

（一）城乡生产要素自由流动问题

城市异地市民化与农村就地市民化的并举推行，事实上是强调打破城乡二元经济结构，促进大中小城市、小城镇以及新型农村社区协调发展，推动城乡生产要素自由流动，以提升农民自身的人力资本和物质资本，从而实现农民市民化。但从当前我国的现实情况来看，包括劳动力、土地、资本等在内的生产要素在城乡之间的自由流动受到了不同程度的限制，这在很大程度上影响了农民市民化的双重路径推进。

首先，二元户籍制度以及其附加功能对人口的自由流动，尤其是对农村人口向大中小城市的自由流动进行了限制，使得"进城农民"从农村转移到城市以后，并不能够享受到和市民一样的基本公共服务。这一门槛的出现也使得"进城农民"缺乏对城市的归属感和认同感，使得个体市民化成本过高，并最终导致"进城农民"市民化意愿不强，市民化效果不明显。这在一定程度上阻碍了城市异地市民化的实现。而对于"居村农民"来说，二元户籍制度的推行，同样阻碍了其就地市民化的实现。这主要是由于二元户籍制度是与基本公共服务制度挂钩的，城乡户籍的区分，同样意味着基本公共服务的区别待遇，使得"居村农民"无法享受到和城市居民相等的基本公共服务。

其次，二元土地市场阻碍了农村土地的自由流动，影响了农民的土地收益。当前存在的二元土地市场的最大缺陷是，农村用地市场和城市建设用地市场的完全脱离。农村用地的流转和征用面临着许多新情况新问题，更需要健全的制度与法律来保障，这就使得许多"进城农民"的土地处于荒置状态，无法从土地中获取一定收益，以增强其市民化资本。同时，由于二元土地市场的存在无论对"进城农民"还是"居村农民"来说，还存在土地在征用过程中的收益缺失问题，尤其是使得居村农民土地补偿标准更低，无法得到土地的增值收益。

最后，二元资本市场影响了资本的自由流动。资本对于农民市民化的实现是

至关重要的。但从当前的现实情况来看,受各类体制机制的影响,大部分资本流向了城市建设,农村建设的资本投入不足,小城镇和新型农村社区建设缓慢,导致居村农民市民化进程缺乏空间载体,由于农村经济社会发展远远滞后于城市,使得大量的农民进城就业、生活,既增强了城市压力,也加重了"进城农民"市民化的任务。

总之,城乡生产要素的自由流动受阻,既影响了"进城农民"的市民化进程,也影响了"居村农民"的市民化进程。因此,为了同时推进城市异地市民化和农村就地市民化,促进城乡经济的协调发展,增强农民市民化的物质基础,必须重点解决这一问题。

(二)城乡基本公共服务配置问题

关于农民市民化问题的解决,无论是针对农民工、城郊失地农民的市民化,还是针对居村农民的市民化,都涉及基本公共服务配置问题。前者主要是指进城农民能否享受与城市居民一样的基本公共服务,是基本公共服务资源在城市内部的分配;后者主要是指居村农民能否享受与城市居民一样的基本公共服务,是基本公共服务资源在城乡之间的分配。因此,概括来看,农民与市民的区别在很大程度上体现在基本公共服务享有不均等方面。这就使得"进城农民"以及"居村农民"的生活成本增加,市民化能力下降。同时,基本公共服务的不均等配置,也直接影响到了"进城农民"、"居村农民"生活方式、行为方式以及价值观念的转变。可以说,基本公共服务的不均等配置问题涉及广泛,既影响了农民享受均等化的公共服务待遇,也影响了农民行为方式、生活方式、思维方式以及价值观念的转变。

当前,我国尚未形成统一的、全覆盖的、城乡一体化的基本公共服务体系,基本公共服务配置体现为城乡不均等、地域不均等,"进城农民"、"居村农民"并不能够享有和城市居民同等的基本公共服务,拉大了城乡差距,阻碍了农民市民化的推进。因此,在新型城镇化进程中"双重路径"推进市民化必须重点解决基本公共服务配置不均等问题,为农民的市民化提供基本前提条件。

(三)农民综合素质提升问题

基于长期以来我国城乡二元经济结构的事实,农民与市民的区分不仅仅体现在职业、地域空间、社会权利以及户籍方面,还体现在生产方式、生活方式、行为方式、思维方式以及价值观念等方面。因此,农民市民化过程即弥补农民与市民之间区别的过程。除了弥补他们在公共基础设施和基本公共服务方面存在的差距,还要弥补综合素质方面存在的差距。这里主要涉及农民生产方式、生活方式、行为方式、思维方式以及价值观念的转变问题,这可以说是农民市民化的核心内涵。因此,在"双重路径"推进中,需要重点解决这一问题,因为只有农民的综合素质越来越接近于市民,农民才算真正实现了市民化,农民才能适应具有城市文化属性的生活。

从传统城镇化的发展道路来看,由于现有考核体系的存在以及身份市民化的可操作性、易见效性,使得过去政府倾向于将农民身份市民化作为农民市民化的推进重点,在具体的推进过程中强调农民户籍的转变、职业的转变以及区域空间的转变。因此,努力的方向主要包括深入户籍制度改革、就业制度改革以及住房制度改革。这有利于农民实现其身份转换,保障其至少拥有和市民相似的外部条件。但通过制度提供的以上"外部条件"并不能够带来农民综合素质的自然提升。事实上,"进城农民"市民化成效显示,大多数农民在这一过程中并未真正实现生产方式、生活方式、行为方式、思维方式以及价值观念的转变,农民的综合素质并未实现很大程度的提升。而"居村农民"由于与城市居民的社会交往机会有限,其生产方式、生活方式、行为方式、思维方式以及价值观念与市民之间的差距更大。因此,"双重路径"推进市民化必须在重点解决基本公共服务配置不均等问题的同时,注重解决农民综合素质的提升问题。

（四）市民化资金来源问题

农民市民化是一项长期而艰巨的社会任务,需要大量的资金投入。农民市民化的成本主要包括吸纳新市民所需要在公共基础设施建设、维护以及基本公共服务供给等的投入。有研究表明,在 2030 年前,全国大约有 3.8 亿农业转移人口需要实现市民化,而市民化成本平均每人为 10 万元左右,因此,要将这些进城农民全部实现市民化,需要支付近 40 万亿元的成本。[12] 而这一估计数值还仅仅是只考虑到进城农民市民化的成本,如果再加上"居村农民"的市民化成本的话,这一数值估计将再翻几番。因此,如何拓展"城市异地"以及"农村就地"市民化资金的来源渠道,增加农民市民化的资金总量,从而更好地同步推进"城市异地"市民化与"农村就地"市民化进程,成为新型城镇化进程中"双重路径"推进需要重点解决的另外一个问题。

从实质来看,农民市民化的资金来源问题事实上是不同主体之间的利益博弈问题。政府作为公共基础设施和基本公共服务的直接提供者和最终责任者,为社会成员承担公共基础设施建设和基本公共服务供给的成本投入,可以说是符合社会公众纳税和政府基本职责的,也有利于提升农民的市民化意愿。因此,从这一逻辑出发,政府应该承担农民市民化的所有成本。但这是否符合政府财政的实际承载能力呢? 从现实情况来看,与市民化所需要的实际成本相比,各级财政都面临着巨大的财政压力,这就在很大程度上制约了政府对农民市民化的投入,导致农民市民化进程缓慢。面对这一现实矛盾,再加上双重路径推进对农民市民化资金需求的加大,我们需要重点解决"双重路径"推进农民市民化的资金来源问题。

四、"双重路径"推进农民市民化的对策建议

针对双重路径推进农民市民化需重点解决的几大问题,提出了以下几点相应的对策建议。

(一)深化改革,促进城乡生产要素自由流动

城乡生产要素的自由流动将为"双重路径"的并举推行提供前提条件。因此,要尽快消除城乡协调发展的制度障碍,建立健全与新型城镇化道路相适应的户籍制度、土地制度、就业体系及基础设施体系,以形成有利于生产要素自由流动的政策环境。具体来说,主要包括如下几点:

一是改革户籍制度,分层分步,建立流动、有序农民市民化的配置机制。鉴于我们正处在社会主义初级阶段,生产力还不够发达,各级财力有限,而城市居民生活设施、享受待遇经费标准较高,必须分层分步推进户籍制度改革。首先应在县(市)级以下中小城市、小城镇进行,逐步再向大城市、特大城市推进。即建制镇和小城市的落户条件应全面放开,以引导"居村农民"有序向小城镇流动;特大、大城市应以就业年限、居住时间、职业资格、技术能力、学历层次、岗位贡献、参加社会保险等内容,设置积分指标体系与标准和奖惩办法,推行统一积分落户制度,以引导"进城农民"合理有序流动集聚,分期分批到大、特大城市落户。通过分层分步建立健全农民市民化户籍制度,促进市场合理配置农村人力资源,引领农民向大中小城市以及小城镇有序流动、合理集聚、投资就业、合资合作,促进城乡生产要素自由流动。

二是改革土地制度,构建交易平台,健全公开、公平、规范、自愿的土地流转机制。鉴于我国二元土地市场的现实,应全面启动农民承包地、宅基地、房屋确权登记和颁证工作,坚持公平、公正、公开原则,严格、有序、全面推进,做到农民承包地、面积、合同、证书"四到户"。在此基础上,扩大农村集体经济组织产权制度改革试点,开展集体土地、林地、水域滩涂、水利设施、房屋等产权确认登记,并颁发

证书,为促进生产要素合理有序流动、有效集聚、互融互促创造条件。在村、乡(镇)、县(市)三级分别建立健全土地流转服务机构,主要为流转双方开展价格论证评估、合同签订、法规咨询、信息沟通、纠纷调处等服务,引导和组织农民自愿转让、入股、租赁、抵押、出售等,有偿、公平、公正挂牌交易;规范农民相互之间互换、转包、置换、反租赁倒包;加强交易、评估、商议全程监督,确保公平、合理、安全;研究制定土地流转各项制度和补偿政策,积极调解处理土地流转中的矛盾纠纷,确保农民经营土地流转费用、补偿政策及流转后农民就业、保险等待遇落实,依法维护农民合法权益。切实通过农民自愿公平交易、有效地配置所经营土地,使"进城农民"带资本进城,提高其市民化能力和积极性。同时,也保障"居村农民"在土地流转和征用过程中的收益获取。

三是健全就业制度,统一劳动力市场。稳定的就业是农民实现市民化的关键。当前的二元就业制度在一定程度上使得城乡劳动力在就业方面存在不平等现象。"进城农民"一般从事高强度、高风险、低技能、低收入、低稳定性的工作,"居村农民"一般只从事低附加值的农业生产工作。因此,需要以省为龙头、市县为骨干、乡镇为基础,统一劳动力市场和平等工资指导价格,以保障"进城农民"和"居村农民"的合法权益。同时,基于农民综合素质与市民的差距,需要增加农民就业岗位推荐,加强农民就业培训,保障农民就业机会平等。

四是科学规划布局,健全"六网一体"城乡基础设施体系。为了适应发展需要,应统筹城乡,统一规划,重点构建交通、水利(排灌、防洪、抗灾、饮水、排污)、能源(电力、沼气)、信息(广播、电视、电话、手机)、市场、环保(减排、防毒、防尘、清洁、绿化)等"六网一体"的基础设施网络体系。应以增强小城镇以及新型农村社区的基础设施为重点,加强城乡之间的互动,缩小城乡之间的差距,从而吸引居村农民向小城镇以及新型农村社区转移。同时,为了解决基础设施融资难的问题,应创新投资体制,努力构建以市场导向、政府主导、公司运作、社会支持、民众参与、融资平台为依托的科学投融资管理体制,力争实现投融资机制科学化、投融资渠道多元化、投融资模式市场化、投融资平台一体化。

(二)加大政府投入,渐进实行均等化服务

农民市民化的过程本质上是基本公共服务均等化的过程。基本公共服务均等化不仅仅能够保障农民安居乐业,同时也有利于提升其文化素质,改变其思想观念。因此,新型城镇化进程中"双重路径"推进农民市民化需要以基本公共服务均等化为核心。在这里,需要强调的是,"均等化"并不是绝对的"均等化",而是相对的"均等化"。基本公共服务均等化的过程事实上是"进城农民"以及"居村农民"和"城市居民"在基础教育、公共医疗、社会保障、公共安全、基础设施等方面差距不断缩小的过程。即改变"进城农民"、"居村农民"与市民之间基本公共服务的二元结构,梯度实现城镇基本公共服务常住人口的全覆盖和基本公共服务城乡全覆盖。从当前的实际出发,需要朝以下几个方向努力。

一是逐步构建并完善基本公共服务均等化制度。制度安排是影响基本公共服务资源分配的重要因素。因此,首先要从制度上保障基本公共服务均等化的实现。应坚持因地制宜、区别对待,权利义务对等、收支平衡等原则,逐步建立与当地生产发展水平、财政支撑能力和城镇综合承受能力相适应的农民市民化的基本公共服务政策,依法保障有序转移农业人口的合法权益。以健全公共服务网络体系为基础,以完善、统一服务标准和待遇为目标,以增强公共服务持续支撑能力为重点,以优化服务队伍和质量为保障,逐步实现基本公共服务理念的民本性、政策的公平性、标准的一致性、制度的覆盖性、机制的长效性、程序的规范性、设施的配套性、服务的优质性、资金的支撑性、工作的协调性、城乡的一体性。按照全面放开建制镇和小城市落户限制及有序放开中等城市落户限制政策,根据中小城市及城镇综合承受能力,以及小城镇和新型农村社区的发展基础,构建以省为龙头、以市县为骨干、乡镇为基础的基本公共服务体系,推行分类分层逐步享受基本公共服务的政策制度。首先可享受就业岗位推荐、培训、市民医疗保险及其子女接受义务教育等政策,家庭困难、符合条件的可享受低保、社会救助政策;其次,根据本人自愿,在企业的参加职工养老、医疗、工伤、生育、失业等社会基本保险,灵活就业的可参加灵活基本社会保险或市民养老、医疗保险,以使"进城农民"和"居村农民"都能够享受到和"城市居民"一样的公民待遇。

二是逐步构建并完善基本公共服务资源配置机制。资源配置机制是影响基本公共服务资源分配的关键因素。传统的基本公共服务资源配置机制倾向于将更多的资源导向城市,而随着城市基础设施和基本公共服务体系的不断完善,基本公共服务资源配置方向应该有所转向,应适当地向小城镇、新型农村社区倾斜,增加对农村基本公共服务的资金投入。可通过转移支付、扶持政策、项目支持等多种途径,加大对农村地区基本公共服务的投入力度,全面提高其基本公共服务水平,逐步缩小贫困与发达地区、城市与农村享受基本公共服务的差距,达到政策、标准、服务统一。在落实政府主体责任的基础上,参照国际惯例以及各省实际,基本公共服务支出,应不低于财政支出的30%左右的比重建立"进城农民市民化"和"居村农民市民化"专项资金,并要随着财政增收而增加,专款专用。

三是健全完善基本公共服务平台与内容。通过整合资源、职能,健全政府综合服务中心和基层服务平台、窗口。一般应由市级审核、县区级监管、乡村级办理,做到上下贯通、网络互连、职责明确、政策衔接、服务配套、管理规范、审核严格、服务优质。主要提供社保、医疗、就业、救助、住房等待遇审批与办理、岗位信息、教育培训、政策法规咨询、纠纷调解、权益保护等综合系列服务。

(三)加强教育培训,努力提升农民综合素质

农民市民化的真正实现,不仅仅包括外部条件的改善,也包括内在素养的提升。因此,新型城镇化进程中"双重路径"推进农民市民化应以提升农民综合素质为着力点,这既有利于提升农民的就业能力,也有利于提升农民的文明程度。具体需要做好以下几方面的工作:

一是加强对农民现代观念和城市意识的培养。农民与市民之间在行为方式、生活方式、思想观念以及价值取向方面存在诸多差异,这些差异的存在制约着农民市民化的推进。因此,要加强对农民工、城郊失地农民以及居村农民的市民化教育,努力拓展农民与市民的社会交往渠道,积极引导农民转变思想观念、开阔知识视野,帮助他们逐步树立体现城市文明的时间意识、空间意识、教育意识、技能意识、创新意识、就业意识、文明意识、社区意识、卫生意识、安全意识以及公共生活意识等城市意识。

二是加强对农民的职业技能培训。稳定的就业,无论对农民工、城郊失地农民还是居村农民来说,都是其实现市民化的重要前提条件。因此,要加强对农民的职业技能培训,帮助扶持他们树立"竞争就业"的新意识、掌握一两门专业技能、培育创业精神和经营管理意识,以提升其就业竞争能力和创业水平,从而找到一份发挥自我优势和能力的稳定工作。

三是加强对农民的基础教育。基础教育是农民转变观念,接受职业培训,提升创新能力的基础。农民市民化问题不仅仅要解决现有农民"存量"的市民化问题,也要解决未来农民"增量"的市民化问题。因此,我们的着眼点应该从基础教育抓起,注重提高新一代农民的科技、文明、生态、环境、循环、法规、政策等专业知识和综合文化素质。

(四)拓宽融资渠道,构建多元成本分担体系

巨额的市民化成本,单纯依靠政府、企业、社会或农民来承担是不太可行的。因此,我们需要重点思考如何建构合理的政府、企业、社会以及农民的多元化成本

分担体系。成本分担体系的建构不是为了转移政府职责,而是从现实判断出发,缓解政府或个人独自承担的压力,增加市民化资金的来源。概括来看,多元成本分担体系构建需要做好以下几点:

一是政府主导。对于社会保障、医疗卫生、教育、文化等基本公共服务提供以及公共道路、电力、通信、供排水等基本公共设施建设,主要应由政府负责。应坚持以"促进地方财政增收、优化地方财政支出结构"为主,以"中央财政支持"为辅的原则。地方政府应千方百计地促进地方财政增收,充分挖掘地方经济潜力,科学合理地调整财政支出结构,设置专项资金分别支持"进城农民"和"居村农民"市民化,重点扶持基本公共服务和公共基础设施均等化建设;中央政府应以专项转移支付为主,以"政策扶持"、"奖励"为辅,重点支持"进城农民"聚集的城市以及"居村农民"聚集的小城镇、新型农村社区,帮助农民流入地缓解农民市民化的成本压力。

二是社会参与。政府应积极鼓励社会资金参与基本公共服务提供和公共基础设施建设,通过政策引导、奖励激励推进社会资金参与大中小城市、小城镇以及新型农村社区建设。

三是企业贡献。企业在就业培训、社会保障、素质提升、社会交往等方面都可以发挥重要作用。因此,应充分激发企业的社会责任感,加强对农民的技能培训,提升农民的就业能力;切实为所在企业的农民缴纳医疗、养老、失业、工伤、生育保险等费用,解决农民的后顾之忧;积极开展企业文化活动,促进市民与农民之间的社会交往。

四是个人主体。农民是市民化的最终受益者。因此,农民个人应该承担市民化过程中的基本生活成本和部分养老、医疗、失业等社会保障成本。通过推进农民住宅地所有权、集体土地经营享有权和承包经营权改革,保障农民获得"土地经营权应享有的红利"和"自身产权利益",并从中拿出部分作为农民市民化的个人应承担的成本。

参考文献:

[1]张占斌. 我国新发展阶段的城镇化建设[J]. 经济研究参考,2013(1).

[2]H. 孟德拉斯著. 农民的终结[M]. 李培林,译. 北京:中国社会科学出版社,1991.

[3]郑杭生. 农民市民化:当代中国社会学的重要研究主题[J]. 甘肃社会科学,2005(4).

[4]刘源超,潘素昆.社会资本因素对失地农民市民化的影响分析[J].经济经纬,2007(5).

[5]文军.农民市民化[J].开放时代,2009(8).

[6]吴业苗.农村城镇化、农民居住集中化与农民非农化——居村农民市民化路径探析[J].中州学刊,2010(4).

[7]葛正鹏."市民"概念的重构与我国农民市民化道路研究[J].农业经济问题,2006(9).

[8]吴业苗.居村农民市民化:何以可能?——基于城乡一体化进路的理论与实证分析[J].社会科学,2010(7).

[9]国家统计局编.中国统计年鉴2013[M].北京:中国统计出版社,2013.

[10]葛正鹏.农村城市化:农民市民化研究的新视角[J].经济问题,2007(4).

[11]田珍,秦兴方.农民市民化的路径选择与逻辑次序——基于农民群体分化的视角[J].农村经济,2010(6).

[12]魏后凯.构建多元化的农民市民化成本分担机制[N].中国社会科学报,2013 - 3 - 1.

近郊农民户籍制度改革路径探索

——以湖北省麻城市 SH 村为例

江立华 谷玉良

2014 年 7 月 30 日,国务院出台《关于进一步推进户籍制度改革的意见》(以下简称"《意见》")。《意见》指出:"要建立城乡统一的户口登记制度,逐渐取消农业户口与非农业户口性质区分,统一登记为居民户口。现阶段,在尊重农民意愿前提下,不得以退出土地承包经营权、宅基地使用权、集体收益分配权作为农民进城落户的条件。"深化户籍制度改革与农民市民化,进入新的阶段。

一、户籍制度改革:研究起点与讨论议题

户籍制度改革是为解决农民工城市融入困境,尤其是城乡居民平等公民权而应运催生的社会政策。[1]进入新时期以来,国家陆续颁布多个有关户籍制度改革条例。比如,2001 年,国务院批准公安部《关于推进小城镇户籍管理制度改革的意见》、2006 年《国务院关于解决农民工问题的若干意见》、2010 年《中共中央办公厅国务院办公厅关于加强和改进城市社区居民委员会建设工作的意见》、2012 年《国务院办公厅关于积极稳妥推进户籍管理制度改革的通知》、2014 年 3 月中共中央发布《国家新型城镇化规划(2014-2020)》。尤其是新的《意见》规定,"现阶段,在尊重农民意愿前提下,不以退出土地承包经营权、宅基地使用权、集体收益分配权作为农民进城落户的条件"。落户后保留农民农村权益,是此次《意见》内容中的最大亮点。彰显出国家推动户籍制度改革和农民市民化的决心和诚意。然而,细考新的户籍改革政策,也仍然存在一定问题:

[作者简介]江立华(1965—),男,安徽歙县人,华中师范大学社会学院常务副院长,教授,博士生导师。谷玉良(1987—),男,山东枣庄人,华中师范大学博士研究生。

首先,当前的户籍制度改革与农民市民化,仍然走的是依托现有城市来进行的传统路径。如"要全面放开建制镇和小城市落户限制,有序放开中等城市落户限制,合理确定大城市落户条件,严格控制特大城市人口规模……",走的正是依靠农民主体流动进城落户的"老路"。这也是面向存量进城农民工推进户籍制度改革的必然产物。然而,由于不同类型城市的户籍含金量不同,对农业户籍人口的吸引力也不同。在控制大城市规模、有序放开中等城市落户限制后,建制镇和小城市能否吸引大量农民进城落户,是一个存疑的问题。

其次,进一步深化户籍制度改革与农民市民化,决不能忽视农业户籍人口内部本身已经存在巨大分化和差异的事实。尤其是潜在增量进城农民,存在地域、负担能力、文化程度等诸多方面显著差异。就整体地域差别而言,农民有城郊、城中村、中距离农村、偏远农村之别。而这其中,城郊村由于靠近城市,公共服务和基础设施相对完善,交通便利,最有可能成为户籍制度改革与农民市民化主体成分,也最可能成为户籍制度改革的突破口。因此,城郊村农民可以、也应该是本轮户籍制度改革需要重点关注的对象。

综合以上考虑,本文的研究旨趣在于,以城郊村农民为对象,考察近郊农民参与户籍制度改革的意愿,分析可能遇到的困难与问题,并探讨解决困难的可能途径。

二、研究方法与个案情况介绍

为探讨本文的研究议题,通过田野调查和实地访谈收集资料。借由黄冈市户籍制度改革研究课题,选取了湖北省黄冈市下辖县级市麻城的 SH 村。该村地处麻城市区北部附近,是典型的城郊村。麻城市城镇化规划与发展已经到达该村边缘。距离城市中心区约 20 分钟摩托车程。全村面积 2.8 平方公里。共有 3 个居民住宅点,12 个网格管理区。社区总户数 893 户,总人口 4642 人。其中,本地人口 3500 余人,外来人口 1000 多人。由于城市化过程中土地被不同程度的征用。目前,村民人均土地已不足 0.3 亩。

本文的研究资料来源于作者在 SH 村为期一周的驻村访谈。访谈对象包括村中农业户籍人口和非农业户籍人口,青年人口和老年人口,有正式稳定工作和打零工的人,共 30 人。通过交叉梳理各种人群,询问他们参与户籍制度改革的相关意愿以及原因。在总结调查文本资料的基础上,进行相关分析。

三、城市近郊农村居民户籍制度改革困境

近郊农村是与其他偏远农村相对而言的。主要城郊村和城乡接合部为主。由于其靠近城市的地缘优势,在客观条件和农村居民自身状况等方面与偏远农村存在差别,因此,针对近郊农民推进户籍制度改革往往容易遭遇一些特殊的困境。

(一)农村有独特优势,农民不愿轻易离开

在多数土生土长的城市人想象中,农村生活乃是一种落后、单调乏味乃至枯燥的生存状态。大部分农村居民的农业生产经营收入,目前仍然很大程度上依赖于自然和气候条件,收入依然得不到根本保障。因此,全世界的城市居民或许都有一个简单的共识:农村和城市存在巨大差距。即便在一些农民工看来,他们也认为,向城市流动可以追求更好的生活。大家都想力争进入城市,从而争取拥有带薪的工作和稳定的收入。这也是农村人口向城市流动的原始动力。

与城市相比,农村虽然落后,但在被工业文明普遍"侵蚀"和"殖民化"的城市之外,却有另一番独特景象。那里地广人稀、空气新鲜、夜晚星光璀璨、淳朴安静。俨然是一个"世外桃源",不失安宁和贴近自然之处。一些农民进城打工,愿意落户城市,但也有一些农民享受着农村的自然和清新,不愿意进城。因此,依靠现有城市,以农民主体流动进城的方式吸引农民参与户籍制度改革,容易遭遇困境。

"农村环境好,空气清新,有花、有草,对身体都有好处。生活也很随意,没那么紧张。城市到处都是工厂、企业。雾霾那么严重,天都是昏昏沉沉的,有时候都是红色的,人呼吸都困难。对身体伤害很大,小孩子更受不了。干吗到城市里去受罪。"(20140810)

除了自然环境之外,农村的另一优势是地广人稀。农民不仅拥有耕种土地、宅基地,人均住房面积也比城市居民较为宽裕。绝大部分农民习惯于宽敞的住房,拥有充足的空间,自由安排生产和生活。长久农村生活养成的居住惯习,也导致一部分农民不愿进城落户,住在空间有限的商品房公寓中。

"农村宅基地面积大多了。面积同样是100平,农村可以建两层、三层,那使用面积多大。农村还可以建阳台和院子。城市商品房有什么,出门就是公摊,住的也拥挤,不习惯那样住,感觉不舒服,没有农村住得宽敞。"(20140810)

自然环境优越是农民不愿进城落户的原因之一。而友好的邻里关系和熟人社会共同体也是农村能"留住"农民的因素。在费孝通笔下,中国传统乡土社会关系是由己推人的差序格局式熟人关系。[2]在这样熟悉、紧密的关系网络中,个体与

他人保持紧密的交互联系。个体的人行为受到一定的人情约束,但同时也受到共同体的保护。尤其是在日益表现出风险社会的今天,即便在农村,在自然与社会的双重风险威胁下,个体农民也不得不经常借助共同体中他人的力量,保护自己免受风险和突发事件的冲击。相比农村,城市社会分工更加精细,社会网络缺乏致密性,人际关系陌生化。在面对社会风险和突发事件的冲击时,缺乏非正式关系网络的支持,只能借助政府、组织等力量来保护自己,难以做到迅速、有效的反应。在这样的比较之下,多数农民仍然选择留在农村,而不愿意进城。

"农村有农村的人情好处。左邻右舍都是熟人,我有什么困难邻居也能及时帮助我。临时看个门、照看下孩子,这些都行。乡里乡亲,平时来往多了,有困难也不怕,心里也踏实。到城市去我一个人都不认识,出了什么事找谁帮忙呢,找谁能那么及时、放心?"(20140810)

在自然与人文之外,农村在一些社会政策方面也有一定的优惠。比如,计划生育政策和义务教育免费等。在计划生育方面,绝大多数农村,如果家庭第一胎是女孩,无论父母是否单独或双独,都允许其生二胎。这样的优惠政策是许多农民选择留在农村的重要原因之一。在很多农村居民看来,在农村,子女的抚养成本相对较低。而且,他们普遍认为,独生子女太过孤独,而且成长风险太大。因此,有两个孩子才有根本的保障。到城市之后,非独父母严格限制生育二胎,导致很多农民在落户意愿上"打退堂鼓"。

(二)近郊农民市民化已经有所进展:农民不愿"被市民化"

就字面的角度来说,户籍制度改革是一个狭义的范畴,主要着眼于鼓励农业户籍人口落户城市,转为城市户口,是一个户籍性质转变的过程。而在更广泛的层面上,户籍制度改革不只是一纸户口的变化,它还应该包括农民的"市民化"。如果说,户籍身份的转变是户籍制度改革的表面要求,那么,农民市民化则是户籍制度改革的深层旨趣。农民市民化是农民逐渐习得现代城市居民的生活方式、居住经验、文化素养、行政知识等,向城市居民靠拢的过程。

在以往关于农民工户籍制度改革的研究中,学者就已经认识到,户籍身份的转换只是农民市民化的内容之一,农业转移人口的市民化是一个多维度的内涵。比如,王桂新认为,狭义的农民工市民化是指"城市农民工在身份上获得与城市居民相同的合法身份与社会权利的过程",而广义的农民工市民化则还包括农民工的价值观,身份认同等主观因素和农民工的生产,生活方式的转化。[3]刘传江则表示,农民工市民化包括四个层面的含义:"一是职业由次属的、非正规劳动力市场上的农民工转变成首属的、正规的劳动力市场上的非农产业工人;二是社会身份由农民转变成市民;三是农民工自身素质的进一步提高和市民化;四是农民工意识形态、生活方式和行为方式的城市化"[4]。由此来看,农民户籍制度改革是一个包含户籍身份转变,职业转换,价值观重塑,生活方式变革,身份认同,文化、意识形态和行为方式转变,以及自身素质提高的综合议题。

　　强调农民与市民户籍性质和身份差异的双重性,是认识户籍制度改革全面内涵的前提。然而,过于强调农民与市民的差异也可能产生一个负面结果,那就是:农民必须市民化。在之前的研究中,我们已经指出,"在关于农民工城市市民化的研究中,存在有意无意地将农民工市民化不经调查和论证地作为研究的理论预设和潜在的假设前提的问题"。这样的研究及其所建构的理论模式存在本体性的缺陷——把为解释实践而构建的模型当作实践的根由,[5]从理论来推理实践,人为地设定"应然 - 必然"之关系,采取化简方式来达到预期的解释目标。这类学者没有认识到农民群体内部正不断分化和呈现出越来越多元化、复杂化的特征。尤其是,他们没有认识到,不同的农民虽然农业户籍身份相同,但在市民化的进程和阶段上已经开始表现出差异。

　　城郊村农民在市民化进程和阶段上与其他农村居民,尤其是偏远农村居民相比,就表现出明显的差异。得益于近郊优势,郊区农民生活方式和行为习惯都已经表现出不同程度的市民化。尤其是在主观认知方面,很多农民甚至已经认为自己就是市民。

　　"我就觉得我是市民。这不是因为看不起农民,觉得不好意思。我家离城市是这么近,几乎跟在城市一样,我也在企业里上班,收入也不低,生活不比他们差多少,穿的也不差。平时有时间也逛逛街,吃吃饭。走在街上我不说我是农村的,谁能分别出来我是不是市民。我生活又不差,跟市民没什么区别。"(20140812)

　　城郊农民与其他农民市民化进程方面表现出明显区别,农民群体内部分化也较为明显。因此,我们不能简单、笼统的认为,户籍制度改革与农民市民化是所有农民的必然诉求。户籍制度改革更不能一刀切。应该充分尊重农民的意愿和选择。以免出现农民"被市民化"的现象。

　　(三)农民对未来城市生活和保障心存顾虑

　　依托城市推进户籍制度改革,一个重要的途径是通过农民主体流动进城落户。从农村到城市的流动,不止伴随身体的位移,同时也涉及一系列社会关系网络、文化氛围和生活环境的重大变异。尤其是离开传统赖以谋生的土地之后,农民城市如何维持基本生活保障,是几乎每个农民在做流动决策时必然会考虑的首要问题。

传统农村居民,依赖土地种植所得换取经济收入。土地的多少、产量的多寡,直接决定农民的经济收入。进入新时期以来,社会流动加快。农民的经济收入来源已经多元化,不完全依赖土地收入。据国家统计局调查数据显示,2013 年我国农村居民家庭人均年收入 8890 元,其中,工资性收入 4025 元,家庭经营性收入3793 元,财产性收入 293 元,转移支付收入 784 元。① 经济收入多元化,尤其是工资性收入超过农业经营收入在农民家庭总收入中所占比重,说明即便农民离开土地,也仍然有一定的收入来源,以保证一定水平的日常生活。这对于户籍制度改革的推进,农民进城落户来说,是一大利好。

然而,即便如此,农民进城落户仍然受到生活没有稳定保障的阻碍。因此,农民对进城落户和未来城市生活的稳定性持怀疑的态度。主要表现在,一方面,城市生活成本明显大大高于村生活。在固定、有限的经济收入的前提下,农民是否能够负担得了在城市的生活成本,是农民进城落户理性权衡的重要指标,也是农民进城首要面临的问题。据国家统计局数据显示,2013 年我国城市居民人均消费支出为 18022 元,而同期农村居民人均消费支出则为 6625 元,二者相差 11000 多元。② 除了日常生活支出,在城市购买住房,也是一笔不小的支出。虽然最新的户籍制度改革《意见》有规定,只要农民在城市拥有合法稳定住所(含租赁),就满足了落户城市的住房这一方面条件。然而,调查显示,即便是已经进城务工、经商的农村流动人口,目前在城市自购住房的,也仅有 3.8% 。也就是说,绝大部分农民进城后,居住模式都以租赁为主。但是,这种租赁的居住模式恰恰是许多农民不愿进城落户的重要原因。因为,房地产所有权本身就是社会流动问题的起点与终点。[6]

"到城市里生活,那消费得多高。每天不吃不喝,还得交物业费呢。出门就得用钱,坐车要钱、一顿饭也不少钱。我在农村家里产大米,吃自己的每天基本不怎么花钱。这还是少的。买个房子得多少钱。现在房价那么贵,有点存款,付个首付就用光了。每个月又得做房奴,供房。压力太大,活得太累,不值当。"

---

① 国家统计局网站:http://data. stats. gov. cn/workspace/index? a = q&type = global&dbcode = hgnd&m = hgnd&dimension = zb&code = A0A0103&region = 000000&time = 2013,2013.

② 国家统计局网站:http://data. stats. gov. cn/workspace/index? a = q&type = global&dbcode = hgnd&m = hgnd&dimension = zb&code = A0A0103&region = 000000&time = 2013,2013.

(20140813)

除了生活成本的考量外,农民对于进城落户生活保障的顾虑还在于,农民自身素质有限,职业技能缺失,在城市劳动力市场中的就业稳定性和职业竞争能力较低。即便是进城农民工,尚且多处于建筑业、市政卫生和餐饮服务业等劳动力低端市场。加之城市劳动力市场稳定性不足,风险较高。因此,农民对于进城就业充满疑虑,对于城市生活也信心不足。

(四)近郊农村城镇化进一步推进,农民进城意愿摇摆不定

户籍制度之所以要改革,除了应统筹城乡发展和解放农村居民消费力,维持经济稳定增长等时代发展要求外,还因为城乡户籍附着的社会权利、权益多寡不均,导致了城乡居民公民身份的不平等。这也是户籍制度改革的原始动力之一。

就农业户籍与城市户籍的差别来看,表现在社会保障、社会救助、公共福利、公共服务、基础设施利用等多个方面。以社会救助为例,按照民政部门现行的低保标准,城市户籍人员享受低保标准为每人每年3600元,而农业户籍低保人员则为每年1700元。城市户籍人员的低保待遇是由市、区两级共同负担,农业户籍人员的低保待遇则由区、镇两级共同负担。养老保险方面,城镇企事业单位职工,养老保险缴费比例高,政府、单位、个人三方缴纳,不仅保证了缴纳水平,同时也减轻了个人缴纳负担。而农民养老保险不仅缴费标准低,而且主要是自己缴纳,少部分村集体会承担一部分,但总体来说,农民自己缴纳的负担较重。在教育、医疗、卫生、安全等方面,市民与农民享受的待遇差别也较大。尤其是教育,无论在教育资源、教育水平、升学机会等方面,城市都比农村优越很多。

城乡户籍附着福利的差别大,固然是农民积极要求户籍制度改革,以及政府做出反应性改革决策的重要原因。然而,正如不同城市的户口含金量不同,不同农村的户籍享受到的权利、权益也存在差别。对于那些基础设施较为完善、公共服务覆盖广泛、公共产品供给充足的农村来说,其农业户籍与城市户籍的差别相对较小。因此,城市户籍这部分农村居民的吸引力也就相对较低。而近郊农村正是这类农村的典型。近郊农村由于靠近城市,在城市发展和扩张的过程中,基础设施建设和公共服务体系已经被纳入城市体系中来,一定程度上也在城市公共产品的供给范围之内。比如,一些近郊农村和城乡接合部的卫生服务已经纳入市政卫生体系;治安管理也在城市治理范围之内,一些农村也设有治安岗亭。

除了硬件差别不大外,近郊农村居民的就业和社会保障与城市居民的差别也在逐步缩小。以 SH 村为例,大部分村民在该村附近和城镇边缘的气门厂工作。

企业职工中,既包括城市户籍人口,也包括这些农民在内。但两类户籍职工在就业机会、工资待遇、福利保障和工作时长方面并无明显差别。即便有的农民到城市中心的企业寻找工作,工资待遇和福利保障也没有遇到户籍歧视。

"我们气门厂职工有城市户口的,也有农业户口的。我们村就有很多人在那里面上班。我们都是招工进去的,谁有能力谁进,也没有户口限制。我们跟他们(市民)工资、福利也没有差别。都是绩效工资,多劳多得,我干得多,别他们收入还多呢。要城市户口能有什么特别好处呢。"(20140813)

随着新农村建设、城镇化和城乡一体化的进一步推进,农村与城市在基础设施与公共服务等方面的差异正在逐步缩小。处于城市边缘的近郊农村,在这些领域的条件更是得到较大幅度的改善。正是基于这样的客观情况,农民落户城市,到城市生活的意愿摇摆不定。

(五)对政策缺乏了解,对政策稳定性与延续性存疑

政策、体制改革,是关乎民众切身利益的重大事件。尤其是户籍制度改革,与亿万农民的生活息息相关。户籍制度改革当然是惠及农民的改革,但提高农民参与意愿的前提是农民对最新的户籍制度改革政策有所了解。众所周知,近十几年来,户籍制度改革持续进行,不同时期户籍制度改革的力度与内容有较大差别。而最新的户籍制度改革与以往最大的不同就在于,"在尊重农民意愿前提下,不得以退出土地承包经营权、宅基地使用权、集体收益分配权作为农民进城落户的条件。"农村土地、宅基地等权益的处置,正是以往户籍制度改革始终未能根本解决的问题之一,也是农民的最核心关切。解决了农村土地和宅基地等权益的保留、确权问题,应该说很大程度上消除了农民落户城市的后顾之忧。然而,在调查过程中发现,农民之所以不愿落户城市,除了有诸多顾虑之外,还有一部分农民是因对最新的政策缺乏了解所致。有些农民对户籍制度改革政策内容不了解,有些则是对户籍制度改革相关程序缺乏了解。比如,有些农民不知道最新的政策允许进城落户后保留农村土地和宅基地等权益,有些不知道入户应该找谁办理相关手续和服务、去哪里办理等。

对政策缺乏了解是一个方面,还有一些农民虽然对新的户籍制度改革政策有所耳闻,但对政策的稳定性和连续性存在质疑。认为,户籍制度改革过于频繁,以往的户籍制度改革都是浅尝辄止,新的户籍制度改革力度虽然大,但效果究竟如何,政策能否持续稳定,还是一个疑问。基于这样的认识,农民参与户籍制度改革与市民化的意愿也有所动摇。

"现在进城容易,回农村难。想回农村的多了,都回不去。这几年政策变得太快。一年一个政策。现在是保留土地了,谁知道明年还变不变。到时候落户城市了,过了几年土地不种又收走了,那怎么办。"(201408115)

四、主体流动与就地转化并行:近郊农民户籍制度改革路径选择

户籍制度改革是统筹城乡和区域发展,提高城镇化水平、转变发展方式、加快产业结构优化升级的重要途径。对于消耗城市过剩产能,维持经济稳定增长有积极作用。不过,我们仍然要清楚地认识到,户籍制度改革并非只是为了助推上述目标的实现。本质上,户籍制度改革的终极目的应该是解决城乡居民身份差异,实现社会公平,促进农民市民化,提高农民生活质量和水平。以人为核心,人文主义的关怀始终应该放在户籍制度改革的首要位置。

近郊农村独特的地缘特征,导致在这些农村推进户籍制度改革面临诸多困境。因此,应逐步改变以农民主体流动进城为主的户籍制度改革的传统路径,充分发挥近郊农村居民享受城镇基础设施和公共服务较为便利、农民生活方式与城镇居民差别不大等特点,鼓励农民就地转化为市民,以在地化的形式推进城郊农村户籍制度改革。做到就地转化与主体流动并重。具体应做到以下几点:

首先,增加近郊农村基础设施建设投入,为农民就地市民化奠定硬件基础。近郊农村虽然靠近城镇,因地缘优势,基础设施建设等于城镇有一定的衔接,但农村基建水平仍然与城市有明显差距。调查中也了解到,一些农民不愿意进城落户,但对农村基础设施条件仍然不满足。因此,在尊重农民就地市民化意愿的前提下,应加大对近郊农村基础设施建设的投入。重点提高公路、卫生、照明、供水、供电、住房改造等与农民生活切实相关领域的投入。具体可以采取政府投入、村集体投入、村民参与的方式,明确政府和村集体责任的同时,动员村民积极参与。

其次,加大政策宣传力度,做好政策下乡宣传,打消农民对政策实施的顾虑。为实施户籍登记管理制度改革营造良好的社会氛围。户籍制度改革是一项基础性全国性的政策变革。既涉及全体农民,也关切市民的利益。然而,由于农村新闻媒体宣传力度不够,导致农民对户籍制度改革的最新政策缺乏实质性了解。参与户籍制度改革的积极性不高,不利于户籍制度改革的深化与拓展。为此,宣传部门、新闻媒体应做好户籍登记管理制度改革的宣传工作,加强舆论引导,采取多种形式对户籍登记管理制度改革的意义、改革措施、办理程序等进行广泛宣传,做好政策下乡宣传工作,积极争取广大市民的支持和农民的参与和配合,为实施户

籍制度改革营造良好的社会氛围。

再次,建立、完善统一的城乡社会保障和公共服务体系。享受城镇公共服务和基础设施便利,社会保障水平较其他农村较高,是近郊农村的独特优势。同时也是近郊农村部分居民不愿意进城落户的重要原因。为此,户籍制度改革应该在坚持以人为本,尊重农民主体意愿的情况下,区别不同农民的落户需求,建立完善相关社会保障和公共服务体系。对于那些不愿意进城落户的农民,政府应在城市化和新农村建设的过程中,逐步完善社会保障体系,进一步提高农村公共服务水平,有条件、有步骤的将近郊农村公共服务纳入城市体系中来,如卫生、安全、医疗、养老、培训等。

对于那些愿意到城市落户的农民来说,公共服务均等化仍然是制度变革的核心。因为农村转移劳动力在城市工作、生活的最大顾虑是他们有限的收入和依靠自身的力量无法承担和化解就业、疾病、养老、住房等市场风险。而化解市场风险的最有效手段就是政府推进公共服务均等化。因此,城市政府应该做好进城落户农民的公共服务供给和社会保障,切实打消农民进城后顾之忧。通过就业、土地、社会保障等配套措施,完善户籍制度改革政策体系。

最后,小城镇依然是大问题,小城镇城郊农村居民户籍制度改革应特殊对待。早在30年前,费孝通先生就有《小城镇是大问题》的讲话:"大量农业劳动力转到新兴的城镇和新兴的中小企业,这恐怕是必由之路……要把小城镇建设成为农村的政治、经济和文化中心,小城镇建设是发展农村经济、解决人口出路的一个大问题"。然而,近30年过去了,正如李培林所说,如今,"小城镇依然是大问题"[7]。就本文的研究旨趣看来,小城镇如今之所以仍然是大问题,原因在于,就战略规划而言,小城镇无疑是吸纳农民的主要阵地,是户籍制度改革的重要试验场。小城镇的生活成本相对较低,基础设施建设和公共服务与农村相比较为完善。而且,小城镇往往是周边农村资源的集散和流转地,与农村的联系较多,距离也相对较近。在户籍制度改革与农民市民化方面具有明显的地缘优势。然而,问题是,由于小城镇自身经济发展水平相对较低,能够提供的就业机会不多,工资水平也普遍不高。且受经济实力和发展水平的限制,小城镇户籍上所附着的权利、权益和公共服务标准也较低。因此对农民的吸引力不足,依托小城镇户籍制度改革面临农民参与积极性不高的困难。本文调查的麻城市就是此类城镇。近郊 SH 村许多农民不愿意落户麻城市,很大一部分原因正是麻城作为小城镇吸引力不足所致。

因此,对于在小城镇近郊农村推进户籍制度改革,前提应该大力发展小城镇自身经济,充分发挥小城镇地价低、劳动力价格低的优势,招商引资,吸引外地企业落地,提高小城镇经济水平。为农民进城和转移人口市民化创造更多的就业机会,以满足增量农民进城就业的需求。同时,伴随小城镇自身经济发展水平的提高,也能增强小城镇发展的辐射能力,带动近郊农村的进一步发展,从而为留守农民就地转化为市民提供支持。

参考文献

[1]王小章.从"生存"到"承认":公民权视野下的农民工问题[J].社会学研究,2009(1):121-138.

[2]费孝通.乡土中国·生育制度[M].北京:北京大学出版社,2013:26.

[3]王桂新,陈冠春,魏星.城市农民工市民化意愿影响因素考察——以上海市为例[J].人口与发展,2010(2):2-11.

[4]刘传江,徐建玲.第二代农民工及其市民化研究[J].中国人口·资源与环境,2007(1):6-10.

[5]江立华,谷玉良.农民工市民化:向度与力度——基于对城市文化中心主义倾向的反思[J].中国特色社会主义研究,2013(6):87-92.

[6]道格·桑德斯.落脚城市:最后的人类大迁移与我们的未来[M].陈信宏,译.上海:上海译文出版社,2012:289.

[7]李培林.小城镇依然是大问题[J].甘肃社会科学,2013(3):1-4.

户籍制度改革：青年农民的认知、意愿与需求

——基于湖北省黄冈市的调查分析

江立华　谷玉良　任树正

一、户籍制度改革：研究起点与讨论议题

2014 年以来,我国户籍制度改革与农民市民化迈上了快速推进的道路。2014 年 3 月《国家新型城镇化规划 2014—2020》、2014 年 7 月 30 日,国务院出台《关于进一步推进户籍制度改革的意见》、2014 年 11 月《国务院关于农村土地流转的意见》等众多政策条例相继出台,为深化推进户籍制度改革创造积极的政策环境。尤其是《关于进一步推进户籍制度改革的意见》规定"要建立城乡统一的户口登记制度,逐渐取消农业户口与非农业户口性质区分,统一登记为居民户口。现阶段,在尊重农民意愿前提下,不得以退出土地承包经营权、宅基地使用权、集体收益分配权作为农民进城落户的条件。"[1] 显示出了政府推行户籍制度改革的极大诚意和为农民创造共享改革发展成果平等机会的重大决心。

那么,进一步推进户籍制度改革,哪类城市是户籍制度改革的重点"实验区",哪些人是户籍制度改革的重点群体对象。确定这些内容是推进户籍制度改革的前提。从开放户籍制度改革的重点城市来看,中小城市由于人口承载潜力大和相对较低的改革成本,成为当前户籍改革吸纳农民进城最重要的"蓄水池"。中小城市普遍降低农民进城落户标准,尤其是小城市和建制镇,全面放开落户限制。只要有合法稳定住所(含租赁),就可以落户。同时,中小城市也积极完善基础设施

[作者简介]江立华(1965—),男,安徽歙县人,华中师范大学社会学院常务副院长、教授、博士生导师。谷玉良(1987—),男,山东枣庄人,华中师范大学博士研究生。任树正(1988—),男,山东威海人,华中师范大学博士研究生。

建设和公共服务均等化,为农民进城落户提供条件。从户籍制度改革的对象群体来看,当前户籍制度改革的原则是优先存量和发展增量。存量农民主要是指已经进城的农业户籍人口,如农民工。增量农民是指目前仍在农村,未来愿意进城落户的农业户籍人口。

户籍制度改革虽然确定了目标城市和对象群体,但实际上,农民的落户意愿才是决定户籍制度改革成败的关键。从过往的研究来看,农民进城落户意愿低,是当前推进户籍制度改革的首要难题。[2]尤其是中老年农民进城落户意愿较低,安土重迁的观念仍然比较重。这一点在存量农民中表现得尤其突出。[3]青年农民进城落户意愿相对较高,更具备创造性和适应性,对现代城市文化的习得与内化更加迅速。[4]而且,从数量上来看,目前存量农民的比例也超过了60%以上。因此,从年龄、城市成本和收益以及落户意愿的角度讲,青年农民都是户籍制度改革的主要对象。

在以上分析的基础上,文章的研究侧重点在于,对于中小城市地区来说,青年农民对户籍制度改革的认识如何,他们参与户籍制度改革的意愿怎样,他们进城落户有何需求?通过调查,在掌握上述情况的基础上,总结问题,提出建议,是研究所要解决的问题。

二、研究方法与调查基本情况

为了解上述情况,调查以黄冈市为主要调查区域。黄冈市内各县、区城市皆为属于小城镇。考虑到黄冈市经济社会发展水平差异,采用抽样调查的形式进行。在抽样过程中,按照分层、配额、随机等原则进行抽样。具体抽样过程如下:

首先,在黄冈市当前1区、2市、七县的行政区中按照社会经济发展差异性状况划分,其中黄州区属于市域中心,麻城和武穴为市域副中心,红安、罗田、浠水、蕲春、黄梅、团风、英山为县级城市(县城)。从中随机选取具有代表社会经济发展水平高中低的4个县(市或区)作为调查样本单位(PSU)。具体抽样行政区为:黄州区、麻城市、黄梅县、浠水县。

其次,在县域(PSU)单位中进行独立抽样,主要抽取以社区为单位的调查单位。每次抽样过程所遵循的抽样标准一致,主要指标为空间距离。以县城中心为原点,本研究将所抽取的社区划分为四种类型,一类是处于城市中心的社区,一类是城市边缘的社区(郊区型社区),一类是乡(镇)政府行政(此类相对于县城的距离较远)办公地所在地的社区,一类是偏远社区(离乡镇政府行政办公地较远)。

按照随机抽样原则,在每个 PSU 抽样单位中各选取四个不同类型的社区。因此,在二级抽样单位中,总获取 16 个社区,即 16 个二级抽样单位。具体抽样社区如表 1 所示。

表 1　社区抽样状况表

	中心社区	郊区社区	乡镇型社区	偏远社区
黄州区	赤壁	龙王山	陈策楼	王福湾村
麻城市	园林	松鹤	罗家铺	红石堰村
黄梅县	东禅	赤土坡	新和	王世九村
浠水县	南岳庙	十月集团	洗马镇	羊角桥村

再次,社区层面按照整体配额的原则,以随机抽样方法选取家庭作为抽样单位。每个社区抽取 100 个家庭,16 社区单位中,共抽取 1600 个家庭单位。

最后,家庭层面以个人作为被调查对象,开展结构式问卷调查,主要抽取家庭单位中的成员。具体抽样过程为:进入家庭单位后,由访问员自行甄别(或者利用 KISH 表抽样),选中家庭单位中的一位成员进行问卷访问。整个调查共 1600 份问卷。调查收取有效问卷 1507 份,有效回收率为 94.18%。

本地调查地点为黄冈市,调查的青年农民中,农业户籍在黄冈市内的占 77.3%,在黄冈市外的占 22.7%。性别方面,男性所占比例为 44.0%,女性所占比例为 56.0%;在受教育状况方面,大专及以上文化程度所占比例为 8.7%,高中、中专文化程度所占比例为 25.3%,初中文化程度所占比例为 58.0%,小学及以下文化程度所占比例占到了 8.0%。从调查对象总体情况来看,青年农民文化程度相对较高,普遍集中在中学文化水平(初中、高中和中专),初中及以上文化程度总计占到了 92.0%。在就业情况方面,绝大部分青年农民工不再从事土地经营工作,只有 6.8% 的青年农民在务农。其他有 25.7% 的人在打零工,个体户者占到了 29.1%,有稳定正式工作的只有 16.2%,而没有从事任何有收入工作的则占到了 22.3%。样本具体情况如表 2 所示。

表 2　调查样本描述性统计表

变量名	比例	变量名	比例
性别		就业状况	
男	44.0%	未从事有收入工作	22.3%
女	56.0%	务农	6.8%
文化程度		打零工	25.7%
未接受教育	1.3%	稳定正式工作	16.2%
小学	6.7%	经商、个体户	29.1%
初中	58.0%	户籍所在地	
高中、中专	25.3%	黄冈市内农村	77.3%
大专及以上	8.7%	黄冈市外农村	22.7%

三、调查结果分析:青年农民的认知、意愿与需求

推进户籍制度改革的前提是了解青年农民对户籍改革的认识。在了解农民认识的基础上,还要充分的尊重青年农民参与户籍制度改革的意愿,并详细掌握青年农民各方面的需求。进一步推进户籍制度改革奠定基础。

（一）农民对户籍制度改革的认识和认可程度普遍不高

了解青年农民对制度改革本身的认识和评价不仅关乎改革的难易程度,同时也很大程度上决定改革的成效。为了解青年农民对户籍制度改革与农民市民化政策的认识和评价,问卷考察了调查对象对户籍政策、户籍类型、与户籍有关的切身利益等的认识。对青年农民认知态度的考察从对户籍制度本身的认识到与户籍制度改革有关的切身利益得失进行了全面分析。具体如下。

1. 政策宣传不足,绝大多数青年农民对户籍改革政策认识不够。

调查显示,在询问是否了解国家有关户籍制度改革的最新政策时,有84.7%的青年农民选择了"否",即不了解国家户籍制度改革的最新政策。

青年农民了解最新户籍制度改革政策的途径多样化,但主要仍然是通过电视新闻来了解,通过政府政策宣传了解的比例较低。统计数据显示,在15.3%的了解户籍制度改革最新政策的这部分青年农民中,其了解政策的途径主要是电视新闻,比例占到了约70%,通过报纸了解的比例最小,只占1%。其他互联网、政府宣传、身边人告知、其他途径等所占的比例则分别为8%、9%、9%、3%。

2. 青年农民对户籍制度改革的利好认可程度较低

户籍制度改革关系到农民的切身利益。青年农民关心的是落户城市后能够得到哪些实惠,同时也更加关系自己可能失去的一些利益。在有关落户城市后农民可能得到的实惠方面,有27.3%的青年农民认为,落户城市没有什么实惠。在认为能够获得的实惠中,医疗保障、子女教育所占比例最高,分别达到了20.7%和18.0%。说明青年农民落户城市最终是在这两个方面的需求。就业和养老保障分别为10.7.0%和16.0%,卫生和基础设施使用方面,农民普遍认为,农村与城市的差别不大,不可能获得明显实惠。同时也说明,在落户城市方面,农民并不重视这两个方面的需求。

3. 多数青年农民担心落户城市后失去土地

在"落户城市后失去了什么"这方面,19.3%的人认为落户城市后不会失去什么。相对来说,这部分人群是开展户籍制度改革的重要对象群体之一。其他方面,住房保障、生活空间、熟人关系、好的环境条件等,所占的比例相对较低,分别只有13.1%、4.86%、1.73%、6.1%。说明,这些方面的权力权益对青年农民来说重要性相对较低。对其落户城市的意愿不会产生较大影响。选择失去比例最大的是土地,有近55%的人选择落户城市后失去了土地。说明,即便对于青年农民来说,土地也仍然具有重要地位,对其城市落户意愿和决策会产生较大影响。具体如表3所示。

表3　进城落户后农民可能失去什么

	频数	百分比
住房保障	197	13.07
土地	824	54.68
生活空间	73	4.84
熟人关系	26	1.73
好的环境条件	98	6.50
没有失去什么	289	19.18
合计	1507	100.0

在询问土地对其家庭生计是否重要时,也得出了类似的结论。选择"重要"和"非常重要"的人合计占到了67.1%,只有约11.8%的人选择了"不重要"和"非常

不重要"。具体如表4所示。

表4　土地对青年农民的重要性

	频数	百分比
非常重要	437	28.99
重要	574	38.09
一般	319	21.17
不重要	177	11.75
非常不重要	0	.0%
合计	1507	100.0

从调查和访谈的实际情况来看,农民仍然不愿意放弃土地,主要原因在于,近年来我国新农村建设、改造以及城镇化趋势加快,农村土地升值,农民对土地的保护预期逐渐增强。对于外出打工农民来说,他们也更倾向于一面经营农业生产,一面外出打工增加收入。即便那些全家外出打工的农业户籍家庭来说,他们也不愿意放弃土地。因为,他们可以通过流转土地获得一定收入,即便农村土地闲置荒化,也会有农业生产补贴收入。总而言之,在青年农民看来,土地仍然是其生活的最后一道保障。

4. 青年农民自我定位不一,对"农民"与"市民"的认识存在分化

对青年农民"农民"与"市民"主观定位以及成为市民的主要标志的调查中发现,有62%的青年农民主观认为自己是农民。对自己是农民的主观认知符合传统农民的预期。但数据同时也显示,有23%的青年农民认为自己是市民,且有15%的青年农民不确定自己是农民还是市民。

对自身身份认知存在一定的模糊和转变,说明在新农村建设、城镇化和城乡发展一体化的背景下,农民生活水平的提高导致农民对自身身份的主观认识发生了一定程度的变化。青年农民的市民化已经有所进展。

5. 相比城市户口,青年农民更重视在城市拥有稳定工作。

究竟什么是"市民",判断一个人是"市民"的主要标志是什么? 这对于考察农民的主观认知具有直接意义。调查数据显示,选择将"有一份体面工作"作为"市民"主要标志的占到了45.0%。"有城市户口"、"在城市购买住房"所占百分比依次为24.0%、31.0%。只有24.0%的青年农民将"城市户口"作为判断"市

民"的主要标志,说明,青年农民对城市户籍的重视程度相对不高。45.0%的人将"有一份体面工作"作为判断市民的主要标志,某种程度上说明,青年农民对户籍制度改革与农民市民化所表达的强烈诉求,那就是在城市拥有一份稳定、体面的工作。这也为当前做好户籍制度改革与农民市民化的工作提出了增加、稳定就业的要求。

(二)青年农民内部城市落户的意愿存在较大差别

总体来看,愿意落户城市的青年农民占大多数,比例为总样本的70%,不愿意的为30%。

由于对户籍制度的认识不同,且存在人口特征、地域、家庭周期、经济收入、社区等的差别,不同的青年农民落户城市的意愿存在明显差异。

1. 认为自己是"市民"的人落户城市的积极性更高

农民主观认知的转变,可能成为户籍制度改革的一大利好。青年农民对自身身份主观认知与城市落户意愿的交叉分析结果显示,在对自己主观定位为农民的青年农民中,有60.9%的人愿意落户城市。而对自己定位为市民和对自身定位不确定的青年农民中,愿意落户的城市则分别高达82.9%和86.7%。具体如表5所示。

表5 认为自己是市民还是农民 * 是否愿意落户城市交叉制表

			是否愿意落户城市		合计
			不愿意落户城市	愿意落户城市	
认为自己是市民还是农民	市民	计数	60	289	349
		百分比	17.19%	82.81%	100.0%
	农民	计数	353	550	903
		百分比	39.09%	60.91%	100.0%
	不确定	计数	34	221	255
		百分比	13.33%	86.67%	100.0%

从数据可以看出,青年农民对自身身份的定位对其城市落户意愿有一定的影响。青年农民越是自己定位为市民,其城市落户的意愿和积极性也就相对更高。

2. 人口学特征存在差异的青年农民落户城市的意愿不同

不同性别、年龄、文化程度与就业状况的青年农民在落户城市的意愿方面都表现出了不同程度的差别。

(1)男性青年农民城市落户意愿稍高于女性

从性别角度来看,男性与女性青年农民愿意落户城市的比例都超过了不愿意落户者,男性中愿意落户城市的约占71%,女性中愿意落户城市的约占69%。相比较而言,男性愿意落户城市的比例稍高于女性。具体统计结果如表6所示。

表6 性别 * 是否愿意落户城市交叉制表

			是否愿意落户城市		合计
			不愿意落户城市	愿意落户城市	
性别	男	计数	191	472	663
		百分比	28.81%	71.19%	100.0%
	女	计数	262	582	844
		百分比	31.04%	68.96%	100.0%

(2)未婚青年农民落户城市的积极性相比已婚者更高

婚姻状况的不同,青年农民城市落户的意愿也不同。在考察不同婚姻状况者的城市落户意愿差别时发现,已婚和离婚的青年农民愿意落户城市的比例,都达到了50%以上,但未婚青年农民的城市落户愿意明显比已婚农民高,达到了83.3%,已婚青年农民中愿意落户城市的则有65.5%。具体如表7所示。

表7 婚姻状况与青年农民落户意愿交叉分析

		是否愿意落户城市		合计
		不愿意落户城市	愿意落户城市	
婚姻状况	已婚	34.47%	65.53%	100.0%
	未婚	16.68%	83.32%	100.0%
	离婚	.0%	100.0%	100.0%

在实地调查中也了解到,未婚者之所以有较高比例的人愿意落户城市,主要

原因是,来自家庭的牵绊较少,个人需要负担的成本也相对较低,城市落户压力相对已婚者较小。因此,落户城市的意愿也相对较高。已婚者受到来自家庭各种因素的影响,在落户城市的决策方面,更加具有复杂性,落户城市成本相对较高,因此,愿意落户的比例相对未婚者较低。

(3)农民城市落户的意愿随文化程度的提高而提高。大专及以上文化程度的农民城市落户的积极性最高。

从调查样本对象的文化程度来看,文化程度与城市落户意愿总体上呈正相关关系,即文化程度越高的青年农民,越倾向于落户城市。具体来说,调查的青年农民中,几乎所有人都受到过小学及以上教育。在小学文化程度人口中,愿意落户城市的占33.7%,初中文化程度的青年农民中,愿意落户的比例为72.5%,高中、中专文化程度的人口中,愿意落户城市的约有64%,大专及以上文化程度的青年农民愿意落户城市的比例最高,达到了90.8%。小学及以下文化程度的青年农民,愿意落户城市的比例明显较低。具体情况如表8所示。

表8 文化程度*是否愿意落户城市交叉制表

| | | | 是否愿意落户城市 | | |
			不愿意落户城市	愿意落户城市	合计
文化程度	未接受教育	计数	14	6	20
		百分比	70.0%	30.0%	.0%
	小学文化程度	计数	67	34	101
		百分比	66.34%	33.66%	100.0%
	初中、高小文化程度	计数	240	634	874
		百分比	27.46%	72.54%	100.0%
	高中、中专文化程度	计数	137	244	381
		百分比	35.96%	64.04%	100.0%
	大专及以上文化程度	计数	12	119	131
		百分比	9.17%	90.83%	100.0%

(4)不同职业青年农民城市落户意愿有较大差异,个体户人员城市落户的积极性最高。

从就业状况来看,要考察的内容是就业状况与青年农民落户城市意愿的关系。从交叉分析的情况来看,就业状况与城市落户意愿之间呈现出复杂的关系。在务农的青年农民中,愿意落户城市的占70.0%,打零工的人中,有68.4%的人愿意落户城市。个体户者和愿意落户城市的比例也超过了半数,比例达到了79.1%。较为特殊的群体是,未从事有收入工作的人口中,愿意落户城市的比例也高达60.6%,而有稳定正式工作的青年农民,愿意落户城市的比例反而不足半数,只占38.2%。

3. 外地青年农民与本地青年农民城市落户意愿不存在显著差异

从人口地域来源来看,不同地域的青年农民,城市落户意愿没有明显差别。大部分青年农民愿意落户城市。数据显示,在调查样本中,本地青年农民愿意落户城市的比例为69.8%。外地流动青年农民中,愿意落户城市的占70.6%。外地流动人口愿意落户城市的比例略高于本地人口。

4. 农民城市落户的意愿随家庭人口规模的提高而下降,只有一口人的青年农民城市落户意愿最高。

调查数据显示,随着家庭人口规模的扩大,青年农民愿意落户城市的意愿呈现出总体下降的趋势,尤其是当家庭人口超过三人时,不愿落户城市的比例明显超过落户的比例。具体来说,家庭中只有一名成员的青年农民,落户城市比例最高,达到了93.3%,两个家庭成员和三个家庭成员的青年农民,其愿意落户城市的比例分别为79.6%和68.6%。家中有四个家庭成员的青年农民,愿意落户城市的比例下降到了48.3%,家庭中有五个家庭成员的青年农民,愿意落户城市的比例占21.8%。家庭成员规模达到六人时,愿意落户城市的青年农民比例最低,为11.7%。

5. 家庭年总收入在3万到10万之间时,青年农民有较高的城市落户意愿。

建立合理的成本分担机制是一直是户籍制度改革的重点和难点。不同青年农民经济负担能力的高低将很大程度上决定其城市落户的意愿。本次调查统计结果也显示,家庭收入与农民城市落户意愿呈现出倒U型曲线的关系。当青年农民家庭年总收入处于10000—100000元之间时,调查对象落户城市的意愿明显提高。家庭年总收入在1万到3万之间的农民,愿意落户城市的比例为65.8%,收入在3万到5万之间的农民,愿意落户城市的比例提高到了73.8%,收入在5万到10万之间的农民,愿意落户城市的比例也高达72.3%。当农民家庭年总收入在1万元以下和10万元以上时,城市落户意愿开始下降。其中,家庭年总收入在

1 万元以下的农民,城市落户意愿最低,为 55.6%,家庭年总收入在 10 万元上的,愿意落户城市的只有 57.1%。

6. 青年农民城市落户意愿总体上随居住地与城市中心区距离的增加而下降,偏远农村农民落户城市的积极性高于乡镇社区青年农业户籍人口。

社区类别不同,社区内青年农民落户城市的意愿也不同。这里的社区类别是就城市中心区、郊区、乡镇社区和偏远农村社区而言的。统计结果显示,青年农民的城市落户意愿随所在社区距离城市中心区的距离增加而下降。具体来说,城市中心区(如城中村)内的青年农民中,愿意落户的比例达到了 83.1%,近郊农村居民愿意落户城市的人口为 69.2%,乡镇社区中青年农民愿意落户城市的比例最低,只有 41.7%。远郊农村社区青年农民,愿意落户城市的比例有 61.1%。

(三)青年农民落户城市的选择偏好

在七成愿意落户城市的青年农民中,对落户城市的类型存在一定选择偏好。在愿意落户城市的这部分填答样本中,选择落户城市类型最多得是省内中等城市,比例占到了 37.0%,对省内小城镇持偏爱的比例达到了 20.0%。而对大城市或特大城市的落户偏好不存在区别,比例都为 17.0%。对落户城市选择意愿最低的两类城市是省外中等城市和省外小城镇,比例分别为 6.0% 和 3.0%。总体来看,超过半数的青年农民倾向于在省内城市落户。并且中等城市的吸引力超过了小城镇。

以上青年农民城市落户的选择偏好表现出青年农民的理性选择一面。首先,省内中等城市的优势首先在于区位优势,省内流动落户成本相对较低。另外,相比大城市和特大城市,中等城市生活费用相对较少、门槛相对较低,落户成本不高。拥有比小城镇更加完善的基础设施、更加聚集的社会资源和更多的就业机会和高工资水平,成为吸引青年农民的首要目标城市。其次,对小城镇而言,农民距离小城镇一般较近,流动距离段、生活费用低、落户门槛小,落户成本相对最低。也成为农民落户的重要选择。

在三成不愿意落户城市的青年农民中,不同的人也给出了自己不愿意落户城市的原因。在全部 11 个选项限选三项并按重要性排序的要求下,不愿意落户的青年农民最重要的原因是"享受不到城市市民待遇",有效百分比为 37.8%。其次依次为"城市房价太高、买不起房子"占 27.8%、"城市就业风险大,害怕失业后没保障"占 17.2%。

（四）不同政策条件下，不愿落户青年农民态度的转变

在广大青年农民中推进户籍制度改革，涉及满足青年农民某些方面的需求。就愿意落户和不愿意落户两个群体而言，在愿意落户城市的青年农民中开展户籍制度改革最重要的是为他们城市落户提供便利和保障。而在不愿意落户城市的青年农民中开展户籍制度改革，首要的任务是了解在怎样的便利条件和措施下，可能改变其态度，提高其参与户籍制度改革的积极性，进而将户籍制度改革的难度降到最低。

首先，对于不愿意落户城市的青年农民来说，问卷设计了土地、计划生育、就业服务、公共服务和社会保障等几个政策条件与措施，考察他们在这些措施与条件下是否改变了不愿意落户城市的态度。

第一，从土地政策来看，在给出"土地确权，将土地出租、流转他人"、"土地确权，自己季节性返乡耕种"和"以土地或宅基地置换城市住房或其他权益"三个条件时，分别考察了原来不愿意落户城市者的态度转变情况。统计结果（见表9）显示，第一种情况，即在"土地确权，将土地出租、流转他人"的条件下，有43.7%的人改变了态度，选择了愿意落户城市。在"土地确权，自己季节性返乡耕种"的条件下，有28.5%的人改变态度，选择了愿意落户城市。而在"以土地或宅基地置换城市住房或其他权益"的条件下，则有18.9%原来不愿意落户城市的青年农民转变了态度。说明，在土地可以确权保留的情况下，即便进城落户，大多数农民仍然不愿意永久放弃土地。

表9 不同土地政策下不愿落户青年态度的转变

土地政策	是否愿意落户城市				
	非常不愿意	不愿意	无所谓	愿意	非常愿意
土地确权，将土地出租、流转他人	4.0%	37.8%	14.5%	30.9%	12.8%
土地确权，自己季节性返乡耕种	12.7%	47.5%	11.3%	23.8%	4.7%
以土地或宅基地置换城市住房或其他权益	15.4%	48.2%	17.5%	16.5%	2.4%

第二，从计划生育方面来看，在"允许生二孩"和"不允许生二孩"两种情况下，原来不愿意落户城市的那部分青年农民的态度也发生了一定程度的转变。数据统计显示，在"不允许生二孩"的情况下，原来不愿意落户城市的青年农民有9.4%的人转变了态度，愿意落户城市。在"允许生二孩"的情况下，原来不愿意落

户城市的青年农民转变态度人的比例提高到了43.6%。具体如表10所示。

这说明,生育政策仍然对青年农民有重要影响,大部分青年农民仍然愿意生育二孩。这也表明,在灵活的计划生育政策下,青年农民落户城市的积极性会有所提高。

表10　不同生育政策下不远落户青年的态度转变

生育政策	是否愿意落户城市				
	非常不愿意	不愿意	无所谓	愿意	非常愿意
不允许生二孩	28.0%	47.3%	15.3%	8.7%	0.7%
允许生二孩	25.3%	23.5%	7.6%	38.9%	4.7%

第三,在提供一定的就业政策优惠情况下,原来不愿意落户城市的青年农民的落户态度也发生了一定的转变。统计数据如表11所示,在"政府免费提供就业信息、渠道"的情况下,原来不愿意落户城市的青年农民有44.0%的人转变了态度,选择愿意落户城市。在"政府提供职业技能培训"的情况下,有30.7%的人转变了不愿意落户城市态度。在"政府提供创业培训"的情况下,有34.0%的人改变了不愿意落户城市态度。在"政府提供创业金融贷款支持"和"政府提供工商税务减免"两种情况下,则分别有26.6%和18.5%的人改变了最初不愿意落户城市的态度,具体如表12所示。

几种就业措施下,原来不愿意落户城市的青年农民态度转变情况基本一致,这也说明,这样的就业扶持对于刺激农民落户城市普遍具有积极促进作用。

表11　不同就业政策下不愿落户青年农民态度的转变

就业政策	是否愿意落户城市				
	非常不愿意	不愿意	无所谓	愿意	非常愿意
政府免费提供就业信息、渠道	20.3%	29.3%	6.6%	28.7%	15.3%
政府提供职业技能培训	23.2%	34.5%	11.6%	21.4%	9.3%
政府提供创业培训	23.5%	29.2%	13.3%	25.3%	8.7%
政府提供创业金融贷款支持	38.6%	24.2%	10.6%	19.5%	7.1%
政府提供工商税务减免	27.7%	36.5%	17.3%	15.1%	3.4%

第四,在完善公共服务措施的情况下,不愿意落户城市的青年农民,其城市落户的态度所发生的转变较大。数据显示,在"子女同等入托/入学"、"政府提供廉租房"、"养老保险发放标准提高"、"医疗保险报销比例提高"、"择业与失业期间发放失业保险"、"困难对象享受城市低保,提高低保标准"等六种情况下,原来不愿意落户城市的青年农民,其态度转变幅度分别为 59.3%、44.5%、54.4%、60.8%、43.6%、39.3%。其中,在"养老保险发放标准提高"、"医疗保险报销比例提高"和"子女同等入托/入学"三种情况下,青年农民态度转变的幅度最大,均达到了 50% 以上。具体如下表:

表12　不同公共服务与保障措施下不愿落户青年农民态度的转变

公共服务与保障政策	是否愿意落户城市				
	非常不愿意	不愿意	无所谓	愿意	非常愿意
子女同等入托/入学	10.7%	13.3%	16.7%	27.9%	31.4%
政府提供廉租房	23.2%	21.8%	10.5%	13.6%	30.9%
养老保险发放标准提高	18.6%	17.6%	9.4%	32.6%	21.8%
医疗保险报销比例提高	8.1%	18.9%	12.2%	33.3%	27.5%
择业与失业期间发放失业保险	14.1%	16.8%	25.5%	31.8%	11.8%
困难对象享受城市低保	13.7%	26.0%	21.0%	28.8%	10.5%

四、对策与建议

首先,加大政府政策宣传力度,通过多种渠道让农民了解户籍制度改革,提高青年农民对户籍制度改革的认识与认可程度。从青年农民对户籍制度改革的了解和认识渠道来看,青年农民对户籍制度改革政策仍然缺乏了解,且认识渠道相对单一。尤其是,政府宣传的作用较小。从实际情况来看,地方政府宣传不到位,官方行动不足。许多青年农民甚至不知道当前土地、宅基地确权保留的最新政策。这直接影响了许多青年农民进城落户的决策。而且,调查显示部分青年农民认为进城落户享受不到实惠,一定程度上也与其对政策的了解和认识不足有关。因此,应该加大政府对户籍制度改革政策的宣传力度,采取政策下乡宣传,村委联合传播的措施,提高青年农民的政策认识程度。只有充分认识和了解户籍制度改革的最新举措,青年农民才能对进城落户的相关权力权益进行权衡。不仅如此,加大政策宣传,营造户籍制度改革的舆论氛围,还有利于各方动员,为户籍制度改革的进一步推进提供便利条件。

其次,分群体、有重点地推进户籍制度改革。户籍制度改革应该分层次,有重点地推进。在青年农民内部,城市落户意愿存在人口特征等方面较大的群体内差异。其中,未婚、文化程度较高、家庭人口数较少、住在城中村等的青年农民落户城市的意愿相对较高。为此,通过调查统计,可以对不同的青年农民进行分类,针对不同类型青年农民,结合其具体落户意愿,采取有针对性的措施,分类、有序、有重点地推进户籍制度改革。

再次,持续完善公共服务和社会保障均等化。在满足愿意落户者基本需求的同时,也提高对不愿落户青年农民的吸引力。农转非并不是青年农民市民化的完整过程。[5]公共服务和社会保障均等化等社会生活内容,同样是户籍制度改革和青年农民关注的重点。[6]调查也显示,落户城市能够享受的实惠中,青年农民最看重的正是公共服务与社会保障。对不愿意落户者的调查中,各种公共服务与社会保障政策满足条件下,青年农民均表现出了不同程度的落户态度转变。可见,公共服务与社会保障均等化对于满足落户农民的需求,尤其是吸引不愿落户者进城落户,能够起重要作用。从调查基本情况来看,社会保障方面,应该重点推进医疗保障、养老保障等的均等化。通过财政转移支付和农村权益置换等综合方式,减轻青年农民城市落户原始资本负担。就业、子女教育和计划生育等是青年农民较为关注的公共服务项目。加大对吸纳落户青年农民的企业的扶持与奖励,能够提高企业积极性。同时,政府还需要在就业培训、创业指导、就业信息提供等方面加大对青年农民的支持。子女教育方面,应该建立中央财政和地方财政合理的分担机制。加大地方财政对义务教育的转移支付力度。在新校舍建造、教师队伍扩编、教育资源分配等方面向新落户青年农民子女倾斜。按照落户青年随迁子女人数进行一定比例的财政补贴,减轻落户青年农民负担。同时,合理降低新落户农民子女入读公办学校门槛,为农民子女平等接受义务教育创造条件。此外,还要加大对民办学校的扶持力度,分担公办学校教育资源紧张和压力。计划生育方面,可以考虑允许进城落户青年农民短期限内灵活的生育选择。计划生育过渡期结束后,沿用城市计划生育基本政策。

最后,针对青年农民落户城市选择偏好问题,省内小城镇应该进一步发展地方经济,完善自身基础设施建设,提高公共服务供给水平和质量,增加对青年农民落户的吸引力。小城镇自身经济发展水平相对较低,能够提供的就业机会相对较少,工资水平也普遍不高。以黄冈市为例,全市各县、区城镇平均工资收入普遍停留在 2000 元左右。由于经济实力和发展水平的限制,小城镇户籍上所附着的权利、权益和公共服务标准也较低。因此,对青年农民落户的吸引力低。因此,依托小城镇推进农民户籍制度改革,应该首先大力发展小城镇自身经济水平,充分发挥小城镇地价低、劳动力价格低的优势,招商引资,吸引外地企业落地,提高小城镇经济水平、并创造更多的就业机会,以满足青年农民进城就业的需求。并在此基础上完善公共服务的供给水平和质量。

参考文献

[1]《国务院关于进一步推进户籍制度改革的意见》http://www.gov.cn/zhengce/content/2014-07/30/content_8944.htm

[2]王峰. 我国户籍制度改革的困境与完善途径[J]. 郑州大学学报(哲学社会科学版),2013(6):51-55.

[3]朱琳,刘彦随. 城镇化进程中农民进城落户意愿影响因素——以河南省郸城县为例[J]. 地理科学进展,2012(4):461-467.

[4]谷玉良. 青年农民工的回流困境[J]. 中国青年研究,2012(10):67-72.

[5]陈彧. 农民市民化问题研究:一个文献综述[J]. 重庆社会科学,2011(5):61-67.

[6]李颖晖,殊途异路:青年农转非群体的职业分化与市民化差异——基于"选择性"与"政策性"农转非的比较分析[J]. 中国青年研究,2014(10):48-55.

基于新经济地理学的中国省际劳动力迁移机制研究

敖荣军　李家成　唐嘉韵

1 引言

　　新经济地理学框架下,市场进入性是决定劳动力和厂商区位选择的基本因素。在其经典模型中,Krugman[1]把经济活动的集聚力因素分为两个方面。一是前向联系:厂商向某地区集中所产生的价格指数效应使得该地区的制造业商品价格指数降低,工人的真实收入增加,其对差异化制造业商品市场的进入性因此提高。为了降低交易成本和获得多样化的商品消费,工人向厂商集中地区流动。二是后向联系:消费者向中心地区集中所产生的本地市场效应使得该地区的市场规模扩大,厂商对消费者市场的进入性因此提高。为了降低运输成本和获得规模经济,厂商选址于消费者集中地区。前向联系与后向联系相互强化,导致工人和厂商持续向中心地区集中。

　　本文在新经济地理模型框架下,利用1982—2010年全国4次人口普查和3次人口抽样调查提供的劳动力就业和省际迁移数据,实证分析市场进入性对中国大陆地区劳动力省际迁移的影响。本研究至少有两方面的意义。首先,从新的角度解读迁移的动力机制。当前关于迁移机制的研究基本上在以下理论框架展开,即Ravenstein[2]等的推 - 拉理论、Lewis[3]等的收入差异理论、Sjaastad[4]等的成本 - 收益理论、Todaro[5]等的预期收入理论以及Stard和Bloom[6]等的新经济迁移理论等。尽管侧重点和切入点不同,这些研究关注的迁移原因在本质上并没有脱离

[作者简介]敖荣军(1974—),男,湖北老河口人,华中师范大学可持续发展研究中心副教授。李家成(1965—),男,广西全州人,华中师范大学可持续发展研究中心副教授。唐嘉韵(1984—),女,甘肃临夏人,华中师范大学可持续发展研究中心硕士研究生。

Lee[7]提出的 4 个因素:迁出地、迁入地、中间障碍和迁移者个体因素。迁入地周边地区因素对迁移决策的影响在这些模型中并没有得到充分的反映。与之不同的是,新经济地理模型将迁移原因归结为迁入地的市场进入性,反映了对迁入地周边地区因素的考虑。这是因为,市场进入性不仅仅决定于该地区内部商品的可获得性,而且也决定于其周边地区的商品供给状况。

其次,验证新经济地理学的产业集聚机制。目前,关于新经济地理学的实证检验主要集中于后向联系,对前向联系的检验非常缺乏,实证对象也主要局限在欧美国家。在一篇具有开创性意义的研究中,Crozet[8]基于新经济地理学经典模型,构建了迁移决策的结构方程,检验了市场进入性对 5 个欧盟国家劳动力迁移的影响。其后,Pons ea al[9]和 Paluzie et al[10]采用同样的方法,分别研究了市场进入性对西班牙劳动力迁移的影响。Kancs[11]则构建了一个分析上可解和结构上可估的新经济地理模型,模拟和预测 3 个波罗的海国家的劳动力迁移,揭示了新经济地理模型对迁移决策的解释力。其后,Kancs[12]利用该模型研究了欧盟国家之间及各国内部的劳动力迁移,验证了迁移与市场潜力之间的相互影响。国内关于前向联系的实证检验更为缺乏,唐颂和黄亮雄[13]借鉴 Crozet 的方法,对 1990—2010 年中国省际劳动力流动的决定因素进行了实证检验。但是,这项研究并没有涵盖期间的所有年份。王永培和晏维龙[14]则直接利用了 Crozet 模型的简化形式,检验了新经济地理因素对 2005—2010 年中国省际劳动力流动的影响。本文采用覆盖 1990—2010 年全时段的迁移数据,力求提高前向联系检验的可信度和可靠性。

2   中国工业与迁移劳动力的地区集中

20 世纪 80 年代以来,随着产品和要素市场一体化程度的提高,中国的工业和迁移劳动力持续向东部沿海地区成片集中的趋势日益显著。1982 年,工业从业人员占全国工业从业人员份额居前 5 位的省区分别是江苏、辽宁、浙江、四川和山东,工业份额合计为 37.47%。而 2010 年,工业份额居前 5 位的全部为东部省区(广东、江苏、浙江、山东和河北),工业份额合计高达 51.41%。广东在 1982 年还没出现在前 5 的名单中,但是 2010 年达到了 16.69% 高居榜首,并且远高于 1982 年排名第一的江苏省的 10.13%。

图 1 反映了 1982 年和 2010 年中国各省区工业从业人员份额分布地图。可以看到,中国工业向东部沿海地区集中的明显趋势,具体表现在:(1)东部沿海地区

工业从业人员份额超过8%的省区由1982年的1个达到了2010年的3个(广东、江苏和浙江)。福建的份额由1982年的2.48%提高至2010年4.40%,山东则由6.01%提高至7.72%。(2)东北三省工业全面衰落,辽宁的工业份额在1982年以7.92%高居全国第二位,但是2010年骤降至2.93%,黑龙江的份额由4.91%下降至1.53%,吉林则由3.17%降至不足1%。(3)中部六省工业地位普遍下降,1982年工业份额超过4%的省区有3个(湖北、河南和湖南),并且还没有出现2%以下的省区,但是到了2010年所有省区的份额都跌入4%以下,山西更是降到了不足2%。(4)西部省区工业份额全部下降,四川的份额在1982年以6.15%排名全国第4,但在2010年仅以4.95%跌至第10。其他省区全部减少至不足2%,而且不足1%的省区从4个增加到了7个。

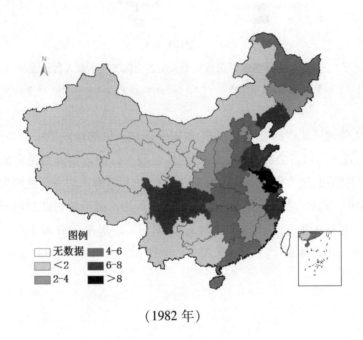

(1982年)

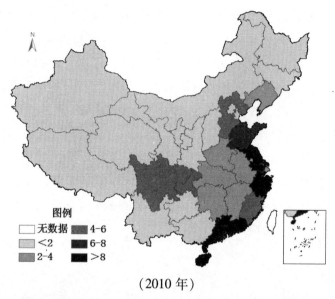

（2010 年）

图 1 中国各省区工业从业人员占全国工业从业人员份额

Fig. 1 Percentage of Industrial Employment of Province to That of Nation

  与工业地区集中同时发生的,中国省际迁移人口的地区集中趋势更为明显。1987 年,迁入人口占全国迁移人口份额排名前 5 位的省区分别是河北、山东、江苏、上海和四川,迁入份额合计仅为 37.65%。之后迁移人口逐渐主要向东部省区集中。2010 年迁入人口份额前 5 位的省区全部为东部沿海省区,分别是广东、浙江、上海、江苏和北京,迁入份额达到了 65.21%。广东在 1987 年的迁入份额仅为 4.77%,在 2010 年则达到了 25.23%,并且远高于 1987 年排名第一的河北的 9.51%。

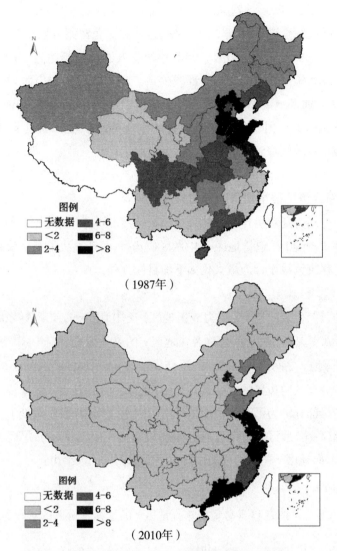

（1987年）

（2010年）

图2 中国各省区迁入人口占全国省际迁移人口份额

Fig. 2 Percentage of Provincial Immigrants to National Migrants

图2反映了1987年和2010年省际迁入人口在各省区的分布情况。可以看到,中国的省际迁移人口主要向东部沿海省区集中,表现出成片集中的态势。具体而言:(1)东部沿海地区迁入人口份额超过8%的省区由1987年的2个(河北和山东)增加至2010年的4个(广东、浙江、上海和江苏)。北京的份额由1987年的5.14%增加至2010年的6.96%,福建的份额由1.41%增加至4.45%,天津则由

2.10% 增加至 2.72% 。(2)东北三省迁入人口份额显著减少,辽宁的迁入份额由 1987 年的 5% 减少至 2010 年的 2.13% ,吉林和黑龙江则分别由 2.71% 和 3.07% 降到了不足 1% 。(3)中部地区 1987 年的迁入人口份额超过 2% 的尚有 5 个省区,但是 2010 年所有省区的份额都减少到了 2% 以下,其中山西和河南降到了不足 1% 。(4)西部地区 1987 年尚有 4 个省区(四川、陕西、新疆和内蒙古)的迁入人口份额超过 2% ,但是 2010 年所有省区的份额都减少至 2% 以下,甘肃、青海、宁夏和西藏 4 省区则降到了不足 0.5% 。

3 新经济地理学视角的劳动力迁移机制

关于劳动力迁移决定机制的理论分析借鉴 Crozet[8] 的模型。假设地区 i 的劳动力 η 在 R 个地区(包括地区 i)中做区位选择,其迁移决策是比较各区位的预期收益。迁移决策被设计为最大化如下的目标方程:

(1) $V_{ir,t}^\eta = \ln\{\omega_{r,t} \cdot \rho_{r,t} \cdot d_{ir}^{-\delta} \cdot e^{bFR_{ir}}\} + \gamma_r^\eta$

其中, $V_{ir,t}^\eta$ 代表时期 t 劳动力 η 由地区 i 迁往地区 r 的预期收益, $\omega_{r,t}$ 代表时期 t 地区 r 的真实工资, $\rho_{r,t}$ 表示迁移者在地区 r 的就业机会, $d_{ir}^{-\delta} \cdot e^{bFP_{ir}}$ 表示随着迁出地 i 和迁入地 r 之间距离而增加的迁移成本, d_{ir} 表示地区之间的距离, FR_{ir} 表示地区间是否分享共同边界的哑变量, γ_r^η 表示劳动力 η 对地区 r 区域特征的个人感受能力的随机部分。为了避免模型估计中的内生性问题,假设时期 t 的迁移决策决定于时期 $(t-v)$ 地区间 V 的比较。如果 $V_{ir,t-u}^\eta > V_{ij,t-u}^\eta, \forall r \neq j$,那么工人将选择迁往地区 r 。向地区 r 迁移的可能性可由下列的逻辑函数给出:

(2) $P(M_{ir,t}) = e^{V_{ir,t-u}^\eta} / \sum_{j=1}^{R} e^{V_{ij,t-u}^\eta}$

于是,地区 i 的迁移者总量中选择地区 r 的迁移者份额的对数为:

$$\ln MS_{ir,t} = \ln\left(\frac{mig_{ir,t}}{\sum_{i \neq j} mig_{ij,t}}\right) = \ln\left(e^{V_{ir,t-u}^\eta} / \left(\sum_{j=1}^{R} e^{V_{ij,t-u}^\eta} - e^{V_{ij,t-u}^\eta}\right)\right)$$

$$(3) \quad = V_{ir,t-u}^\eta - \ln\left(\sum_{j=1}^{R} e^{V_{ij,t-u}^\eta} - e^{V_{ij,t-u}^\eta}\right)$$

$$= \ln\omega_{r,t-u} + \ln\rho_{r,t-u} + \ln d_{ir}^{-\delta} + bFR_{ir} + \tilde{\varphi}_{r,t-u} \quad 其中, \tilde{\varphi}_{r,t-u} = -\ln$$

$(\sum_{j=1}^{R} e^{V_{ij,t-u}^\eta} - e^{V_{ij,t-u}^\eta}) + \gamma_r^\eta$ 。

可以看到,迁移份额方程(3)中的关键变量是迁入地的真实工资。新经济地理学经典模型给出了价格指数效应下地区真实工资的决定机制。

借鉴 Krugman[15] 的模型,假设经济体包括 R 个地区和两个产业(农业和工业）部门。所有消费者具有相同的柯布－道格拉斯偏好。其中,对工业品的支出份额为 μ,对任何两种工业品选择的不变替代弹性为 σ。由于消费者热衷于扩大消费商品的品种数,随着 σ 提高,工业品之间的替代性增加,扩大某一特定商品消费数量的意愿下降。

所有地区拥有相同的生产技术。其中,农业部门完全竞争,雇佣不可流动的农民,在规模收益不变条件下生产同质商品。假设农产品的运输成本为零,那么农产品价格以及农业工资在每个地区都是相同的。这使得我们可以将农产品价格或农业工资作为计价标准。工业部门垄断竞争,雇佣可流动的工人,在规模收益递增条件下生产差异化商品。因此,每个地区都生产不同的工业品,每种工业品只在一个地区生产。工业品在地区之间贸易,要承担"冰山"运输成本 τ_{ir}。在均衡状态下,地区 r 的真实工资 ω_r 决定于以农业工资为计价标准的流动性工人的工资 (w_r) 和工业品的价格指数 (T_r),即:

(4) $w_r = w_r T_r^{-\mu}$

其中,地区 r 的工业品的价格指数 T_r 为:

(5) $T_r = [\sum_{j=1}^{R} \lambda_j (w_j \cdot \tau_{jr})^{1-\sigma}]^{1/(1-\sigma)}$

其中,λ 表示地区 j 的工业劳动力占全部工业劳动力的份额。显然,地区 r 的工业品价格指数决定于 3 个因素,即工业份额 λ、名义工资 w 以及距离 τ。即使名义工资相同,地区 r 的工业份额越高,其周边地区 j 的工业份额越高并且对地区 r 的通达性越强,地区 r 的工业品价格指数越低,其真实工资也就越高。综合方程 (3)、(4) 和 (5),劳动力迁移的决策模型就成为:

(6)
$$\ln MS_{ir,t} = \ln\left[\sum_{j=1}^{R} \lambda_{j,t-\upsilon} \left(w_{j,t-\upsilon} \cdot \tau_{jr}\right)^{1-\sigma}\right]^{\mu/(\sigma-1)} + \ln\left(w_{r,\ t-\upsilon} \cdot \rho_{r,t-\upsilon}\right) + \ln d_{ir}^{-\delta} + bFR_{ir} + \tilde{\varphi}_{r,t-\upsilon}$$

其中,$MS_{ir,t}$ 代表时期 t 地区 i 的迁移出者总量中迁入地区 r 的份额。模型右边的第二项是滞后期地区 r 的预期工资,它决定于地区 r 的名义工资和就业机会。第三项反映了迁出地 i 和迁入地 r 之间的距离对迁移的影响。第四项反映了边界效应对迁移的影响,共享边界会对迁移产生促进作用。第一项反映了新经济地理学模型中的价格指数效应（Price Index Effect）或前向联系（Forward Linkage）对劳动力迁移的影响。价格指数效应使得市场进入性高的地区能够以较低成本获得多样化的工业商品,从而提高劳动力的预期收益,成为流动性劳动力青睐的迁入地。

4 中国省际劳动力迁移机制的实证分析

4.1 模型设定

方程(6)表明了市场进入性对劳动力迁移的影响。我们引入市场潜力函数替代右边的价格指数项,以更为直观地观察市场进入性对劳动力迁移的影响。市场潜力函数是以距离为权数,所有地区市场规模的加权总和。除了市场潜力和预期工资、迁移距离因素外,为了控制其他因素对迁移决策的影响,防止模型估计偏误,向模型中引入区位控制变量。一是迁入地的国土面积对数,以控制迁入地之间巨大的国土面积差异可能给模型估计带来的偏误。另一个是区域哑变量。迁入地生活的舒适性,包括自然环境、人文环境、政府政策、社会保障等也是迁移决策的影响因素。区域哑变量的引入正是为了控制那些未观测到的、随空间变化因素对模型估计的影响。这样,本文得到新经济地理的简化实证模型:

$$
(7) \quad
\begin{aligned}
\ln MS_{ir,t} = {}& \beta_0 + \beta_1 \ln MP_{r,t-\upsilon} + \beta_2 \ln\left(E_{r,t-\upsilon} \cdot w_{r,t-\upsilon}\right) \\
& + \beta_3 \ln d_{ir} + \beta_4 FR_{ir} + \beta_5 \ln S_r + \beta_6 East_r + \varepsilon_{r,t}
\end{aligned}
$$

其中,$MP_r = \sum_{t=1}^{R} L_i d_{ir}^{-1}$ 是迁入地 r 的市场潜力函数,L_i 代表地区 i 的工业从业人员(单位为万人)。正如新经济地理模型推断的,市场进入性越好的地区,对劳动力的吸引力越强。因此,我们预期 β_1 的估计值显著为正。$Ew = w \cdot E$ 代表预期工资,其中的 w 代表名义工资(单位为元),E 代表就业率。d 表示距离(单位为千米),FR 代表边界哑变量,若地区 i 和地区 r 共享边界,则 $FR = 1$,否则 $FR = 0$。S 代表国土面积(单位为万平方千米)。$East$ 代表东部地区哑变量,如果迁入地位于东部地区,则 $East = 1$,否则 $East = 0$。

4.2 数据处理

劳动力迁移数据取自全国人口普查和抽样调查。考虑到改革开放以来,我国人口迁移主要以就业为目的,[16] 因此直接以人口迁移作为衡量劳动力迁移。另外,虽然自 1987 年开始,中国的人口普查和抽样调查系统已经提供人口迁移方面的信息,但是考虑到与之相匹配的社会经济数据的可获得性,我们把分析时段确定在 1990—2010 年。迁移数据取自"中国 1990 年、2000 年和 2010 年人口普查资料""中国 1995 年、2005 年 1% 人口抽样调查资料"。另外,迁出地和迁入地相匹配的劳动力迁移数据只能从"按现住地和五年前常住地分的人口"的调查项目下获取。因此,我们可获取的迁移量实际上是 5 年的累积量。与之相匹配,迁入地的社会经济数据全部采用初始年的数据,也就是说模型中的滞后期 $\upsilon = 5$。

各省区总人口、工业从业人员以及工资数据取自相应年份的《中国统计年鉴》。国土面积主要从2011年各省区统计年鉴中获取。省区之间的距离以省会城市之间的距离衡量,省区内部的距离采用比较通行的方法,即取其地理半径的$2/3$,$d_{ii} = (2/3)\sqrt{A_i/\pi}$,其中 A_i 表示以平方千米为单位的省区的面积。另外,基于数据的可获得性,实证分析没有包括西藏。实证模型由迁出地和迁入地构成的面板数据拟合。按照劳动力迁移数据的时段划分,分5个观测时点,即1985 - 1990年、1990 - 1995年、1995 - 2000年、2000 - 2005年和2005 - 2010年分别估计模型。

4.3 结果分析

表1列出了模型的估计结果。

表1 中国省际劳动力迁移的决定因素

Tab. 1 The Determinants of Interprovincial Migration

	1990 年	1995 年	2000 年	2005 年	2010 年
β_0	0.4159 (2.8398)	- 11.9791* (3.1975)	- 20.6279* (2.3442)	- 23.8668* (1.7633)	- 21.3893* (1.6141)
β_1	0.5637* (0.1490)	0.5497* (0.1310)	0.5392* (0.1069)	0.6499* (0.1047)	0.5741* (0.0764)
β_2	- 0.2274 (0.3471)	1.5064* (0.3960)	2.3060* (0.2604)	2.4616* (0.1774)	1.9913* (0.1568)
β_3	- 0.7745* (0.0836)	- 0.9891* (0.1038)	- 0.9030* (0.0851)	- 0.8872* (0.0859)	- 0.7270* (0.0622)
β_4	0.9430* (0.1184)	0.9071* (0.1451)	0.7323* (0.1199)	0.7071* (0.1218)	0.6229* (0.0939)
β_5	0.2594* (0.0474)	0.3645* (0.0476)	0.3897* (0.0447)	0.3936* (0.0425)	0.3338* (0.0342)
β_6	0.8938* (0.0801)	1.1947* (0.1004)	0.7870* (0.0817)	0.9713* (0.0847)	0.8047* (0.0636)
R^2	0.5830	0.5400	0.6037	0.6543	0.6980
$\bar{R}^2$	0.5639	0.5190	0.5871	0.6397	0.6853
$F - stat$	30.5851*	25.8214*	36.3034*	44.9317*	55.0695*

	1990 年	1995 年	2000 年	2005 年	2010 年
No. obs.	756	783	870	867	870

注：＊代表在 1% 水平上显著，＊＊代表在 5% 水平上显著，＊＊＊代表在 10% 水平上显著。括号里为回归系数估计值的标准误。

可以看到,5 个模型的拟合效果都非常好,判决系数都在 0.5 以上,说明可以解释劳动力省际迁移原因的 50% 以上。大部分回归系数的估计值都与我们的预期方向一致。首先,预期收入对迁移决策影响显著。尽管 1990 年模型中,预期工资系数 β_2 估计值小于 0,与我们的预期不完全一致。但是 1995 年以来的其他 4 个模型的估计值均显著大于 0。这说明 20 世纪 90 年代中期以来,中国劳动力迁移的逐利目的趋于明显,直接导致了迁移劳动力向收入水平较高的东部省区流动。

其次,迁移成本对迁移决策影响显著。反映迁移成本的变量是迁出地与迁入地的距离以及它们是否共享边界。距离变量的回归系数 β_3 估计值在 5 个模型都显著地小于 0,说明在其他条件不变的情况下,中国的省际迁移一直是以近距离迁移为主。边界变量的回归系数 β_4 估计值在 5 个模型中都显著地大于 0,说明在其他条件不变的情况下,迁往邻省是一个更为常见的选择。但是,我们也可以发现,边界效应在持续减弱,而距离弹性的绝对值在 1995 年以后也呈稳定减小的趋势。这说明,尽管距离和边界等迁移成本因素对中国劳动力省际迁移的影响仍然非常显著,但是随着我国地区一体化进程的深化,距离对迁移的阻碍力在逐渐下降。

第三,区位因素对省际迁移影响显著。作为反映区位条件的国土面积,该变量系数 β_5 的估计值在 5 个模型均显著大于 0。这说明其他条件不变的情况下,劳动力更愿意迁往国土面积大的省区。其中的原因大概在于,国土面积较大省区的拥挤程度较国土面积较小的省区要小,生活的舒适性因此较高,更易成为迁移劳动力青睐的目的地。东部地区哑变量系数 β_6 的估计值一直显著大于 0。这与前文关于中国的迁移劳动力持续向东部地区集中的事实是一致的。

最后,重点关注市场进入性对迁移决策的影响。市场潜力系数 β_1 的估计值在 5 个模型中均显著大于 0,说明其他条件不变的情况下,地区工业品的市场潜力越大,劳动力的迁入份额越高。具体而言,20 世纪 90 年代以来,市场潜力对迁入份额的弹性系数都在 0.5 以上。地区市场潜力每提高 10%,迁往该省区的劳动力份额则将提高至少5%。这个结果验证了新经济地理学经典模型中的前向联系的存在性,劳动力会向市场进入性强的地区流动,引发产业集聚累积循环过程。这意味着,随着中国地区一体化和专业化水平的提高,市场进入性对劳动力迁移决策的影响度提升。迁移劳动力对迁入地的选择不仅只是考虑迁入地工业品的可获得性,而且还受到周边地区工业品供给规模的影响。这也就不难理解,中国的迁移劳动力为什么会在东部沿海地区连片集中了。

4 结论与建议

新经济地理模型中,不仅厂商,而且劳动力的区位选择都与市场进入性高度相关。实证检验结果表明,在市场进入性引导下,劳动力持续向产业集聚地迁移,是产业集聚累积循环过程的基本推动因素。我们还发现,随着中国地区一体化和专业化水平的提高,市场进入性对劳动力迁移决策的影响度逐渐提升。不仅迁入地工业品的可获得性,而且其周边地区工业品的供给规模对劳动力迁移决策的影响日益提高。由此导致了20世纪90年代以来中国工业和迁移劳动力在东部沿海地区的连片集中。

本文的政策含义是,推进区域一体化和地区生产专业化,提高市场进入性,是促进产业集聚和区域协调发展的基本战略措施。第一,建立一体化的劳动力市场,充分发挥劳动力流动在产业集聚累积循环过程中的动力作用。一方面改善硬环境,提高基础设施建设水平,降低劳动力流动的转移成本。另一方面改善软环境,加大户籍制度、社会保障、卫生医疗、子女教育等领域的改革力度,推进公共服务均等化,降低甚至消除劳动力流动的制度障碍。第二,建立一体化的商品市场,拆除地区间贸易壁垒,提高地区市场潜力。通过提高地区市场可进入性,吸引劳动力迁入,发挥前向联系机制,促进地区产业集聚。第三,对于东部地区而言,应大力改善就业环境和人居环境,吸引高素质劳动力迁入,提升产业集聚的质量水平。第四,对于中西部地区而言,应培育和扶持地区增长极,使其成为区域性的专业化生产中心和劳动力集聚中心。

参考文献

[1] KRUGMAN P. Increasing Returning and Economic Geography [J]. Journal Political Economy, 1991, 99(3): 483 - 499.

[2] LEWIS W A. Economic Development with Unlimited Supplies of Labor [J]. Manchester

School of Economics and Social Studies, 1954, 22(2): 122 – 131.

[3]RAVENSTEIN E G. The Laws of Migration [J]. Journal of the Royal Statistical Society, 1885, 48(2): 167 – 227.

[4]SJAASTAD L A. The Costs and Returns of Human Migration [J]. Journal of Political Economy, 1962, 70(5): 80 – 93.

[5]TODARO M P. A Model of Labor Migration and Urban Unemployment in Less Developed Countries [J]. American Economic Review, 1969, 59(1): 138 – 148.

[6]STARK O, BLOOM D E. The New Economics of Labor Migration [J]. American Economic Review, 1985, 75(2): 173 – 178.

[7]LEE E S. A Theory of Migration. Demography [J], 1966, 3(1): 47 – 57.

[8]CROZET M. Do Migrants Follow Market Potentials? An Estimation of a New Economic Geography Model [J]. Journal of Economic Geography, 2004, 4(4): 439 – 458.

[9]PONS J, PALUZIE E, SILVESTRE J, TIRADO D A. Testing the New Economic Geography: Migrations and Industrial Agglomerations in Spain [J]. Journal of Regional Science, 2007, 47(2): 289 – 313.

[10]PALUZIEA E, PONS J, TIRADOC D A. A Test of the Market Potential Equation in Spain [J]. Applied Economics, 2009, 41(12): 1487 – 1493.

[11]KANCS D. Can We Use NEG Models to Predict Migration Flows: An Example of CEE Accession Countries [J]. Migration Letters, 2005, 2(1): 32 – 63.

[12]KANCS D. The Economic Geography of Labour Migration: Competition, Competitiveness and Development [J]. Applied Geography, 2011, 31(1): 191 – 200.

[13]唐颂,黄亮雄. 新经济地理学视角下的劳动力转移机制及其实证分析[J]. 工业经济研究,2013(2):1 –9,84.

[14]王永培,晏维龙. 中国劳动力跨省迁徙的实证研究[J]. 人口与经济,2013(2):53 –59.

[15]KRUGMAN P. A Dynamic Spatial Mode [R]. NBER Working Paper No. 4219, 1992.

[16]杨云彦,徐映梅,向书坚. 就业替代与劳动力流动:一个新的分析框架[J]. 经济研究,2003(8):70 –75.

03

农村改革与建设

当代中国农地制度的存续与变迁

王敬尧　魏来

一、问题的提出与研究进展

（一）研究缘起与问题

新中国成立后,我国农地制度几经变迁,土地产权的法律主体和实践载体不断变革,产权结构的目标取向也因时而异。随着实践的发展和社会的转型,目前的土地产权结构与市场经济发展要求之间出现了一些不适应,由于制度设计的不完善,农民权益、农业效率和农村发展等社会问题不断凸显,近年来出现了土地流转不顺、土地财政依赖和征地拆迁冲突等治理难题。

如果将视野置于农业现代化、新型城镇化、中后期工业化迅速发展与深度融合的宏阔场域中,我们会发现农村土地问题与当下国家重大发展战略和整个经济社会转型紧密相连;将目光投向农民权益、农村稳定和社会公平的现实挑战上,也会发现农村土地制度的有效供给、适时改革和创新探索直接关涉到农民生活水平的提升、农业生产的长效发展与农村社会的和谐稳定。毋庸置疑,正在进行的农地制度改革是全面深化改革进程中最重要、也是最敏感的话题之一。正因如此,农地制度的存续与变迁是我们必须回应和解释的重大社会现实问题。将农地制度的时代性和问题性联系起来,对其存续和变迁进行理论解读是提升治理能力的现实要求,也是对农地制度进行改革完善的实证基础。

我们以时间为刻度,以制度变迁阶段为位序对农地制度进行回顾与评估(见表1),在此过程中遇到了以下问题:从制度存续的角度出发,在特定时期和实践层

［作者简介］王敬尧(1969—),男,四川达州人,华中师范大学政治学研究院教授。魏来(1990—),男,内蒙古赤峰人,华中师范大学政治学研究院博士研究生。

面上,农地制度体系内部同时存在高效和低效的部分。① 为何低效制度得以生成和持续? 农地制度的"低效闭锁"效应是如何打破的? 从制度变迁的角度来看,新中国成立以来的农地制度在产权结构分化的总趋势下呈现出所有权的稳定性及其在实践中的弹性化。家庭承包制之后农地所有权制度基本保持稳定,但在现实中却有极大的弹性空间。那么此种制度安排背后的主导因素是什么? 正是基于以上问题,本文尝试在吸收已有研究成果的基础上建构新的分析框架,从文本和实践两个角度解释农地制度的存续和变迁。

(二)研究进展与局限

20 世纪 80 年代至今,农地制度问题得到了学界持续的关注,农地制度的改革、绩效和创新等问题激发了众多学者的研究热情,取得了大量有价值的研究成果。从分析范式上来看,当前受关注较多的"诱致性 - 强制性"制度变迁范式强调权力运作和制度变迁的向度;②国家行为、地方政府行为、村干部和农民的偏好与认知等解释路径侧重于对制度变迁主体及其相互之间互动与博弈的考察;③而交易费用、产权配置、经济绩效等分析范式聚焦于成本和制度均衡的考量。更加综合性的分析框架则对效率、公平及社会稳定三者间的关系在农地制度变迁中的重要作用,④对农地制度变迁的历史进程以及土地使用规则的"不确定性"进行了系统分析。⑤

围绕本文所侧重的制度变迁逻辑和机理,以往的研究认为"生存危机"加速了

---

① 作为制度存续的一种状态,低效农地制度具体表现为制度泛化、制度真空和制度冲突等几个方面。由于篇幅所限,相关论证与图表无法呈现,如有需要,请与作者联系。(Email:jywang@ mail. ccnu. edu. cn)

② 杨瑞龙:《我国制度变迁方式转换的三阶段论—兼论地方政府的制度创新行为》,《经济研究》1998 年第 1 期。

③ 周其仁:《中国农村改革:国家和所有权关系的变化(上)——一个经济制度变迁史的回顾》,《管理世界》1995 年第 3 期;徐美银、钱忠好:《农民认知视角下的中国农地制度变迁—基于拓扑模型的分析》,《农业经济问题》2008 年第 5 期。

④ 姚洋:《中国农地制度:一个分析框架》,《中国社会科学》2000 年第 2 期。

⑤ 钱忠好:《中国农村土地制度历史变迁的经济学分析》,《江苏社会科学》2000 年第 3 期;张静:《土地使用规则的不确定:一个解释框架》,《中国社会科学》2003 年第 1 期。

土地制度的革新,①"集体成员权"使耕地按人口均分成为内在逻辑,②在更加抽象的意义上,农地制度变迁被视为渐进性的"自发演进"过程,③其演进路向受到国家、地方政府、农民组织、村干部及农户等"主体博弈"的影响。④ 由此也引发了对地方治理结构的关注:地方政府和村干部的偏好与强势地位对于土地权利和土地调整具有极大影响,⑤集体决策在农地制度演变中的具有重要作用。⑥ 当然,"路径依赖"对农地制度变迁的影响贯穿始终,无论采用何种分析思路,都不应忽视这一因素的力量。⑦

作为制度变迁理论的集大成者,诺斯首先开展了对意识形态的研究,认为非正式制度对制度变迁或维系发挥着重要的作用。相比之下,国内将影响农地制度存续和变迁的非正式制度因素纳入研究的成果并不多见。从宏观性角度看,制度变迁受到双重秩序演化路径的影响,因此在强调外部规则的同时不应忽视传统文化、记忆等内部规则的重要作用,⑧作为内部规则的组成部分,观念因素不仅对农

① 王西玉:《农村改革与农地制度变迁》,《中国农村经济》1998 年第 9 期;J. Y. Lin, "*The Household Responsibility System in China's Agricultural Reform: A Theoretical and Empirical Study*," Economic Development and Cultural Change, vol. 36, no. 3, 1988, pp. 199 – 224; D. G. Johnson, "*China's Rural and Agricultural Reforms: Successes and Failures*," Offices of Agricultural Economics Research, University of Chicago, Working Paper no. 96/12, 1996.

② S. Y. Liu, M. R. Carter and Y. Yao, "Dimensions and Diversity of Property Rights in Rural China:*Dilemmas on the Road to Further Reform*," World Development, vol. 26, no. 10, 1998, pp. 1789 –1806; 杜鹰、唐正平、张红宇:《中国农村人口变动对土地制度改革的影响》,北京:中国财政经济出版社,2002 年。

③ 林毅夫:《中国农业家庭责任制改革的理论与经验研究》,《制度、技术与中国农业发展》,上海:上海三联书店、上海人民出版社,1994 年,第 44—75 页;王小映:《土地制度变迁与土地承包权物权化》,《中国农村经济》2000 年第 1 期。

④ 周其仁:《产权与制度变迁:中国改革的经验研究》,北京:社会科学文献出版社,2002 年,第 1 –46 页;姚洋:《自由、公正和制度变迁》,郑州:河南人民出版社,2002 年,第 173 –181 页。

⑤ S. Rozelle and G. Li, "*Village leaders and land – rights formation in China*," American Economic Review, vol. 88, no. 2, 1998, pp. 433 –438; L. Brandt, S. Rozelle and M. A. Turner, "*Local Government Behavior and Property Right Formation in Rural China*," Department of Agricultural and Resource Economics, University of California Davis, Working Paper no. 02 –004, 2002.

⑥ 姚洋:《集体决策下的诱导性制度变迁—中国农村地权稳定性演化的实证分析》,《中国农村观察》2000 年第 2 期。

⑦ 孙涛、黄少安:《制度变迁的路径依赖、状态和结构依存特征研究—以改革开放以来中国农村土地制度变迁为例》,《广东社会科学》2009 年第 2 期。

⑧ 周业安:《中国制度变迁的演进论解释》,《经济研究》2000 年第 5 期。

地制度变迁产生影响,同时对制度创新也发挥作用。① 与本文的研究更加切近的是,已有的研究提出了"思想解放"的解释,认为农村改革归功于真理标准的大讨论,思想的解冻在制度变迁中发挥了潜移默化的作用。② 与此同时,新中国成立后中国共产党主流意识形态的嬗变与土地政策的演化存在内在关联。③ 从"地方性知识"出发,农民经由土地而产生的一系列社会关系和文化规则属于土地制度的组成部分,民间俗例和社会规范对制度变迁具有重要影响。④ 更近一步,非正式制度往往会规范和协调社会秩序,是影响我国不同区域内异质性次生农地制度的重要因素。⑤

总体而言,现有研究取得了一些有价值的成果,但仍有局限:在时间跨度上,大多聚焦于改革开放以来的农地制度,缺乏较长时间的历史性研究;在研究类型上,现有的描述性研究对于制度为什么变化,怎样变化和变化程度等深层次问题的解释还不够;在理论依据上,多数研究者"只从自己研究的学科领域探讨农村土地制度",⑥整体性、交叉性的研究存在进一步运用的可能。一些研究贡献了较为宏观的视角,如"结构—制度"分析、"多重制度逻辑"以及"制度与生活"等,⑦这些视角从不同侧面解读制度变迁,但对于制度变迁过程并未作出令人满意的解释;⑧在研究内容上,已有成果对非正式制度变量的分析力度还存在不足:一方面,对农民观念、民间俗例的侧重忽视了国家意识形态的统合作用;另一方面,对政治组织偏好和意识形态的倾斜则弱化了"地方性知识"的力量。由此引致的后果是对民众需求和政策供给的互动着墨不多,对制度变迁的复杂性重视不够。

基于此,本文要解决的核心问题是寻找影响和勾连农地制度存续与变迁的关键因素,考察制度变与不变的内在机理,并试图在借助以往新制度经济学分析进路的基础上引入历史制度主义理论,从非正式制度切入,发掘"低效制度的生成与持续"、"农地所有权的稳定性与弹性化"以及"作用于农地制度的关键因素"三者间的内在关联。

---

① 钱忠好:《中国农村社会经济生活中的非正式制度安排与农地制度创新》,《江苏社会科学》1999 年第 1 期。
② 王西玉:《农村改革与农地制度变迁》,《中国农村经济》1998 年第 9 期。
③ 闫素娥:《意识形态与建国后我党农村土地政策的变迁》,《生产力研究》2011 年第 5 期。
④ 朱冬亮:《社会变迁中的村级土地制度》,厦门:厦门大学出版社,2003 年。
⑤ 马贤磊、曲福田:《东西部农村非正式制度与农地制度创新》,《江苏社会科学》2005 年第 6 期。
⑥ 丁军、刘爱军:《中国农村土地制度研究述评》,《江汉论坛》2010 年第 7 期。
⑦ 肖瑛:《从"国家与社会"到"制度与生活":中国社会变迁研究的视角转换》,《中国社会科学》2014 年第 9 期。
⑧ 周雪光、艾云:《多重逻辑下的制度变迁:一个分析框架》,《中国社会科学》2010 年第 4 期。

表 1：中国农村土地制度演变（1949—2015）

阶段	时间	制度名称	制度演变
第一阶段 （1949—1952）	1950. 06	**中华人民共和国土地改革法**	**废除封建地主土地所有制，实行农民土地所有制，买卖及出租其土地的权利。承认一切土地所有者自由经营、买卖及农业互助的权利。**
	1951. 12	中共中央关于农业生产互助合作的决议（草案）	推进农业互助及农业互助组织式的农民组织
第二阶段 （1953—1956）	1953. 02	**中共中央关于农业生产互助合作的决议**	个体所有制开始向具有社会主义性质的制度形式依次演变
	1953. 12	中共中央关于发展农业生产合作社的决议	由个体经济向合作经济，农民土地所有制向集体所有制过渡
	1955. 10	关于农业合作化问题的决议	试办农业生产合作社，将初级社转变为高级社
	1958. 08	中共中央关于在农村建立人民公社问题的决议	"一平二调"、"一大二公"为特征的公社所有制农村土地制度
第三阶段 （1957—1978）	1962. 09	农村人民公社工作条例修正草案（简称六十条）	**"三级所有，队为基础"，恢复农民的自留地与家庭副业。生产队所有的土地一律不准出租和买卖**
	1978. 12	农村人民公社工作条例（试行草案）； 中共中央关于加快农业发展若干问题的决定（草案）	明确规定不许包产到户和分田单干

续表

阶段	时间	制度名称	制度演变
第四阶段（1979—） 过渡和确立期	1979.04	农村工作座谈会议纪要	包产到户是倒退，要求已经搞包产到户的地方要进行纠正
	1979.09	中共中央关于加快农业发展若干问题的决定	不许分田单干，但开了口子，①集体所有，家庭经营的农地制度开始渐次取代公社型集体所有制
	1980.03	全国农村人民公社经营管理会议纪要	极少数特定条件下的包产到户不要硬性扭转
	1980.09	关于进一步加强和完善农业生产责任制的几个问题②	指出包产到户没有复辟资本主义的危险，可以包产到组，可以包产到户，也可以干到户
	1981.12	全国农村工作会议纪要（82年1号文件）	肯定"双包"的社会主义性质（与集体经济相连），突破了"三级所有，队为基础"的体制框架
	1982.12	当前农村经济政策的若干问题（83年1号文件）	高度评价了家庭联产承包责任制并全面推行，提出统分结合的双层经营体制，消除了分歧

① 即"除某些副业生产的特殊需要和边远山区交通不便的单家独户外，也不要包产到户。"从此包产到户有了"孤门独户"的例外，"不许"改为"不要"语气缓和了很多，在当时"谈包色变"的情况下第一次突破思想禁锢。

② 即"75号文件"，包产到户得到认可并开始扩散，为农村政策改革拉开了序幕。

阶段	时间	制度名称	制度演变
第四阶段(1979—) 稳定和发展期	1984.01	关于1984年农村工作的通知(84年1号文件)	规范土地家庭承包制(延长承包期,鼓励增加投资,培养地力),首次提出"土地使用权"概念
	1985.01	关于进一步活跃农村经济的十项政策(85年1号文件)	长期稳定家庭联产承包责任制,调整农村产业结构
	1986.01	中共中央国务院1986年农村工作部署(86年1号文件)	长期稳定家庭联产承包责任制,首次提出"双层经营体制"概念,深化农村改革(统购统销、流通体制等)
	1986.04	中华人民共和国民法通则	首次提出"农民的承包经营权"概念,界定为"财产权"
	1986.06	中华人民共和国土地管理法	不得侵占、买卖、出租或者非法转让土地。国家为了公共利益的需要,可以依法对集体所有的土地实行征用
	1988.12	关于修改《中华人民共和国土地管理法》的决定	家庭联产承包责任制完成了规范化、制度化和初步法制化。土地使用权转让的具体办法另行规定。

续表

阶段		时间	制度名称	制度演变
		1993.03	**中华人民共和国宪法修正案**	**确立了家庭联产承包责任制的法律地位**
		1993.07	中华人民共和国农业法	稳定家庭承包产承包责任制,完善统分结合的双层经营体制。规定农民对承包地的转包、转让,优先承包和继承权
		1993.11	关于当前农业和农村经济发展的若干政策措施	承包期延长30年不变,提倡承包期内"增人不增地,减人不减地"
		1997.06	中办、国办关于进一步稳定完善农村土地承包关系的通知	对稳定土地承包关系进行部署,提出"大稳定小调整",对"两田制"和"机动地"等提出了政策界限
第四阶段(1979—)	稳固和深化期	1998.08	**中华人民共和国土地管理法**	承包期30年上升为法律,严格限制土地调整。**首次提出"土地用途管制度",禁止土地转让用于非农建设**
		1998.10	中共中央关于农业和农村工作若干重大问题的决定	**赋予农民长期而有保障的土地使用权**
		1999.03	中华人民共和国宪法修正案	正式确立以家庭承包经营为基础、统分结合的双层经营体制的法律地位
		1999.03	建设用地审查报批管理办法	加强土地管理,规范建设用地审查报批
		1999.05	国务院办公厅关于加强土地转让管理严禁炒卖土地的通知	农民集体土地使用权不得出让、转让或出租用于非农业建设。农宅不得向城市居民出售
		2001.12	报国务院批准的土地开发用地审查办法	国土资源部审查报国务院批准的土地开发用地的范围、原则、依据、内容、程序等

续表

阶段	时间	制度名称	制度演变
第四阶段(1979—) 完善和转折期	2003.03	国务院关于全面推进农村税费改革试点工作的意见	推进农村税费改革试点
	2003.12	中共中央、国务院关于促进农民增收若干政策的意见	稳定农业生产,促进农业增收,保护农民的土地承包经营权(此后连续12年发布关于"三农"问题的一号文件)
	2005.12	关于废止《中华人民共和国农业税条例》的决定	取消农业税,实现了"均田免赋"的重大战略
	2006.10	国务院关于深化改革严格土地管理的决定	禁止城镇居民在农村购买宅基地。凡占用农用地的必须依法办理审批手续
	2007.12	关于严格执行有关农村集体建设用地法律和政策的通知	农村住宅用地只能分配给本村村民,任何涉及土地用途管制制度
	2008.10	中共中央关于推进农村改革发展若干重大问题决定	逐步建立城乡统一的建设用地市场,同地同权。逐步缩小征地范围
	2013.11	中共中央关于全面深化改革若干重大问题的决定	完善产权保护制度,健全归属清晰、权责明确、保护严格、流转顺畅的现代产权制度
	2014.01	关于全面深化农村改革加快推进农业现代化的若干意见	完善土地承包政策,规范农村集体经营性建设用地入市,完善农村宅基地管理制度,加快推进征地制度改革
	2014.11	关于引导农村土地经营权有序流转发展农业适度规模经营的意见	促进粮食增产与农民增收,积极培育新型农业经营主体,引导土地规范有序流转。所有权、承包权、经营权三权分置,维护所有权,保障承包权,放活经营权

续表

阶段		时间	制度名称	制度演变
第四阶段 (1979—)	完善和转折期	2015.01	关于农村土地征收、集体经营性建设用地入市、宅基地制度改革试点工作的意见	完善土地征收制度、农村宅基地制度，建立农村集体经营性建设用地入市制度，完善土地增值收益分配机制
		2015.02	关于加大改革创新力度加快农业现代化建设的若干意见	**推进农村法治建设，推动"四化"同步发展，推进农村集体产权制度改革，推进农村土地制度改革试点**

注：表中用黑体标注的制度名称是笔者整理的处于变迁节点的制度，制度内容中楷体标注部分为重点关注内容。

资料来源：新中国成立后我国颁行的农村土地制度法律、法规和政策文件。

166

二、黏性分析的引入

正式制度和非正式制度相互联系、相互制约,从某种程度上说,后者甚至比前者更重要,因为大多数社会规则以非正式制度形式表现,而且有的正式制度本身就是由非正式制度脱胎而来。①因此,本文试图探寻非正式制度与正式制度的互动机制,通过建构"黏性分析"的研究框架重新解释长时域农地制度存续和变迁的内在机理。

(一)学术脉络及框架建构

"制度黏性"(institutional stickiness)一词由 Peter J. Boettke 等人首先提出,他们认为诺斯等人的研究指出了路径依赖和文化对制度的重要性,但并未解答这种"历史影响"是怎样起作用的,由此 Boettke 等提供了一个理解制度黏性的框架。②在此基础上,区别于制度持续性与制度弹性的研究框架得以建立,黏性制度的变革受到了关注。③进一步,制度黏性依赖于包括主流政治文化在内的社会因素的结合。④国外学者通过对技术、文化等因素的考察分析了制度黏性的强度,认为与前述因素距离越远,制度黏性越弱。⑤

综合看来,Boettke 等人主要是从新发展经济学视域下考察外生制度、内生制度与地方性要素的互动及其对经济增长的影响,制度黏性因其与本土性文化的距离远近而减弱和增强;Ali Burak Güven 则主要通过中层部门视角(sectoral perspective)和连续性概念(notion of continuity)的精确建构阐释了黏性制度的改革;而 Krasnozhon 侧重于从社会文化因素考察制度黏性的影响;平乔维奇(Pejovich)较早的研究也曾指出民主制度和地方性知识的社会距离引发了诸如接纳、检查和执行

---

① D. C. North, *Institutions, Institutional Change and Economic Performance*, New York: Cambridge University Press, 1990.

② P. J. Boettke, C. J. Coyne and P. T. Leeson, "*Institutional Stickiness and the New Development Economics*," American Journal of Economics and Sociology, vol. 67, no. 2, 2008, pp. 331 – 358.

③ Ali Burak Güven, "*Reforming Sticky Institutions: Persistence and Change In Turkish Agriculture*," Studies in Comparative International Development, vol. 44, no. 2, 2009, pp. 162 – 187.

④ Leonid A. Krasnozhon, "*Institutional stickiness of Democracy in Post – communist States: Can Prevailing Culture Explain It?*" Review of Austrian Economics, vol. 26, no. 2, 2013, pp. 221 – 237.

⑤ P. T. Leeson, "*Social Distance and Self – enforcing Exchange*," Journal of Legal Studies, vol. 37, no. 1, 2008, pp. 161 – 188.

等交易费用。①

不同于制度持续性、路径依赖和供给滞后等概念,"制度黏性"更具开放性、连通性和动态性,黏性的生成直接作用于制度存续,黏性的稀释则内蕴于制度变迁,由此这一概念也将制度的存续和变迁统摄于一个整体性框架内,实现了二者间的通联,突出了制度的动态性和复杂性。因此,在农地制度分析中引入这一概念能够为我们提供更加多元、系统和精细化的理解。正是基于这种判断,本文对已有的黏性概念进行吸收和再造,提出"黏性分析"的研究框架,将"黏性"的内核与历史制度主义理论相融汇,结合现实经验与研究需要将其界定为正式制度存续的稳定状态和"正常时期",并预设(1)农地制度黏性具有特定生成机理,黏性一旦生成,制度即受其影响,不会随着需求和绩效等外部因素的变化而变化;(2)非正式制度对制度黏性具有稀释或强化作用。至此,借助制度黏性的核心概念,我们初步建立了分析农地制度存续和变迁的"黏性生成－黏性稀释"研究框架。

(二)分析进路与核心命题

在运用"黏性分析"的研究框架时,我们主要从三个方面提升其对现实的回应性和解释力。第一,制度黏性具有普遍性,这种黏性一旦生成,无论是合理的制度还是低效的制度都会受其影响,从而具有一定时期的持续性。第二,制度黏性的生成或强化与其所处场域具有紧密联系,在解读制度存续时应将共时性分析和历时性分析相结合,即一方面要把握制度所处的政治社会背景,另一方面也要检视制度存续的历史性因子。第三,制度黏性并非铁板一块,在特定时期和特定因素的长期作用或突发刺激下,制度黏性被冲淡,此时制度变迁得以生发。以上分析进路建立了制度存续和制度变迁之间的密切联系和逻辑循环,二者既交替发生又相互作用,且作用的方向和程度存在多元性。

将"黏性分析"研究框架引入到农地制度存续和变迁的具体分析,本文试图提出和验证以下研究命题:

P1:农地制度黏性的生成受制度环境和路径依赖影响,前者是共时性影响因子,后者是历时性因子,二者共同作用于农地制度的存续和稳定。

P2:农地制度黏性在特定时期会被稀释,这一时期就是制度变迁的断裂节点,但制度变迁的方向和程度并不固定,非正式制度在此过程中可能发挥关键作用。

---

① S. Pejovich, "*Understanding the Transaction Costs of Transition: it's the culture, stupid*," Review of Austrian Economics, vol. 16, no. 4, 2003, pp. 347－361.

提出非正式制度的作用,主要基于以下考虑:首先,制度的构成要素包括正式规则、非正式规则以及有效的实施,①它们共同框定了经济激励结构。一般来说,如果非正式制度与正式制度相适应,那么可以提高制度绩效。如果非正式制度滞后甚至与正式制度不相容,二者之间的"紧张"将阻碍正式制度的实施,消解正式制度的效率。其次,新制度经济学和新制度主义政治学关注非正式制度,但尚未把研究触角伸向农地制度领域。最后,非正式制度对制度变迁的作用机理显然还未引起国内学界的重视,已有的关注也并未形成系统的分析框架。因此,我们在分析农地制度存续与变迁机理的过程中将非正式制度因素引入,尝试建构新的分析进路。

研究已经民拥护共产党建立新政权的回馈,也是当时主流思想观念同广简言之,本文以正式制度"黏性"为起点,试分析其生成原因并以此解释农地制度的存续。选取非正式制度因素作为关键变量,探寻它对制度黏性的稀释,进而对制度变迁的推动作用(图1)。进一步,本文试图建立农地制度存续和变迁的整体性分析框架:以"正式制度↔非正式制度"的互动机制作为核心观照,形成"黏性生成 - 黏性稀释"的分析进路,借此解读我国农地制度的存续和变迁机理。

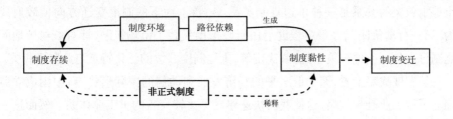

图1 农村土地制度变迁的分析框架

三、现实经验的回应与验证

"黏性分析"框架试图通过建构新范式对农地制度进行更细致、系统的解释。同时,新范式的建构不能停留在精巧的模型或抽象的文本上,必须经过现实经验的验证。下文以新中国成立以来的现实经验为依托,论述农地制度黏性的生成和稀释,借此考察农地制度存续与变迁。

---

① D. C. North, *Institutions*, *Institutional Change and Economic Performance*, New York: Cambridge University Press, 1990, pp. 36 – 53.

（一）制度环境与路径依赖：农地制度黏性的生成

根据命题 1，制度环境和路径依赖通常是引起农地制度黏性重要变量，二者从不同侧面阐释了制度存续的原因。历史制度主义者也强调制度产生和演变的"背景"，重视制度演进和制度起点之间的关联，认为现有制度是历史进程的遗产。基于此，本文分别借助制度环境和路径依赖概念来考察制度黏性的成因，并试图解读这种制度黏性对制度存续的作用机制。

1. 制度环境

作为一个复杂多元的网络结构，制度环境直接作用于具体制度的存续和变迁，因此不能仅仅关注微观、单一的制度因果链条，而应把握具体制度所镶嵌的整个体系。基于这种认识，我们分别从宏观和中观角度考察中国农地制度面临的制度环境。在宏观方面，选取"体制模式"、"发展战略"和"改革方式"三个维度来展开分析，①这三个维度分别约束着制度变迁的方向、制度目标的侧重和制度供给的方式。

从体制模式上看，我国曾采用计划经济体制和"全能主义"政治体制，与此相适应，供给主导型制度变迁方式逐渐形成并巩固。② 这就决定了我国农地制度环境具有以政府为主导的强制性特征，微观主体的谈判能力和契约地位不强，农村土地承包契约关系是一种单边规制关系。③ 自上而下的制度变迁方向使政府成为"第一行动集团"，在一定程度上用行政干预代替了市场机制，针对农村土地问题制订出各项土地政策、办法和决定等，土地制度存续的泛化特点与此紧密相关。

从发展战略上看，囿于低水平的经济发展和动荡的国际形势，新中国成立后确立了重工业赶超战略，这使我国快速建成了比较完备的重工业体系。然而这一战略的缺陷在相当长时期内难以扭转："经济发展战略、资源配置体制与微观经营主体构成'三位一体'的整体，在资本稀缺的农业经济中，以重工业优先作为发展战略，就会形成扭曲要素和产品价格的宏观政策环境，内在生成以计划为基本手段的高度集中的资源配置制度和没有自主经营权的微观经营机制"，④其实践体

① 对中国农地制度进行宏观考察的三个维度受到林毅夫等人研究的启发，参见林毅夫、蔡昉、李周：《中国的奇迹：发展战略与经济改革》，上海：上海人民出版社，1994 年。

② 杨瑞龙：《我国制度变迁方式转换的三阶段论—兼论地方政府的制度创新行为》，《经济研究》1998 年第 1 期。

③ 孙涛、黄少安：《制度变迁的路径依赖、状态和结构依存特征研究—以改革开放以来中国农村土地制度变迁为例》，《广东社会科学》2009 年第 2 期。

④ 林毅夫、蔡昉、李周：《中国的奇迹：发展战略与经济改革》，第 15－16 页。

现即工业的国有化与农业的人民公社化。此外,发展战略有助于解释土地制度存续的冲突特点,制度的冲突正是优先发展大城市和重工业战略与新型发展战略之间的摩擦。

从改革方式上看,中央政府的改革以微观环节为切入点,宏观政策环境的改革相对滞后,微观单位自主权的扩大推动了市场结构替代传统结构的制度变迁过程,家庭联产承包责任制即十一届三中全会以来微观环节放权让利改革的重要成果。同时,这种改革方式决定了我国农地制度的供给呈现微观放活、宏观滞后的特点,造成了农地制度存续结构上的不适应和制度供给的真空地带,并诱发了以制约增长速度和旧体制周期复归为表征的"治乱循环"现象。

在中观层面,不同阶段的农地制度都面临着相应的制度环境。如果仅对每个新制度起源时的制度环境进行分析,我们很可能忽略制度环境的稳定性特征,也不可能发现制度环境作为共时性因子对农地制度存续的作用。实际上,抛开制度变迁的关键节点和制度环境的重大变化,制度环境对农地制度的作用更多地表现为"存续"而非"变迁"。新中国成立以来我国农地制度大致经历了四个阶段,而在每一阶段的时间跨度之内,制度环境在发生重大变革之前对农地制度的作用主要是维持性的。

土地革命时期,中国共产党的新民主主义革命能取得成功,很大一部分原因是满足了农民的土地诉求。土地问题历来是中国革命和农民起义的核心问题,平分土地是在革命胜利后进一步回应农民需求的举措。建国初期,国家面临着国内外各种威胁和挑战,推行土地改革,兑现均田承诺,有助于提升人民群众的国家认同。与此同时,经过长期战乱的新中国生产力较为落后,实行农民土地所有制可以调动农业劳动者的生产积极性,促进农业生产和国民经济的恢复和发展。因此,新民主主义革命的成功和新中国成立这一制度环境使土地改革得以迅速推进,并保持了一定时期的存续和稳定。

农业合作化时期,农民个体经营的发展限度逐渐显露,生产的分散性限制了农业经营规模,无法持续扩大再生产,而单个农户经济力量的薄弱往往导致生产工具不足,农田水利设施建设难以推进,导致农业对自然灾害的抵御能力较差,这种现实生产条件的制约是当时推进农业合作化的重要背景。此外,农村出现了两极分化趋势,①1955年,毛泽东在《关于农业合作化问题》的报告中提出农村新富农和"资本主义自发势力"不断发展,造成了对贫农经济地位的威胁,如果任其发展,农村中的两极分化必然会更加严重。对农村形势的这种判断是提出过渡时期总路线、推进农业合作化并保持其稳定存续的重要依据。

人民公社化时期,中苏关系几经波折最终破裂,严峻的国内外形势迫使国家统合力量,大力推动工业化,这就要求克服农业分散经营的弊端,为工业发展提供保障。此外,当时在一些地区已经出现了人民公社。《中共中央关于在农村建立人民公社问题的决议》指出:"在克服右倾保守思想,打破了农业技术措施的常规之后,出现了农业生产飞跃发展的形势……在目前形势下,建立农林牧副渔全面发展、工农商学兵互相结合的人民公社,是发展的必然趋势"。② 在这样的政治环境下,1958年5月,中共八大二次会议通过了"鼓足干劲、力争上游、多快好省地建设社会主义"的总路线,人民公社化运动在全国掀起了高潮。在现实环境尤其是政治环境的影响下,内源型的资本积累和工业发展方式使农地制度黏性大大增强,人民公社化时期的农地制度持续了20余年。

家庭联产承包责任制时期,农地制度演进与改革开放的步伐基本一致。改革开放初期,"农业学大寨"依然占主流地位,集体农业生产的"磨洋工"造成了农村的极度衰败。以情况较为严重的安徽省为例,1977年有90%的生产队不能维持温饱,有很多"生产靠贷款,吃粮靠返销,用钱靠救济"的"三靠县",甚至有10%的队仍在生存线上挣扎。极度的贫苦和部分地区的自然灾害逼出了小岗村包产到户的自发探索,人们开始寻求与接受新的农业生产发展模式,突破了传统的禁区。此后随着改革开放的纵深推进和政治环境的进一步优化,家庭联产承包责任制逐渐形成并实现了长期化、规范化和初步法制化。进入新世纪,"三农"问题引发了更加广泛的关注,农地制度与农业现代化、工业化和新型城镇化协同发展,农村税费改革、新农村建设和统筹城乡发展等宏观制度环境对农地制度黏性产生了显著影响,此后全面深化改革的共识不断凝聚,大大开阔了我国农业发展的道路。从整体上看,家庭联产承包责任制时期的制度环境使这一制度得以存续,并不断得到优化。

---

① 苏少知:《论我国农村土地改革后的"两极分化"问题》,《中国经济史研究》1989年第3期。

② 《中共中央关于在农村建立人民公社问题的决议》,2005年1月6日,http://news. xinhuanet. com/ziliao/2005 – 01/06/content_2422854. htm,2015年1月8日。

至此,农地制度黏性的生成机制就不难理解了,从宏观层面看,构成制度环境的体制模式、发展战略和改革方式引发了农地制度黏性。从中观层面看,每个阶段的政治社会环境对制度黏性产生了强化或维持等多个面向的作用,维持了高效或低效农地制度的存续。此外,制度安排也是历史"惯性"的产物,其变迁方向、程度和绩效都受到"路径依赖"的影响。

2. 路径依赖

路径依赖强调初始制度设置的重要性和制度纠偏的成本。如果初始制度配置科学,接近或达到制度耦合状态,制度变迁进入良性循环状态;如果制度设计不科学,或原来与市场需求相适应的制度安排,随着时间的推移而出现制度时滞,那么制度变迁通常会陷入"低效闭锁"的恶性循环状态,表现出一种"内卷化"效应。路径依赖性使农地制度黏性得以强化,较高的纠偏成本使农地制度调整多为渐进性的边际调整,因此即使是低效的农地制度也可能长期存在并难以破解。

农地制度路径依赖性的主线是土地"所有权－经营权"的不同配置方式。虽然现行农地制度与新中国成立初期相比发生了根本性的改变,但其变迁过程由于受路径依赖影响而经历了"四步走"的边际调整过程,不同阶段的农地制度或存在所有权上的沿袭,或存在经营权上的因循。从所有权角度分析,我们会发现集体所有权的路径依赖性更强,农民拥有土地所有权仅仅持续了7年(1949—1956),而集体作为土地所有权主体却从人民公社时期一直持续至今(1958—2015),并且在可预见的将来还会持续下去。

农地制度路径依赖性的特征主要有三方面,一是制度内核的延续性,二是产权格局的稳定性,三是经营形式的分散性。[①] 自1958年以来,农地的所有权主体一直是"集体",虽然"集体"的意涵随着制度调整有所变化,但集体所有的框架从未被突破,这种制度内核一直延续至今。在集体所有的框架内,地权的分解(使用权、经营权及承包权的分离)在一定程度上解决了农民生产积极性和粮食供给等问题,但就所有权而言,农地的产权格局具有高度的稳定性。此外,改革开放以来的农地制度改革以稳定社会功能为目的,以家庭经营为起点,使得农业规模经营的制度供给无法摆脱路径依赖的影响,农地经营呈现出规模不断细化的分散性特征。

造成这种路径依赖性的本质原因包括以下几个方面:一是制度目标的初始设

---

① 邓大才:《农业制度变迁路径依赖及创新》,《经济理论与经济管理》2001年第3期。

定。在改革初期,制度目标主要是解决温饱问题、增加粮食产量,对农地制度的总体目标和实施路径缺乏系统和明确的设计。随着实践的发展,这种以增产为目的,以发挥土地社会功能为起点的改革与农民的增收需求和经济效益的提升越来越不适应。二是路径选择的成本考量。农地制度改革是多项制度安排和发展战略的节点,对其进行改革就必须辅之以多项配套改革措施,涉及领域广,改革成本高。三是制度改革的成本分摊机制使得推行改革的政府部门需要支付成本和代价,决策者往往选择维持不变。此外,权利和租金的垄断者也会提升农地制度变迁的成本,从而引发一定时期内的体制锁定。由此,初始制度限定了后续改革范围,制度起点规制了演进路向,制度变迁的成本降低了决策者行动的可能性。

值得注意的是,虽然制度环境和路径依赖诱发了农地制度的黏性,使制度得以存续,但制度的变迁的动力也是多元的,尤其是非正式制度的存在和演变对制度黏性的稀释发挥着关键作用。

(二)非正式制度渗入:农地制度黏性的稀释

已有的研究成果认为,非正式制度具有自发生成性、非强制性、广泛渗透性和长期持续性特征,往往构成正式制度的实施基础,对行为规则起着拓展、限制和细化作用。① 历史制度主义特别关注制度之间的连接问题,将制度状态分为正常时期和关键节点时期,分别指代制度的存续和断裂状态。在制度断裂的关键节点上,制度演变摆脱路径依赖的影响,制度黏性得到稀释,从而使变迁得以发生。

由命题2出发,非正式制度对社会经济发展具有促进或阻碍作用,对正式制度配置的作用也是双重的。非正式制度与正式制度的协调或紧张关系是影响制度变迁和制度绩效的重要因素,在某些情况下,前者对后者具有决定性作用。所以,在制度变迁的关键节点上,往往伴随着非正式制度与制度体系的冲突,直至达成新的平衡。基于此,本文选取非正式制度中的思想观念和意识形态作为观察指标,②分析新中国成立后四阶段农地制度变迁的发生机制,即非正式制度的渗入对正式制度黏性的稀释机制。

---

① 斯韦托扎尔·平乔维奇:《产权经济学:一种关于比较体制的理论》,蒋琳琦译,北京:经济科学出版社,1999年,第4-6页。

② 选用意识形态和思想观念作为分析非正式制度的指标主要是基于以下考虑:一,意识形态在非正式制度众因素中具有先验性、主导性,处于核心地位,其他因素在一定程度上内蕴于意识形态;(二)风俗习惯和传统文化等可能存在地域差异,思想观念更具宏观性和普遍性。

1. 第一阶段:1949 年—1952 年

土地改革阶段,农地制度变迁的关键性节点是新中国的成立,此时土地产权状态转变为农民个体所有,农民有自由经营、买卖及出租其土地的权利。在思想观念方面,这一时期占主导地位的是"耕者有其田"的朴素愿望,人们普遍认为"封建地主土地所有制"是农村经济和中国社会发展的桎梏,农民迫切要求得到土地,摆脱地主阶级的压迫。这种观念恰好与政府巩固新生政权,恢复和发展农业生产等政治考量相适应。因此,新中国成立后土地改革迅速开展,至 1952 年底,国家通过制度供给和强制力量使 3 亿多农民无偿获得了 7 亿多亩土地。将封建地主土地所有制转变为农民土地所有制,既实现了新民主主义革命任务,又回应了长久以来"不患寡而患不均"的平均地权思想,是国家对土地改革实践的总结,也是当时主流观念同民众需求相契合的成果。

从意识形态上看,革命型意识形态在新中国成立初期占主导地位,《土地改革法》以法律形式确认农民的土地产权,是"新民主主义革命的逻辑延续和实践展开",①也是中国共产党完成遗留革命任务的过渡性安排。另一方面,对"美好平均主义世界的终极目标的承诺,是革命意识形态的合法性基础",②在解放战争时期,中国共产党通过土地改革使农民取得土地,获得了战争的胜利,新中国成立后继续推行的土地改革同样是为了打破地主对土地的垄断,向平均土地的目标迈进。此外,新中国成立后,原有的社会结构被打破,各项社会事业百废待兴,这些转折对执政者和全社会的意识形态产生了重大影响,农地制度的改革,正是由这种意识形态逐渐上升为政策和法律的。

总体上看,这一阶段基层群众的需求与上层价值目标存在契合点,从而使得根本性的制度变迁得以发生,经济效益得到大幅提升。然而,此后个人私有制对社会主义精神的冲击和个体小农的局限性也慢慢凸显,随着过渡时期的临近,影响农地制度变迁的意识形态发生了显著的变化。

2. 第二阶段:1953 年—1956 年

合作化运动阶段,农地制度变迁的关键性节点是过渡时期总路线的提出和社会主义改造战略的实施,此时农地所有权形态为农民所有,集体经营。在思想观念方面,1953 年过渡时期总路线提出,国家对非社会主义经济进行改造,"没有农

① 闫素娥:《意识形态与建国后我党农村土地政策的变迁》,《生产力研究》2011 年第 5 期。
② 萧功秦:《从转型政治学看中国意识形态创新的特点》,《浙江学刊》2006 年第 4 期。

业社会化,就没有全部的巩固的社会主义",①"一化三改"成了过渡时期的核心任务,而农业的社会主义改造(农业合作化)就是其中的组成部分之一。党中央认为农业个体经济较为分散和脆弱,存在两极分化的危险,也不能满足工业发展的原材料需求,必须"组织起来"。国家力主追求高尚纯洁的社会精神面貌,高度重视改造人的主观世界,在三个改造的宣传和实施过程中,对广大人民群众也进行了一次深刻的社会主义思想教育。刚刚"翻身解放"的农民对社会主义思想较为支持,思想重建的努力也对人们的观念产生了深刻的影响,这也是当时的土地政策得以顺利推行的非正式制度原因,而这种社会主义的制度实践在一定程度上又进一步加固了群众的思想观念。

在意识形态方面,对社会主义价值目标的追求占据主导地位,对马列主义和毛泽东思想的宣传、对反马克思主义的批判是这一时期的主流意识形态。中央虽然明确了"疾风暴雨式的阶级斗争基本结束",但依然强调意识形态的重要作用。此时由新民主主义社会向社会主义社会过渡、实施社会主义改造是民众与国家都认同的意识形态,在此背景下,农民土地私有制没有生长的土壤。中央早在1951年12月就对推进农业互助和农民组织发展做出了部署,②1953年2月发布了《中共中央关于发展农业生产合作社的决议》。自此农业合作化运动进入新阶段,并提出了"互助组-初级社-高级社"的发展蓝图。此后的相关政策加速了农业合作化进程,确认了合作社的集体经济性质。③1955年初,毛泽东提出了"农村社会主义风暴"即将到来的预示,七届六中全会召开后各地掀起了"社会主义的高潮",入社农户占全国农民比例在1955年10月是32.5%,1956年12月为96.2%,农业合作化在1956年底基本实现。

总体而言,农业合作化是中国共产党"团结和领导动摇的小生产者",用合作社巩固领导权的策略选择与农民对社会主义思想认可,发展生产的迫切要求相结合的产物,推动了农地制度向第二阶段变迁。此后,农民逐渐产生了思想上的犹疑和顾虑,1956年下半年在各地开始出现了"拉牛退社"的现象,中央因此开展了两条道路大辩论的社会主义教育运动,制止住了退社风潮。在此进程中,制度惯

---

① 毛泽东:《论人民民主专政》,北京:人民出版社,1975年,第15页。

② 详见《中共中央印发<关于农业生产互助合作的决议(草案)>的通知》,2004年12月15日,http://news.xinhuanet.com/ziliao/2004-12/15/content_2337342.htm,2015年1月8日。

③ 如《中共中央关于发展农业生产合作社的决议》、《关于农业合作化问题的决议》。

性和意识形态刚性的力量不容忽视,以政治运动方式追求高度组织化目标的农业合作化运动为下一步的人民公社化提供了思想条件。①

3. 第三阶段:1957年—1978年

人民公社化阶段,农地制度变迁的关键性节点是加速建设社会主义、"跑步进入共产主义"的战略,这一时期的农村土地产权状态是集体所有,集体经营。在思想观念上,由于受到国内外形势和急躁冒进的工作思路影响,这一时期在经历了全面建设社会主义的短暂思想导向后立即转向了"左"倾思想。1958年"大跃进"迅速蔓延,"共产风"泛滥,同年通过的《关于在农村建立人民公社的决议》认为"共产主义的实现已经不再遥远",仅两个月后就在全国基本上实现了人民公社化。人民公社体制下,高级社的一切财产无偿归公,生产资料公有化、劳动成果统一分配、社员共同劳动等特点鲜明地体现了当时追求社会关系的绝对公平和所有制的纯洁性政策指向。

在意识形态上,决策者未能抓住农村发展困境的真正原因,而是希望通过群众性政治运动等手段革除旧意识形态,以新的意识形态来整合民众,提升制度的合法性。由此导致了制度和现实的进一步脱节,发展困境更加明显,进一步加剧了意识形态刚性,直到1966年演化为"以阶级斗争为纲"的极端意识形态。在此过程中人们感受了意识形态的巨大力量,意识形态与制度装置之间陷入极不协调的状态,造成极其严重的利益漏失和效率损耗,人民公社时期农民的"出勤不出力","大田种不过自留地"即是明证。此后进行的纠"左"和"三级所有、队为基础"的调整未能挽回农业发展的颓势甚至停滞,以阶级斗争和学习班等方式对农民进行的思想驯化也收效甚微。

客观上说,人民公社化运动是受"左"倾思想影响的决策结果,当时"试验大同世界的理想"和农村社教的政治压力与农民改变现状的愿望存在结合点,正是在这种意识形态的引领下形成了"组织军事化、行动战斗化、生活集体化、政社合一"的人民公社体制。囿于当时的现实困境,执政者"优先发展重工业"的偏好使"通过在农村迅速建立公有制成为当时在既定的约束条件下实现对农村的超经济控制的理性选择",②人民公社体制在一定程度上也是国家赖以提取农业剩余的制

---

① 杜润生:《杜润生自述:中国农村体制变革重大决策纪实》,北京:人民出版社,2005年,第58-66页。

② 邵传林、冯振东:《中国农地产权制度60年:历程回顾与变迁评判》,《经济与管理研究》2009年第10期。

度基础。

4. 第四阶段:1978 年至今

家庭联产承包责任制阶段,农地制度变迁的关键性节点是"解放思想,实事求是"宣言和"改革开放"重大决策带来的思想观念和意识形态的转换,集体所有、家庭经营的农地制度在这一时期开始逐渐取代公社型集体所有制,并得到稳定和完善。①

在过渡和确立时期,农民面临巨大的生存压力,"共产主义是天堂,人民公社是桥梁"的宣传话语被广大群众的"生存伦理"所突破,个别地区的农户顶着巨大的政治风险订立了"赌咒契约",自发进行包产到户的改革。在此背景下,思想观念的转变再一次发挥了巨大的作用,真理标准问题的大讨论、"三个有利于"标准的提出和"解放思想、实事求是"思想路线有力推动了国家经济发展和农地制度变迁,使个别地区的改革实践扩展到了整个国家,制度变迁的扩张效应明显:到 1983年,"实行大包干的生产队数达 57.6 万多个,占当年实行责任制生产队总数的 98.3%"。②

在稳定和发展时期,包产到户的争议消除,社会阶段论、社会主义本质论和社会主义市场经济理论相继提出,包括学术界对农地制度长达 10 余年的持续性研究,引领了社会主义建设事业,激发了广大干部、群众的思想转变。1982 年中央"一号文件"获得了广大群众的强烈反响,此后四年的中央一号文件连续聚焦农业发展,为长期稳定和规范家庭联产承包责任制,调整农村产业结构和深化农村改革指明了方向。与此同时,基层也对土地使用制度安排进行了积极的探索,如两田制、规模经营、土地股份合作制和"四荒"使用权拍卖等。

在稳固和深化时期,出现了思想观念方面的新问题,一是温饱问题基本解决后,过度重视土地的社会保障和提供"口粮"功能与农民"增加收入"的要求产生了矛盾,也和既存的制度结构之间出现了不适应。二是长期存在的"重城轻乡"、"重工轻农"等观念的"惯性"仍然巨大,使农地制度变迁难以突破城乡分割的状态,农民权益受到了侵害。另一方面是要求从根本上变革农地制度的呼声渐弱,

---

① 由于家庭联产承包责任制阶段的时间跨度较大,本文在前人研究基础上将其细分为四个时期,即过渡和确立时期(1979—1983)、稳定和发展时期(1984—1992)、稳固和深化时期(1993—2002)、完善和转折时期(2003 至今)。

② 张红宇、刘玫、王晖:《农村土地使用制度变迁:阶段性、多样性与政策调整》,《农业经济问题》2002 年第 2 期。

全社会就完善现行制度达成了思想共识,中央提出了土地承包关系再延长 30 年不变,鼓励增人不增地、减人不减地,允许土地使用权依法有偿转让,制度内涵得到较大拓展。

在完善和转折时期,整个社会也处于转型阶段,中央经济集权观念的刚性、地方政府以地生财的偏好以及农民模糊的产权意识相叠加,致使农地制度的缺陷集中凸显,出现了土地审批的种种问题、地方财政对土地的严重依赖以及农民土地权益的损失。另一方面,"三农"问题引起了全社会的高度关注,农村改革的诉求更加强烈。在这样的思想环境和现实条件下,国家先后推动了农村税费改革、农民增收等一系列举措,使农村的改革发展进入到了新的时期。

意识形态方面,改革开放以来的意识形态强调以经济建设为中心,但在推进改革的过程中也出现过新旧思想的紧张,并一度使改革陷入停滞。1978 年 12 月,十一届三中全会发布的决定为农地制度戴上了"两个不许"的"紧箍咒"。[1] 一面是严峻的农业发展形势,一面是强大的意识形态压力,整个社会存在较大的思想分歧,"谈包色变"是普遍现象,这种争论和忧虑直到 1980 年 7 月才有所缓和。[2] 1980 年 5 月,邓小平指出包产到户的地区"都增产了,效果很好";1981 年 12 月,第一次全国农村工作会议召开,形成了 1982 年的一号文件,直至 1992 年的南方谈话最终统一了认识。此后的主流意识形态促进了农地制度改革的深化,包括家庭承包经营制度的完善和创新,农地管理制度的法制化建设等方面。21 世纪以来,主流意识形态推动了农地制度的创新和发展,包括稳定和完善农村基本经营制度、现有土地承包关系长久不变,改革征地制度,保障农民合法权益,健全严格规范的农地管理制度等。[3]

党的十八大和三中全会以来,全面深化改革和依法治国的思想与意识形态凝聚了全社会的共识,政府、集体、个人的观念逐步向"改革是最大的红利"转变,这对农地制度改革产生了积极影响。步入经济社会和农村发展的"新常态"后,我国在既有框架内对农地制度进行了总体设计,提出了转折性目标,农地制度变迁进入了更加活跃的新阶段。

---

① 即不许分田单干,不许包产到户。

② 1980 年 7 月,省委第一书记座谈会召开,杜润生在会上指出包产到户效果显著,没有复辟资本主义的危险,与会者达成妥协,形成了著名的"75 号文件"。

③ 邵彦敏:《农村土地制度:马克思主义的解释与运用》,长春:吉林大学出版社,2012 年,第 75 - 88 页。

　　综观整个第四阶段的农地制度变迁,国家通过意识形态适应和引领制度变革,使二者达成新的均衡,充分发挥了意识形态为制度配置提供解释、辩护和社会整合的功能,保障了土地制度的顺利运行,降低了改革的成本,同时也使我们认识到了意识形态发展的反复性。意识形态对正式制度的作用是复杂的、长期的、双向的,意识形态既可能促进也可能阻碍正式制度变迁,而制度变迁既可能是正向的,也可能是反向的。一条普遍的规律是:意识形态先于正式制度而存在,指引行为者创造制度变革的条件,并逐渐使主流意识形态演变为政策、法律等正式制度形式。正式制度反过来又会影响意识形态,二者不断的生产与再生产。农地制度变迁可能永远没终点,这种制度变迁机制不断地推动制度在均衡与非均衡状态之间的转化。

四、总结与讨论

（一）研究发现

　　农地制度变迁是新中国成立后整个制度变迁的缩影,与政治、经济、社会、文化的发展和转型存在广泛的关联,因此我们的研究重点是将替代性研究框架运用于农地制度变迁的具体分析。研究发现,第一,中国农地制度具有黏性,这种黏性对农地制度呈现出两个面向的影响,即黏性生成后对农地制度存续的维持和黏性稀释后对农地制度变迁的推动;第二,制度环境和路径依赖从不同的侧面形塑了制度变迁的黏性状态。① 一方面,构成制度环境的体制模式、发展战略和改革方式从宏观上对同期农地制度的存续状态产生了广泛而深刻的影响。而不同阶段的政治环境从中观上不同程度地作用于农地制度的稳定性,对于制度黏性具有强化和维持等多个面向的作用。另一方面,路径依赖性通常会使制度变迁陷入“低效闭锁”的恶性循环,难以突破制度的凝滞和固化状态。第三,当前学术界关注较少的非正式制度因素在特定的政治、历史条件约束下对农地制度的配置和变迁具有重要作用,思想观念和意识形态等非正式制度因素是稀释制度黏性的关键变量,由此也验证了新制度经济学中的“主观主义模型”和意识形态理论。具体而言,“耕者有其田”思想与革命型意识形态使土地改革成为当时的理性选择;社会主义思想与批判型意识形态推动了农业合作化运动;“左”倾思想将农地制度引向

---

① 严格来说,二者的作用向度是双向的,即制度黏性受制度环境和路径依赖的影响,而这种受影响的黏性状态又进一步作用于制度环境和路径依赖。

人民公社化;实事求是思想与建设型意识形态将工作重心扭转到经济建设方面,这使家庭联产承包责任制的持续完善以及土地制度创新获得了非正式制度条件。

至此,我们完成了"黏性生成 – 黏性稀释"研究框架在农地制度变迁中的逻辑演进和理论解释。框架的核心观照是正式制度与非正式制度的互动机理。无论是权力主体、利益集团,还是个体行为者,其理性都会受到特定制度的塑造,既有的思想观念、意识形态和个人偏好等非正式制度因素只有扎根于正式制度之后才具有规制和激励作用,由此正式制度和非正式制度之间的"互构"或"紧张"状态不断演进,推动着彼此的进一步变迁和循环。制度变迁的一条重要路径是非正式制度向正式制度形态转换(政策化和法律化),二者相依共生,相辅相成。

理解中国的制度变迁,必须首先把握上层的价值目标取向与基层民众的需求。在实践中,如果原有制度出现不适应,不能满足群众需求,民众会将这种不满的思想投射到顶层,决策者对民众需求或基层实践进行风险评估,判断可能发生的制度变迁的性质。如果制度变迁的需求与顶层偏好契合,那么变迁发生,反之,这种需求就得不到制度化的反馈和国家层面的推行,甚至可能成为意识形态的批判对象。进一步,以契合点的存在为前提,上层通过社会舆论的方式营造意识形态,进行改革动员,意识形态的改变又会反过来影响社会舆论的进一步配合,只有二者不断的互动和强化,才能使制度变迁进入到制度化实施准备阶段,[1]最终推动制度变迁(图2)。

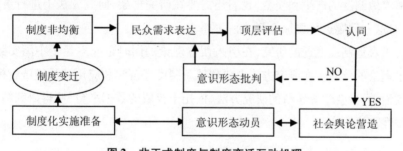

图2 非正式制度与制度变迁互动机理

不可回避的是,思想观念、意识形态等要素对正式制度的影响是多面向的:既可能引致不合理制度的崩解,促进新制度的建构,也可能维护甚至"加强"不合理

---

① 改革动员和制度变迁的准备阶段一般会通过官媒宣传、领导讲话、内部文件、决策听证甚至政策试点等方式进行。

制度。因此,应该注重从历史文化的视角理解农地制度的产生和演变,重视非正式制度的演化,引导思想观念,避免意识形态僵化和对峙,充分发挥非正式制度的解释性、合法性和社会整合功能,使农地制度与政治制度、经济实践相互促进。

从更宏观的视角来看,国家治理体系和治理能力现代化战略,就是在社会转型和矛盾频发背景下力图解决社会公平公正问题,而解决这一问题最接地气的选择是要解决好土地制度问题。因此,全面深化改革的意识形态和公共政策都应彰显这一基本判断,使广大民众不仅分享改革红利,而且更加积极地创造价值。当然,关于如何提升土地制度对社会问题和改革战略的回应,我们还需要更深入的研究。

(二)研究展望

当前,各项农地制度设计和试点相继进行,作为社会重大现实问题,今天的农地制度改革相较于过去更加艰难,更需审慎,因而围绕农地制度进行的研究相较于过去也更具重要性和针对性。在当前的经济体制和政治生态下,农地制度的变迁是多因素叠加、多主体参与及多元诉求共存的重大问题,其复杂程度非同一般,如何对农地制度进行实践层面上的改良和学理层面的分析是一个很大的挑战。"黏性分析"框架的提出试图将制度变迁研究引向历史的、文化的和整体性的视角,通过制度黏性解释制度的产生、维持、特征和演变。与此同时,由于客观条件限制,本文的分析在一定程度上简化了制度演变的复杂机理,有些问题未能涉及。要理解农地制度的产生和演变,我们还需要在研究框架、研究方法上进行更多的尝试,对这一问题进行更加全面、深入的审视。

对于农地制度变迁的研究,在引入西方理论的同时也应立足于中国实际,汲取本土理论的营养。在研究方法上要超越新制度经济学和应用计量经济学模型,引入政治学、社会学等学科的研究方法,依托于权威的数据平台,使得研究结论更具科学性与说服力。

构建湖北新型农技推广服务体系的思路与建议

蒋大国　袁方成

当前湖北经济社会发展正步入新常态,农技推广服务体系发展呈现出新态势,推广主体多元化、推广模式不断创新、队伍逐渐壮大、经费不断增加等特征。但作为中部地区的农业大省,湖北农业技术推广体系建设仍面临队伍不稳、功能不强、投入不足、整合不力、体制不顺、动力不足等突出问题,不能完全适应现代农业大发展的需要。新型农技推广服务体系建设应遵循"政府引导、市场主导、企社(社会组织)主体、科研支撑、社会参与"的原则,通过创新模式,拓展途径,构建多元、多层、多维农技推广服务主体;明确职责,创新机制,健全农技推广一体化的服务体系;培植龙头,建设基地,增强示范带动作用;落实政策,健全标准,提供农技推广的保障措施等,为加快推进湖北新型农业产业化、现代化发展和城乡一体化建设多做贡献。

一、湖北农业科技推广体系的发展态势

伴随经济社会的发展,湖北农业科技推广事业不断发展,初步形成了以政府公益性农技推广服务为主体、农业院校和科研机构、农业企业、合作组织和规模经营大户参与的"一主多元"的农业科技推广服务格局。

(一)推广主体多元化。从参与农业科技推广主体及其活动的目的和性质来看,湖北农业科技推广服务体系主要有政府公益性农技推广服务、社会化农技推广服务和市场化农技推广服务三大类型。其中,政府公益性农技推广服务体系是

[作者简介]蒋大国(1948—),女,湖北随州人,华中师范大学湖北经济与社会发展研究院院长,湖北省城乡一体化协同创新中心主任,教授,博士生导师。袁方成(1978—),男,湖北武汉人,华中师范大学中国农村综合改革协同创新中心教授,湖北经济与社会发展研究院研究员,中国商会发展协同创新中心研究员。

由省级、县市区推广部门和乡镇农业推广机构组成的三级推广网络。市场化农业科技推广服务体系的主体是农业企业、农业大户和其他经营性组织和人员。在社会化农技推广服务中,参与的主体多样,包括大专院校、科研单位、科技人员、机关干部以及社会组织、各种协会或专业合作经济组织等。

(二)推广模式创新性。政府主导的公益性农业技术推广服务由公共财政拨款,其推广模式主要有委托服务制、定岗服务招聘制、县级行政主管部门派出制等;以盈利为导向的市场化农技推广,主要有以产业化龙头企业为主体的订单推广和以农资生产销售企业为主体的农资推广及以农业科技企业为主体与以科技大户为主体的农技推广服务模式等,主要推广农业新品种、新技术、新产品,带领农民致富;社会化农业科技推广主要有农业院校、科研机构和农民专业合作社、社会中介组织与社会团体及农民经纪人与专业户、湖北农技 110 与信息化合作提供的无偿或微利的农业技术推广服务。

(三)队伍不断壮大。截至目前,湖北设有种植业、畜牧、水产、农机、农村能源技术推广机构 4812 个。其中省级 13 个,市州级 136 个,县级 866 个,乡镇级 3797 个。县乡五个行业农技推广机构实有人数 23449 人,其中县级 9449 人(种植业 3842 人、畜牧业 3610 人、水产业 599 人、农机化 971 人、农村能源 427 人),乡镇和区域性推广人员 14000 人(种植业 4889 人、畜牧业 5126 人、水产业 723 人、农机化 2162 人、农村能源 1100 人)。据统计,近几年湖北省约有 3 万多人参与各种形式的技术推广和服务活动,其中:机关干部 6000 人,技术人员 8000 人,农民技术员 1 万多人。农技服务队伍的不断壮大,大幅提升了农业技术推广服务的效率和水平。

(四)经费逐步增加。大部分地方用于公益性农业技术推广服务的养事经费标准都能达到 1.2 元/亩,个别地区达到 1.5 元/亩。从实践情况看,公益性农业技术推广服务体系的所争取到的财政经费支持比改革前的公益性农业技术推广体系投入的有大幅度的增加,并随着财政投入的增加而增加,公益性农业科技推广服务机构的办公设施、工作设备等有较大的改善。各级财政的大力支持和大量投入,为其有效的运转及优质服务奠定了良好的基础。

二、湖北农技推广服务体系面临的突出问题

从调查情况来看,当前湖北农业技术推广服务面临的矛盾和问题,主要表现在以下方面。

(一)队伍老化与保障不力:公益性农技推广服务组织不稳。政府公益性农技推广服务体系是农业科技推广服务的主体。当前不少地方出现人员不稳定,工作无场所、服务缺手段、保障水平低、经费不落实等突出问题。根据调查,有56%以上乡镇农技推广机构没有自己的办公场所,即使有办公用房的,90%以上都非常破旧、简陋,急需改扩建;70%以上乡镇缺培训场所,无服务大厅、无必要的仪器、设备设施;80%以上农技人员无服务交通工具。虽然湖北不断增加对农业技术推广经费的投入,但下拨到下面后,截留、挤占、挪用的现象比较普遍。而县级财政应配套预算支出的种、养殖业经费普遍不落实,湖北实际到位的农技服务和农技人员的报酬经费仅占应拨经费的60%左右,部分县市级占省级下拨经费的50%左右,有的保人员工资、保险费用就不够,根本无钱从事公益服务工作,农技推广人不了户、到不了田,农技服务靠"一张嘴、两条腿"的传统服务方式没有改变。而农技推广服务人员的年龄又日趋老化,后继乏人。湖北目前在岗的公益性农技人员中,45岁以上的占到80%,近10年来,县以下农技站几乎没有新进大中专毕业生,队伍老化现象十分严重。谷城全县乡镇畜牧兽医服务中心195人中,55岁以上的有130人;2005年以来,不仅没有进1个新人,还流失了24人。据了解,主要是工作不稳定,政治地位低,经济待遇差,没有归属感,被戏称为"经济上没钱图,政治上无前途"。

(二)服务单一与活力不足:市场化、社会化、信息化服务功能不强。从对农民抽样问卷调查来看,当前农民获取农业科学技术主要来自政府公益性农技推广部门,占所有来源选项的49.1%,政府组织培训占11.7%,合计60.8%;自学占20.2%,亲戚朋友传授占11%,从其他市场化和社会化农业技术推广组织获取的农技知识微乎其微,不到10%。从对农技人员的问卷调查看,市场化和社会化农业技术推广组织提供的农技服务只占到20%左右。市场化服务的趋利性、社会化服务系统性的缺失、信息化服务网络覆盖面不广及农民科技素质偏低,严重影响了农技推广与发展。随着市场化快速发展、农业生产日趋多样化、科技化,单靠政府公益性农技推广服务已经远远不能适应及满足农业和农民多样化的需求。

(三)组织分割与多头管理:农技推广服务力量整合不力。湖北农机推广服务体系虽然组织机构众多,但存在较为明显的各自为政、资源分散、重复浪费的问题。如:农业部门、科协系统、农业院校和科研机构都在农村开办农技培训班、示范基地、"专家大院"、"农技110"等农技服务项目及组织网络、信息体系建设及推广活动,大都各自独立运作,相互不沟通联系,以条条管理为主,人事财务管理与业务指导"两张皮",制约了农技推广服务发展和效率效益的提升。

（四）设备落后与经费挤占：农技推广服务经费投入不够。近些年来，湖北大幅度增加了农业科技推广服务的投入，省级农业公益性服务经费从过去的农村人均投入5元提高到目前的20元；各县市区也按要求：按种植业每亩不低于1元、养殖业每户不低于2元的标准投入，但从实践来看，对农业科技推广的专项经费投入仍然严重不足。调查中，华中农业大学、省农科院等农业院校和科研机构反映：这些年没有获得专门用于农业科技推广的项目和经费，省农科院每年拿出300万元左右以项目投入为途径建设专家大院，科教机构完全靠自己掏腰包来推广农业技术。有的地方还从有限的"以钱养事"经费中按人均2元拿出来用于"社会建设"和"维稳"工作，仅此一项养事经费就减少近110万元，此现状难以维持。

（五）激励缺失与方向误导：农技推广服务实绩考评不准。虽然各地积极探索"以钱养事"的新机制，通过竞争聘用、优绩奖励等办法提高农技服务质量，但由于农技服务标准不够明确，有的难以有效量化，考核流于形式，奖励力度更有限，难以有效地发挥监督和激励作用。尤其是对于农业高校和科研机构评估及科研人员的评价和考核，仍是以科研项目、论文及科研成果为主要标准，没有将农技推广服务实践绩效纳入专业技术职称评聘和考评标准之列，致使相当部分农技推广服务机构与人员重理论，轻实践；重发明，轻推广；重研发，轻应用。

（六）待遇偏低与供需失衡：农技推广服务人员动力不足。乡镇事业单位改革以后，农技人员全部退出了事业编制，从国家干部变成了社会人，事业单位变成了中介组织，一些从业人员受传统观念影响，深感政治上"有岗位无身份，有工作没前途"，即使工作干得再好，能力再强，几乎都没有调动、提拔的可能性，一些地方甚至连技术职称都不能评；经济待遇偏低，湖北农技人员平均年收入在1.5万元左右，与没有退出和转制的同类型、同性质的其他行业干部职工相比，至少差5000元以上，福利待遇更差，难以调动积极性。

三、构建新型农技推广服务体系的总体思路

当前，湖北已经进入工业化、城镇化、信息化和农业现代化快速发展的新时期，农业和农村经济发展的内外环境和条件正在发生深刻的、历史性的变化，现代农业的持续发展、农业资源环境约束日趋强化及实现"农业强省"发展战略，迫切要求加快构建新型农技推广服务体系，为农业现代化发展提供支持和保障。

（一）总体思路

坚持以党的十八大和十八届三中全会、四中全会、五中全会精神为指导，以"政府引导、市场主导、企社（社会组织）主体、科技支撑、社会参与"为原则，以机制创新、增强活力为动力，以健全推广组织及服务平台为基础，以提升科技实力与转化能力为着力点，加快构建体制科学、布局合理、职责清晰、分工协作、服务到位、充满活力的多元化基层农业技术推广体系，为"建成支点、走在前列"及农业现代化和全面建成小康社会提供综合服务与技术支撑。

（二）基本原则

1. 坚持政府引导与市场主导相互动。按照强化公益性职能、放活经营性服务的要求，坚持以市场为主导，适应市场需要，通过市场化运作，凝聚社会资源和优势，充分发挥企业、科研、教育、农业合作组织等多元化市场农技推广的主体作用，合力推进农技推广服务；也要注意发挥政府公益推广主导与宏观调控作用，通过制定规划、完善政策、合理配置公共资源、强化公益服务和市场监管等手段，引导市场主体积极主动参与农技推广服务。

2. 坚持市场主体与社会参与相统筹。坚持政策引导、项目支持、环境营造等途径，充分发挥涉农企业、农民合作组织、社团等多元主体在农技推广服务中主体作用；注重引导和推动农业科研、教育单位广泛开展农业科技成果开发、转化和推广活动；大力培育农民技术协会、科技农户、股份合作公司等多元一体的农技服务组织广泛参与农技推广，推动市场主体与社会组织优势互补、要素互融、资源整合、信息共享，形成互惠互利、合作共赢的新局面。

3. 坚持科技推广与科技研究相协同。坚持将农业科技推广与科技成果的研发、转化、示范等紧密结合、协同发展，在大力推广农技服务的同时，注重农业科技研发，大幅度提高农业科技成果转化、运用率，全面提升湖北农业科技新成果转化能力与综合实力。

4. 坚持政策支持与激励约束相结合。坚持把政策扶持、项目支持与绩效评估、全程监管、激励与约束有机结合，将农业科技推广服务的绩效与科研成果研发、转化作为职称评定、业绩考核、评优评先、晋级提职等基本考评指标体系，对于成果显著、突出贡献者给予重奖，做到奖惩分明、激励有效、约束有力，两者互促互动。

四、构建新型农技推广服务体系的政策建议

健全推广服务体系，是强化农技推广服务、推进农业现代化和城乡一体化的有效途径。必须按照公益性与经营性职能分开和"精干高效、科学设置,优化结构、合理配置"的总体要求,进一步培育主体、明确职责、创新机制、拓展途径、健全政策、完善服务,提供保障,逐步建立健全管理体制科学、职责清晰、分工协作、队伍精干、服务优质、充满活力的多元、多层、多维推广服务体系。

(一)培育主体、明确职责,建立科学管理机制

建立科学管理机制,是构建新型农技推广服务体系的重要保证。应按照中央和国务院有关文件规定,坚持政府主导、支持多元化发展,积极培育多元化的推广服务主体,明确各自职责,建立健全科学管理机制。

一是科学设置,健全科学、精干、高效的公益性推广机构。应坚持从实际出发,根据农业发展需要,科学合理设置省、市、县、区、乡(镇)农业技术公益推广机构,一般乡镇以县(市)推广机构委派为宜,合理确定人员编制,创新人事管理制度,坚持公开、公平、公正原则,公开招聘,择优选聘专业技术人员及工作人员,并将其岗位职责、工作业绩与其工作待遇挂钩,确保专业技术人员不低于其总编制或在职工作人员的百分之八十,其中在一线工作的专业技术人员应不低于三分之二,主要从事重大技术的引进、试验、示范、推广,动植物病虫害及疫情的监测、预报、防治、处置,农产品(包括动物产品)质量安全检测、监测和强制性检疫等综合性、公益性服务职能。

二是大力支持,鼓励科研院所、学校参与农业技术推广服务。应充分利用农业院校和科研机构科技、人才、资源优势,通过健全扶持政策,设立专项资金、开展项目合作等多种途径,鼓励农业高校、科研院所参与农业科技推广服务,开展科研成果试验、示范、推广、优良品种繁育、技术创新培训、产品质量监测提升、土壤改良、水土保持等,不断提高农业技术推广服务水平和实效。

三是积极培育,支持农业经营性服务组织开展农业技术推广。应采取政府采购、定向委托、奖励补助等方式,引导农业企业、农民合作组织、专业服务公司、涉农企业等积极参与公益性农技推广服务,开展技术培训创新,优良品种推广运用、病虫害防治、水土保持等。

四是加强协调,建立多元一体科学管理机制。农技推广涉及面较广,又直接关系到农民的切身利益和农业现代化发展。必须进一步理顺体制,明确职责,健全制度,加强领导组织、协调指导,建立健全党委领导、政府引导、市场导向、企业(公司、社团、农户)主体、科技支撑、社会参与科学管理机制或专业委员会。主要负责政策制定、项目规划、资金分配、全程监管、检查考评、组织协调,形成合力。

(二)创新模式,探索途径,构建多元、多层、多维的一体化农村推广服务体系

农业技术推广专业性强,要求高,必须根据其发展需要和各个推广主体合理分工,按照统一高效、精干科学的总体要求,进一步整合资源、凝聚优势,逐步建立健全以专业农场、专业村、专业农户和示范基地为依托的科技、优良品种试验示范体系,以乡镇或区域科技服务平台为枢纽的综合服务体系,以项目、技术合作、信息交流为手段的推广、监测、评估体系,以农科院所、学校为骨干的培训、研究、攻关、指导体系等"四位一体"与省、市、县(区)、乡(镇)、村"五级联动"的农村科技推广服务体系。

一是构建综合服务平台,完善优化综合服务。各地应在县乡两级采取合资或合作等形式,整合利用资源优势,建立健全以公益性推广服务机构为主体、非公益性服务为补充的与省市主管部门及推广服务主体包括农户网络互联、信息互通、资源共享的综合服务平台,健全信息档案及农业技术专家库,明确服务内容及程序,完善制度与规范,加强先进技术、优良品种、科技信息、农资供应、产品营销、法规政策、合作项目等培训推广、指导、咨询、监测、评估等综合服务,全面提升农民科技素质和技术水平。

二是开展合资合作,加大推广服务力度。各地应充分发挥公益性服务机构与经营性服务机构的优势作用,统筹各自职责及其优势,通过购买服务、技术承包、委托代理、项目合作等多种途径,加强两者合资合作,联手共推,并逐步建立稳定长期合作机制与制度,加大农业科技培训、推广、服务力度,全面提高农业科技水平和综合效益。

三是建立试验示范基地,充分发挥龙头带动作用。科技试验、示范是农民喜闻乐见的农技推广方式。各级政府应加强农技推广专业户、专业公司、专业村、示范基地建设,大力支持农科院所、学校加强与农技推广专业主体合资合作,联合开办科技示范园、试验基地、科技合作公司等,积极开展优良品种繁殖、培育,技术攻关创新,科技培训提升,科技成果转化、运用、试制等,建立健全农技咨询服务专家库、服务制度及扶持政策,充分发挥其引领带动作用和龙头效应。

四是强化技术攻关创新,不断提升科技水平。各地应坚持从本地实际出发,适应农业科技推广发展需要,组织农科院所和学校专家学者,开展农业技术攻关、科技产品的推广运用、科研成果转化试制、土壤改良、种植技术升级、优良品种制种繁殖、病虫害防治、农机设备改革改良、生态环境治理、经营理念及营销方式创新、科技信息整理传递运用、组织科技下乡、入户、进地,引领农民大力发展科技农

业、绿色农业、环保农业、观光农业、生态农业,全面提升农业科技水平。

（三）完善政策,健全机制,加大农技推广服务的扶持力度

完善政策、创新机制,是加大农技推广服务的有效途径,必须进一步健全政策,创新机制,为农技推广服务提供政策保障。

一是加大财政投入,建立农技推广服务专项基金。建立稳定增长的财政投入机制,是强化农技推广服务的重要保障。各地应根据本地实际和农业现代化发展需要,按照农业发展年度计划,种植养殖规模及发展目标和一定比例,落实专项资金,并保证每年有所增加、高于财政经常性收入增幅,主要用于公益服务机构的人员经费、工作待遇和服务设施设备配置、维修、更新与平台建设及农业科学技术研发、推广、监测、培训、评估、政府购买服务等。应充分发挥财政性科技资金的引导、示范、放大效应,引导社会、民间资金投向农业科技创新、推广,形成财政拨款、企业投入、金融贷款、社会集资、民间参股等"多元一体"农技推广服务投入机制,引领和促进公益性与经营性推广机构、专家与农户、科研院所与企业、公司等合资合作,联手联动,合力推进农业科技推广服务。

二是完善税收、奖励政策,加大扶持激励。应进一步完善企业农技产品研发费用加计扣除、研发设备加速折旧、高新技术企业认定、技术创新试验园区和平台建设、政府技术采购、税收减免、科技创新推广奖励等政策,为企业、公司、农户等市场主体开展推广服务提供政策保障,激励、引导、扶持农业科技推广创新提升。

三是创新机制,健全政府购买政策。政府购买服务,是政府强化服务的一项重要改革,也是市场运作的有效途径和重要举措。各级政府应进一步明确各自责任,建立健全购买服务政策、程序及机制,准确界定由市场运作的项目、事项、内容,如:科技培训推广、教材编写、信息收集整理运用、软件开发、设备设施维修、土壤改良、病虫害防治、优良品种繁殖、科技成果转化、试制等,制订科学的考评标准及机制,强化科学评估、验收和责任追究,确保政府购买服务政策落实,收到事半功倍的效果。

四是健全市场准入制度及标准,建立公平竞争的市场环境。建立市场准入制度,退出机制和农技推广标准,是实现农技推广专业化、标准化、科学化的前提和基础。各地应加强深入调查研究、论证评估,建立健全农技推广准入制度、退出机制和标准,加强市场监测、评估和跟踪管理,强化责任追究。对于违反市场规则、推广假冒伪劣产品的,应及时追究其责任,赔偿经济损失,及时责令其退出市场;对坑农害农的,应列入黑名单,永远清除出市场,并要依法依规,视情况追究其法

律、刑事责任,努力营造公平公正、便民利民、合作共赢的良好的市场环境。

(四)强化培训,提升素质,为农技推广服务提供强有力队伍保证

农技推广服务,技术是支撑,队伍是保证。各地应严格农技推广人员标准,实行公开招聘、择优选用、全员培训,全面提升优化其素质;强化目标责任,加强科学考评,努力建设一支懂专业、精技术、会经营、优服务、乐奉献的专业技术队伍。

一是坚持条件,公开招聘。农技推广队伍专业性强,技术层次高,应严格坚持条件,规范程序,广泛推荐,公开招聘,择优选用,真正把那些懂专业、精技术、会营销、优服务、乐奉献的专业技术人员充实到农技推广队伍中来,并保证科技人员的比重占百分之八十以上,在一线工作的科技人员不低于三分之二的比例及其工资待遇水平不低于公务员的平均工资水平。

二是强化培训,全面提升综合素质。省、市、县政府及其主管部门,应立足本地实际,制定培训提升队伍综合素质的总体规划及年度计划,加强与农业科研院、所、校合作,整合民营、社会培训资源,建立多层次教育培训体系,健全培训教材与师资队伍,加强培训设施设备建设,采取定向定单、委托委派、专门专业培训等方式,开展专业技术、推广方式、营销策略、岗位职责、政策法规等综合、系列、多层次培训,全面提高推广队伍综合素质和科技水平,为农技推广提供技术支撑和重要保障。

三是严格考评,不断增强推广队伍的活力。应强化农技推广目标责任制,建立健全项目长效管理、绩效科学考评、推广全程监管标准及考评机制与体系,组织专家、主管部门及推广者组成的考评专委会,及时组织验收评估,建立健全激励与约束机制,并将考评结果、推广绩效、群众评价与其工资待遇挂钩,作为其评定职称、晋升晋级、评先评优的重要依据,做到绩效显著、贡献突出的给予重奖,敷衍塞责、弄虚作假、完不成目标任务的给予批评教育,经教育不改者应扣发其工资等,以充分调动各方积极性,不断增强推广队伍的动力与活力。

城乡发展一体化中的公共基础设施投融资问题研究

梅德平　洪　霞

城乡发展一体化基础设施建设的关键是投融资机制建设,形成和建立一种真正具有效率的基础设施投融资机制,直接关系到我国城乡一体化发展进程和水平。在当前,城乡发展一体化已成为我国新一轮经济体制改革的重要内容,但在具体的实践过程中,城乡基础设施建设仍然存在着投资体制不顺、投融资机制尚待完善的问题,因此,研究和探索一种更具效率的基础设施投融资的体制机制,对我国城乡发展一体化建设具有重要的现实意义。

一、城乡发展一体化与基础设施建设的互动关系

城乡发展一体化是在我国现代化和城市化发展到一定阶段后的产物,其基本目的是,通过社会生产力的发展,以此促进城市与乡村居民在生产、生活与居住等方式上的改变,促进城乡之间在技术、资本以及其他经济与社会资源等基本要素上的共享,逐步达到城乡之间在经济、社会、文化以及生活方式上的同步与协调发展,以此为逐步解决城乡矛盾和缓解城乡差距找到更好的途径和办法。

城乡基础设施是城乡之间经济、社会、生态等各项联系的基础,是城乡之间各类经济要素流动的纽带,城乡基础设施建设对城乡一体化发展具有直接的推动作用。从一般意义上讲,基础设施可以界定为是以保证社会经济活动、改善生存环境、克服自然障碍,并由此实现资源共享为基本目的而建立起来的公共服务设施,它既包括诸如交通运输、邮电通讯和能源等在内的经济性基础设施,也涵盖如教

[作者简介]梅德平(1965—)男,湖北松滋人,华中师范大学经济与管理学院教授,博士生导师,湖北经济与社会发展研究院研究员。洪霞(1990—)女,湖北咸丰人,华中师范大学湖北经济与社会发展研究院硕士研究生。

育、卫生等在内的社会性基础设施。一般而言,城乡发展一体化中的经济性基础设施,即是指在广大城乡地区建立和完善包括交通、供电、供水、能源、信息以及市场等在内的"六网一体"的基础设施网络;而社会性基础设施则是指涵盖教育、就业、社会保障、社会救助、保障住房、卫生、文化及安全等在内的"八位一体"基本公共服务基础设施,并实现城乡基本公共服务的共享。城乡基础设施建设与城乡一体化发展之间存在着密切联系,基础设施的不断完善支撑着城乡一体化发展进程的持续推进。

城乡一体化仰赖于城乡基础设施建设的不断推进与持续发展。作为城乡一体化发展的重要支撑,城乡基础设施建设与城乡一体化发展水平密切相关,只有在农村基础设施建设与城镇之间逐步实现同步发展,才能真正促进城乡一体化进程的深入推进。与以往不同,当前我国城乡一体化的一个重要特点是,注重城乡之间公共基础设施建设的一体化发展,立足于城乡居民之间在享受社会基本公共服务上的均等化,并以此从根本上逐步改变过去在城乡公共基础设施建设方面重城镇轻农村的发展格局。随着当前我国新型城镇化和城乡一体化的发展,长期以来相对落后的农村公共基础设施建设的低水平,已成为制约新时期城乡一体化发展的最大障碍,广大乡村公共基础设施建设的滞后,使农村居民实际上无法真正享受城镇居民所能享受到的基本公共服务。为改变这一状况,不断加强广大农村地区基础设施建设,成为当前城乡一体化发展的关键所在。

城乡基础设施建设推动着城乡一体化的发展进程。对城乡一体化的发展而言,城乡内部与城乡之间各种基础设施的建设与完善,是城乡一体化发展的重要条件。一方面,基础设施作为区域经济与社会可持续发展的基础和保障,为城乡一体化发展过程中的生产要素的合理配置与流动、经济与信息资源交流、物资流通与市场畅通等诸多方面,提供了必不可少的基础条件,从某种程度上说,城乡基础设施的建设与完善程度,决定着城乡一体化发展的水平与深度;另一方面,城乡基础设施的发展,在便利城乡之间资源流动的同时,也在改善着乡村居民生产生活的环境,并通过城乡之间基本公共服务均等化的逐步实现,不断缩小城乡差距和缓解城乡矛盾,并由此纾缓多年来因传统二元经济结构所催生出的城乡之间在收入分配、社会福利等诸多方面的差距而形成的对城市的某种压力,促进城乡协调发展与广大农村地区经济的稳定增长。

二、当前我国城乡发展一体化基础设施投融资机制存在的主要问题

总体上看,当前我国城乡基础设施的投资与建设有了一定程度的发展,城乡

一体化建设稳定推进。一是投资比例逐步上升,结构逐步趋于合理。随着基础设施投资额的增长,用于农村基础设施建设的投资额度也有提升,并在投资结构上逐步全面地向农村经济性与社会性基础设施建设上加大投融资比重,促进城乡基础设施建设以及公共事业一体化与均等化。二是投资体制机制创新,融资平台初步显现。通过不断探索和创新的融资方式,为城乡基础设施建设拓展更多的融资渠道。三是投融资监管力度加大,相关机制进一步完善。通过完善相关制度建设和建立城乡基础设施投资中的利益机制、风险机制与激励机制,进一步完善了城乡基础设施建设的相关制度与体制。但是,由于我国经济与社会发展的区域性特征的影响,城乡一体化发展中的基础设施建设,尚存在着需要进一步完善的方面。

1. 农村基础设施建设的财政投入有限,政府相关的扶持政策尚需进一步落实,城乡基础设施投融资机制尚未完善。目前,真正面向农村基础设施建设投资的公共财政投资体制尚不完善,缺乏明确与完善的政府扶持政策,以及真正有效并具有实际可操作性的具体的政策措施;同时,现存的投资方式粗放单一,政府尚缺乏科学合理的长期投资规划,支农投资也未形成稳定增长的长效机制。

2. 基础设施投融资平台建设不完善致使投融资渠道狭窄,投资主体缺位导致投融资主体的相对单一。长期以来,城乡基础设施建设投融资管理部门和机构众多,建设资金不集中,导致城乡建设投资效益不高。目前,我国大多数小城镇建设中相应的投融资平台构建缺乏或者非常缓慢,往往呈现出建设项目已经确定,但是相应的投融资平台缺乏的局面,这种状况必然会导致项目建设资金跟不上,融资效率低,社会资源浪费等问题。当前,政府财政投资和银行信用贷款是各地农村基础设施融资的主渠道,城镇建设中的基础设施投资主要采用财政杠杆为主导的投融资模式,即主要以财政投资为核心,资金主要是依靠中央政府和地方政府财政投入,缺乏充分调动和支持大量民间资本注入农村城镇基础设施建设一体化平台的政策措施与机制,致使投融资主体单一化,融资渠道狭窄。显然,单纯依靠政府财政投资远远满足不了目前我国城乡发展的基础设施建设需求。

3. 城乡之间金融体制发展水平差距明显,与城市金融发达程度相比,农村金融发展水平明显滞后。城市经济发展迅速,能够不断吸引各类金融资源进入,城市金融体系因而日益完善,而农村基础设施的投资不同于工业投资,农村基础设施建设的投资回报率相对较低,投资效益需要一个长时间的积累过程才能显现,加之农业投资具有很大的风险性和不确定性,因此,农村金融发展与城市相比还存在较大差距。此外,农村金融体系和功能的不健全,缺乏引导城市金融资源向农村市场流动的有效体制与机制,致使农村地区的社会经济发展长期以来处于积累有限、贷款难度大、投资短缺、自身发展水平低下的困顿之中。

4. 农村地区投资环境差,难以引导资金的流入。与城市相比,广大的农村地区拥有天然的自然资源优势,但农村的人文环境、农民的文化水平以及政府政策对相关投资主体城乡基础设施投资的倾斜政策不到位等,都直接影响城乡基础设施投融资体制的建设。

三、城乡发展一体化基础设施投融资机制建设的政策建议

完善的基础设施是衡量城乡发展一体化实现的一个重要标准,加强城乡基础设施建设尤其是农村基础设施建设尤为重要,同时,实现城乡基础设施建设一体化也是实现城乡其他方面一体化的前提和基础。针对目前我国城乡发展一体化进程中存在的城乡基础设施差异大、共享性差、功能布局不合理以及农村基础设施资金投入不足等突出问题,当前农村基础设施投融资机制建设的关键是,坚持把城市和农村作为一个有机整体,着眼于强化城乡基础设施的相互衔接和均等化,创建切实可行的融资机制与融资平台,实现城乡共建,城乡共创,城乡共享。

为更好地解决基础设施一体化的投融资体制问题,结合各地的具体实际情况,城乡一体化的基础设施应该逐步建立起"融资机制合理化,融资渠道多元化,融资模式市场化"的创新型投融资管理体制,在这种灵活多元创新的管理体制之下,强化政府的主导功能和地位,同时,通过创造良好的投融资环境,提倡由民间积极参与,促进城乡基础设施一体化的投融资方式的市场化运作,提高基础设施投融资体制的效率。围绕基础设施投融资体制,着重构建融资平台、拓展融资渠道,稳定融资机制,创新融资模式,真正建立起以政府为主体,依托政府投资的引导和推动,鼓励、倡导、支持企业和民众参与城乡基础设施一体化投融资体制的建设与完善。基于上述思路,城乡基础设施一体化投融资体制创新可做如下设想:

(一)拓展融资渠道,构建融资平台。

1. 充分利用政府优势资源,实现资本化的转变。政府资源是拓宽融资渠道的关键,通过对政府资源的整合,将以前在城乡基础设施一体化建设过程中被忽略的政府资源充分利用。从理论上讲,政府资源的内涵相当广泛,这里的政府资源既包括由国家拥有的土地、矿产和税费资金等有形资源,也包括由法律规定的具有特许的经营权及信息资源等无形资源。在城乡一体化基础设施建设过程中,通过赋予以上政府优势资源以资本特性,实现政府资源一定程度的资本化,并在政

府和市场机制的共同作用下,借助资源的流动、重组、租赁、出售等诸多方式,实施资源的优化配置和市场化运作,以最好的方式发挥政府所属资源的作用,同时合理有效的对其加以利用,从而为各类投资主体开展城乡基础设施一体化建设,提供更多的渠道和资源。

2. 市场化的组织机构和政府管理机构共同作用,构建完善的投融资平台。一是可考虑在城乡基础设施一体化的推进过程中,借助政府引导与政策扶持,通过对部分国有企业实行股份制改造,组建相应政府类投资经营公司,构建融资平台;鼓励和培育有实力的国有及民营公司,通过股票发行与上市,拓展融资渠道。二是为改善金融信贷环境,可考虑建立中小企业融资担保机构,以此为媒介,推出具有高水平和高质量要求的大型城乡基础设施建设项目,并由此吸引各类商业银行及国家政策性银行的贷款支持。三是为广大的民间资本开放投资领域,简化审批手续,提供便于民间资本进入城乡基础设施投资领域的良好环境和高效率的服务系统。高效的投融资管理平台的建成,对构建城乡基础设施建设投融资多元化的新格局,并借此打破目前城乡基础设施一体化的投融资尴尬局面,具有重要的支撑作用。

(二)完善投融资机制,规范投资主体行为。

1. 建立公共财政制度,呼吁金融支持。一是继续保持国家财政在农村基础设施建设投资中的主导作用,并持续增加中央和地方财政在农村基础设施建设上的投入比重。二是采取银行贴息贷款、政府财政补贴、政府税费减免、参股控股等多种手段,鼓励众多投资者积极参与城乡基础设施建设,并通过政府产业政策及相关扶持政策,引导资金投向和对农村基础设施建设的倾斜。三是为充分调动金融机构为城乡基础设施提供融资服务的积极性,可考虑针对涉农金融企业及相关涉农业务,实施差异化政策,如通过降低涉农金融企业的存款准备金率、减免本地区内涉农金融企业的营业税与所得税、对部分涉农贷款不纳入存贷比限额管理以及适当提高对拨备率和不良率的容忍度,通过这些差异化政策适当降低金融企业的经营成本,以此带动这些金融机构涉农贷款与投资业务的拓展;调动和引导各类商业银行在乡镇地区积极开设分支机构,解决农村地区建设资金相对缺乏的问题,从而带动广大乡镇和农村地区的发展,有条件的地区还可考虑创建村镇银行等新型支持农村基础设施建设和公共事业发展的金融机构,并提供相应的营业场所,以方便银行业务的城乡开展。

2. 在城乡基础设施领域引入竞争机制,活跃民间投资。大型工商企业和某些私人团体可成为基础设施融资的重要渠道。企业作为重要的市场主体,其收益可以部分进入基础设施建设。同时,通过引入竞争机制,适度推进城乡基础设施投融资的市场化进程,确保基础设施建设的效率。目前我国在农产品加工、流通行业、房地产投资开发等竞争性行业,民间投资已成为主要力量;在交通、能源、水利、城建、环保等基础设施领域和文化、教育、卫生、体育等社会事业领域,民间投资也已开始进入并逐步拓展;但在一些环保如污水处理项目,教育领域如幼儿园到中小学教学设备的投资兴办等项目上还不是很活跃。因此,在合理的竞争机制的引导下,应进一步采取措施,促使民间投资向这些领域的流入。

(三)完善和创新城乡基础设施一体化的融资模式。

融资模式是城乡基础设施一体化建设顺利推进的关键,也是城乡基础设施一体化实现的具体执行方式,因此,在充分完善已有融资模式基础的同时,应进一步创新城乡基础设施一体化融资模式。

1. 完善 BOT 模式,促进城乡基础设施投资。BOT 是二十世纪八十年代在国际金融市场活跃起来的融资方式,在我国各地城乡基础设施一体化建设过程中,BOT 不失为一种可考虑运用的一种融资方式。运用 BOT 模式,一方面能够适当的缓解基础设施建设资金不足问题、降低基础设施建设的融资成本、调控资本投资结构;另一方面,该方式以先投资后经营并收益为基础,允许民间资本在一定程度上参与基础设施的融资、建设、管理,并拥有一定的权利,这对缓解当前城乡基础设施建设投资不足与融资渠道有限的难题有一定作用。

2. 加强 BT 模式在非经营性基础设施建设项目中的作用。BT 模式是 BOT 模式的一种变换形式,指一个项目的运作通过项目公司总承包,融资、建设验收合格后移交给业主,业主向投资方支付项目总投资加上合理回报的过程。BT 作为城乡基础设施建设中筹集资金的主要方式,从已有的实践看,BT 模式主要运用于道路桥梁隧洞等大型基础设施项目建设。当前 BT 模式需要通过实践完善的主要方面,一是要形成适用于 BT 模式的通用合同文本以及一整套解决工程索赔、争端的公认惯例;二是要求 BT 融资模式的项目承担人有相当不错的融资能力和抗风险能力,并促进项目风险分担的合理化;三是发起人必须选择实力雄厚的公司,以减少风险;四是政府应保障投资承包承诺的实现,加快资金回收速度。

3. 实现资产经营,完善 ABS 融资模式。这一模式概括地说就是"以项目所属的资产为支持的证券化融资方式",资产证券化就是把缺乏流动性,但预期未来具有稳定现金流的资产汇集起来,形成资产池,通过结构重组,将其转变为可以在金融市场上出售和流通的证券。相对其他融资方式,资产证券化具有融资门槛和融资成本低与效率高的特点。在城乡一体化建设过程中,可以将闲置或者通过其他方式置换出来的土地,由土地管理中心统一收储,为土地资产化和资产证券化提供储备源,并通过特设的委托机构及专门账户、政府信用、商业银行、资产担保公司以及资产评估机构等一系列单位的有机联系,以此实现土地资产化和资产证券化。

4. 拓展间接融资渠道,发挥银行信贷作用。在政府推动作用下,倡导各商业银行为城乡基础设施一体化建设专设信贷额度,扩大信贷规模,为城乡一体化提供必要的信贷支持。同时,借鉴国内一些地区城乡建设一体化的经验,将城乡一体化建设项目整合,捆绑式的申请银团贷款。根据苏州市的基本经验,城乡基础设施建设银团贷款的基本做法是,以镇为单位,通过城乡一体化建设任务的长期规划,采取分步实施办法,将一定时段内相对较为集中、有一定关联度的项目统筹组合,采用"打捆"的方式,以项目包为单位统一向银行申请贷款,并通过政府相关部门帮助主办银行完成牵头组团,发放银团贷款。这种方式的优点,一是可以充分利用土地等大额资产的抵押功能;二是利用统一的贷款协议,提高工作效率;三是可以利用各类金融机构的联盟力量,聚小集大,充分发挥其整体功能,从而分散信贷风险。

5. 探索直接融资方式,发挥债券的资金筹措功能。城乡一体化基础设施建设,可以考虑申请发行城乡一体化地方债券,用于交通运输、信息通讯、房产、环保设施、医疗设施设备和排污处理系统等地方性公共设施建设;引导民间资本进入城乡基础设施建设领域,同时支持企业为城乡一体项目发行企业债、公司债,引导各种性质的企业进入,鼓励、引导企业资金参与城乡一体化建设,评选合适的项目以 BT 方式委托给有实力的企业,建设新农村,以及新型城乡社区。推动地方国有企业积极地投资基础设施建设项目,或由国企投资设立城乡一体化开发公司,推动农民向城镇集中的进程,做大现有城乡一体化投资公司,扶持农业龙头企业,完善股权结构,加强公司治理,积极争取股票上市,吸纳社会资本投资于城乡一体化事业;创建城乡一体化贷款公司,发行公司债券,拓展更多更顺畅的融资渠道,另外,地方政府与相关的企业合作,建设合作型公司,共同为城乡基础设施一体化建设创建更多的条件和更好的平台。

(四)加强基础设施建设中的相关机制构建,促进基础设施投融资与建设的顺利实施。

完善投资的积累机制,廓清投资范围。积累包括投融资主体自身承担的与投资项目相适应的资金能力和投资主体具有的自我扩张的再生能力,前者往往通过自身积累和对外筹措获得。完善的投资积累机制有助于各投资主体投资的连续性和建设项目实施的完整性。与此同时,针对中央、省市及地方的各类投资积累(包括民间资本),应按照资金来源性质与使用范围,以及积累规模等情况,对各类资金实行合理使用,特别是针对中央与地方的财政拨款资金,应实行专款专用,注重投资效率,优先考虑对关乎广大城乡地区农业安全与农村发展的主要江河治理、大型水利工程承建与维护、农电网建设、农业生产与农产品流通、农业教育、农业技术推广等基础设施建设项目的投资,并通过对民间资本进一步开放投资领域和建立良性的投资积累机制,借助政府投资的引导作用,以此鼓励和引导民间资本对城乡基础设施的投资。

完善投融资的风险机制,建立投融资的风险评估与风险担保机制。投资本身就蕴藏着巨大的风险,尤其是对农村基础设施建设的投资,由于投资报酬率不高,投资回收期较长,这就变相地加剧了投资主体的投资风险和机会成本,导致各个投资主体不愿意将投资资金向农村基础设施建设项目倾斜。为鼓励更多资金参与城乡基础设施建设,在风险评估机制方面,应通过科学的评估指标与评估体系建设,合理评估各项资金来源的投资风险;在风险担保机制方面,可考虑通过相应担保机构和投资担保基金建设,最大限度地保护投资者利益。总之,通过不断完善城乡基础设施一体化建设的相关风险机制,强化各投资主体的目标、方式、范围的透明度,加强对投资成本和投资行为的监管,建立并完善责任制和责任追究制,对于不负责任,严重违反相关规定的投资人,给予相应的惩罚,只有这样,才能更加有利于各投资主体在风险与利益之间的平衡与协调,从而积极主动地参与城乡基础设施建设,并最终提高整个农村基础设施投资的经济效益。

完善投融资的利益机制。出台相应的《投资利益管理办法》,明确各投资主体之间的利益范围,各负其责,互不干涉,化解部分投资主体之间的矛盾与冲突,避免重复投资,资源浪费,区别城乡基础设施各个领域的利益驱动机制,明确和保证各投资主体之间的个体利益与整体利益的一致性。因此,理想的投融资利益机制应该能够使各投资主体在个体利益、他人利益以及整体利益之间实现平衡,只有利益机制的建立与完善,才能充分调动大型企业和其他投资主体参与城乡一体化基础设施投资的积极性和主动性,从某种意义上说,正是一种真正具有激励作用的利益机制的建立,才能从保护投资者的利益角度考虑,以实现我国城乡一体化基础设施建设的良性发展。

公共服务供给机制创新

——基于网络化治理框架的解释

夏玉珍 杨永伟

城乡发展一体化是解决"三农"问题的根本途径。城乡发展一体化所面临的重要任务是如何推进城乡公共服务一体化,关于这一问题,党的十八大报告将公共服务作为社会管理的重要内容并加以阐述,如"要围绕构建中国特色社会主义管理体系,加快形成政府主导、覆盖城乡、可持续的基本公共服务体系"。进入新时期,中共十八届三中全会又将公共服务体系的建设与"创新社会治理体制"紧密联系起来,从社会管理到社会治理的转变不仅仅只是文字表述上的改变,也昭示着在今后城乡公共服务体系建构过程中党和政府工作理念及工作方法的创新。

一、公共服务:当代社会治理的"元叙事"

从一定意义上讲,社会治理的本质是对公民权利的确认、实现和维护的公共政治活动,公共权利的逻辑成为理解、选择和衡量治理理念及实践的终极标尺。随着社会发展,公民的社会权利不再把贫困和发展视为个人的问题,而是当作共同体面临的风险抵御和管理的一种集体反应,是国家治理的一种策略。这一状况是政治发展的结果,同时也是人类社会分担社会风险的集体选择。因此,社会权利为政治共同体及其成员提供了制度性的风险抵御屏障和共享共同福利的框架。美国公民理论家托马斯·雅诺斯基(Thomas Janowski)认为,社会权利大多是个人权利,由四项具体权利构成:一是使公民具备能力的权利,包括医疗卫生和家庭服

[作者简介]夏玉珍(1951—),女,湖北鄂州人,华中师范大学湖北经济与社会发展研究院副院长,华中师范大学社会学院教授、博士生导师。杨永伟(1988—),男,山东寿光人,华中师范大学社会学院博士研究生。

务,以保证公民在社会中的基本活动;二是机会权利,包括中学和高等教育援助,使公民获得工作技能及文化参与技能;三是分配权利,提供转让金额支付,以保证社会弱势群体及其他公民获取经济生活来源;四是补偿权利,即向因公致残及权利受到某种损失者提供赔偿支付。[1]从公民权利框架来看,公共服务的主题就是满足公民权利的获取,是实现公民的社会权利从应然到实然的社会活动。在当今社会治理中起决定性作用的因素,是作为公共服务运转中公民资格的社会权利观念的表达和实践,公共服务和公共物品这些在古典政治思想中"缺席"的政治符号,逐渐占据社会治理的核心并成为"元叙事"话语。

"治理"概念的出现意味着政府等公部门从事改革思维的一种转变。联合国全球治理委员会认为,治理是使相互冲突或不同利益得以被调和并采取联合行动的持续的过程。它包括有权迫使人们服从的正式机构和建制,以及种种非正式的安排。[2]在治理的逻辑中,虽然不同学者提出了不同的理论观点,如英国地方治理委员会发起人之一的罗伯特·罗兹(Robert Rhodes)从六个相对独立的层次来理解和使用治理概念;另一位从事治理研究的英国权威学者格里·斯托克(Gerry Stoker)则从五个方面阐述了对治理特征的理解;美国霍普金斯大学教授莱斯特·萨拉蒙(Lester M. Slamon)认为治理是超越于公私二元结构、实现社会网络体系化的策略创新。[3]但是学者们对治理概念的理解始终围绕着一个核心问题展开:治理主体如何有效且公正地提供公共服务,即公共服务供给机制的建构问题。这里涉及两个关键概念,一是公共服务,二是机制。公共服务是为了满足公众需要,由各类机构提供的具有公共物品属性、正外部性、自然垄断性等特征之一的物品或劳动,公共服务本质上与公共产品相同,只不过因为这种产品的特殊性,为强调产品供给者的公民本位、服务态度以及与需求者之间的互动,才用公共服务概念来取代。所谓机制,根据系统论的观点,是指系统内各子系统、各要素之间相互作用、相互联系、相互制约的形式和运动原理及内在的、本质的工作方式。[4]在当代关于治理理论的研究中,公共服务供给机制主要探讨的问题有二,一是探讨治理主体提供公共服务的合法性与正当性,即哪些部门有资格提供公共服务的问题;一是探讨公共服务供给制度安排与制度目标之间的因果关系,即治理主体如何基于一定的集体行动规则,通过某种互动关系实现公共服务的有效供给。公共服务供给机制建构受到了社会治理历史类型的制约,形成了政府治理、市场治理、公民社会治理的历史发展轨迹。

二、公共服务供给机制的历史演变

(一)政府之治理:传统公共行政之科层制供给模式

早期公共产品的思想源于经济学对政府职能的讨论。经济学从"理性人"的假设出发,认为做出选择和行动的每一个人都是理性的,在博弈规则中,每个人不仅期望能够表达他们的真实偏好,而且还要使个人的效用达到最大化。按照这一逻辑,社会秩序的状态应该是原子化的,每个人都在追求自我利益最大化,集体行动难以实现。由此得出的结论是:要么个人的理性行动导致集体行动的非理性,要么通过政府的强有力控制形成强制性集体行为约束。因此,个人的理性行动不足以构成公共物品自愿供给和集体行动的基础,除非外部存在着强制手段或额外的利益机制,压迫或说服理性的个人去服从集体行动的要求。从这一视角发展出了"公地悲剧模型"、"囚徒困境博弈模型"以及"集体行动的搭便车模型",这三个理论模型都说明了公共产品政府供给的合理性与有效性。与理性选择理论相呼应,具体在公共行政实践中,以伍德罗·威尔逊(Woodrow Wilson)的政治–行政二分法以及马克斯·韦伯(Marx Webb)的科层制为理论基础的传统公共行政将政府与市场对立,并且借鉴了弗雷德里克·泰勒(Frederick Taylor)的"科学管理"思想将公共产品的供给视为一个价值中立的过程,在效率至上的背景下坚持公共产品由政府和官僚制组织垄断供给。1980年之前,公共服务的科层制供给模式一直是政府部门维系治理的核心概念,政府官僚体系凭借着法规程序及层级节制的架构,建立了国家政府合法有效供给公共产品的形象。一般来说,科层制供给模式有以下特质:政治和行政清楚分开,选举产生的政治领导人和派任的官员所扮演的角色有所区别;政府关于公共服务的供给必须是持续和可以预测的,必须依照法令来运作;政府行政人员基于品质被任用,并施以专业化训练;公共资源归属于组织,个人在没有组织的情况下无法运作;政府提供公共服务的动机源自自身职责,公共利益凌驾于个人利益。

(二)市场之治理:新公共管理之市场供给模式

随着20世纪70年代末西方"福利国家"黄金期的结束,在政府科层制供给模式下所表现出来的政府效能低下、民主治理落后、政府与公众信任关系紧张的问题越来越突出,新公共管理理论的出现印证了公部门改革的潮流。新公共管理主义理论来源主要有二:一是以詹姆斯·布坎南(James Buchanan)为代表的公共选择理论;二是以克里斯托弗·波特(Christopher Pollitt)为代表的管理主义。公共选择理论主要建立在几个假定之上。首先,它关注的焦点是个体,假定政府决策者像传统"经济人"那样是理性的、自私自利的、试图追求自己效用的最大化,即政府组织和官僚系统会按照市场逻辑行事;其次,它把公共机构所产出的"公共物品"的概念作为其理论关注点,主张将公共物品与私人物品区别开;再次,它还认为不同种类的决策规划或决策情境将会导致做出选择的不同方法,公共选择方法意味着将经济模型和经济方法应用于非市场环境,特别是将经济模型和经济方法应用于政府和政治科学。与公共选择理论相呼应,管理主义认为通向社会进步的道路是提高生产率,增进这种生产率的途径是管理人员接受旨在提高效率和生产率的训练,而要扮演好这种角色,管理人员必须被赋予各种"管理的权力"。以上述两种理论为基础,新公共管理的核心内容是力图将私营部门和企业管理的方法用于公共服务的供给。按照新公共管理的观点,公共管理者被要求去寻找新的创新途径来取得成果或将先前由政府履行的职能民营化。他们被要求去掌舵,而不是划桨,也就是说,政府不应该去承担提供公共服务的责任,而应该尽可能通过类似于契约外包的机制来确定由其他主体实施的项目,关键在于,新公共管理大量依靠市场机制去引导公共项目。戴维·奥斯本(David osborne)认为"政府企业家"精神指导下的政府改革应遵循以下原则:催化的政府,"掌舵"而不是"划桨";社区所有的政府,授权而不是服务;竞争性的政府,将竞争机制引入公共服务中去;顾客驱动的政府,满足顾客的需要而不是满足官僚系统的需要;有事业心的政府,有收益而不是开支;分权化的政府,从层级节制的等级制到参与协同;市场导向的政府,通过市场的杠杆作用来调控变化。[5]

(三)公民社会之治理:新公共服务之社会(社区)供给模式

近年来,正当新公共管理理论在世界范围内方兴未艾之际,欧美国家同时面临"国家空心化"的变革,国家权力发生转移,其包括向上将国家权力交给国际性组织,向下放于区域、地方及社区,向外转向非政府组织及私人企业。在这种变革的背景下,以美国罗伯特·B.登哈特(Robert B. Denhardt)为代表的一批学者基于对新公共管理理论的反思,特别是对其精髓的企业化政府缺陷的批判,提出了新公共服务理论。新公共服务理论的基础除了美国建国后的小共和理念外,登哈特夫妇更是与时俱进,吸纳公民权理论、社区与公民社会理论、组织人本主义以及新公共行政理论,提出"为民服务"的行政伦理观。其行政伦理纲领原则有:服务公民而非顾客,即政府所服务的对象不是着重私人利益的顾客,而是相互信任、对话与合作的公民;追求公共利益,新公共服务追求的是政府与公民相互对话与沟通后,所认识的长远性与群体性公共利益;策略性的思考配合民主性的行动,将更多的公民纳入合作与对话的范围中,形成策略性伙伴关系;承认责任并不简单,新公共服务中的责任具有多样性,它要求承认政府在当代治理中扮演的复杂角色;服务而不是领航,提倡与公民分享领导权,通过协商对话方式来帮助公民表达利益与满足共同的需求;重视人而非生产力,政府进行公共服务时必须高度尊重人民,而不是追求经济生产力。[6]显然,新公共服务理论凸显公民在服务供给中的权利、义务以及责任,换言之新公共服务倡导公民去做一个民主政体中应该做的事情———他们会去管理政府,并且政府应该与公民分享权威。[7]作为公共服务供给的新范式,从"为民服务"的行政伦理出发是没有错的,但是新公共服务所强调的为民服务是建立在"国家空心化"的强大公民社会基础之上,这显然不符合中国国情,而且新公共服务理论目前只提出了若干伦理原则,缺乏相应的制度设计及现实可操作性。

三、公共服务网络化供给何以可能

治理概念涉及公共性,即对于某一特定问题或行动结果所可能产生的影响,其所涉及的那一群人,都可以叫作"公众"。[8]由于公共服务供给所体现出的公共性长久以来追求两大不甚相容的目标———民主与效率,所以在民主与效率二元对立的前提假设下,传统公共行政、新公共管理以及新公共服务三种理论范式最后形成的都是偏"单中心"的公共服务供给政策框架,单中心治理结构下的民主参与只能是有限的,政府、市场与社会三者之间不完全博弈、非合作博弈仍是治理中的困惑。综上所述,对于公共服务供给机制创新,如何打破民主与效率二元论下"中心‐边缘"的供给结构,决定了当今社会治理的建构实践。基于此,皮耶尔(Pierre)和皮特斯(Peters)的研究具有启发性,他们在研究中区分了四种治理结构的类型:科层体制、市场模式、社群模式与网络模式。[9]在这四种治理模式中,行政命令是科层制的核心协调机制,价格竞争是市场模式的核心协调机制,公民社群参与是社群模式的核心协调机制,信任与合作是网络模式的核心协调机制。这种分类模式为我们提供了研究新思维,即在公共服务体制建构中,社会多元独立行为主体(政府组织、市场组织、社会组织)如何基于一定的集体行动规则,通过相互博弈、相互调适、共同参与合作等互动关系,形成多样化的公共服务供给机制模式。因此,由"网络"和"治理"这两个概念结合而成的"网络治理"是人类社会治理在当今条件下的"螺旋式上升",并非是从历史上曾经出现过的治理碎片中拼凑的一副政治图画,而是按照固有逻辑演进的一种全新的治理模式。

网络治理理论有一个基本假定,那就是明确肯定涉及集体行为的各个社会公共机构之间存在着权力依赖。进一步解释,权力依赖就是:致力集体行动的组织必须依靠其他组织;为求达到目的,各组织必须交换资源,商议共同目标;资源交换的结果不仅决定于各参与者的资源,而且也决定于游戏规则及进行交换的环境。在公共服务供给主体存权力依赖的背景下,只有把政府和社会主体连接在一起共同参与公共服务政策程序的制定,才有可能形成共同的价值基础,进而获得一定的物质利益或精神满足。这就意味着,网络治理形成的是一种不同行动者之间相对稳定的、非科层的相互依赖关系,当政府、市场与社会的各自功能遭到内在局限而无法实现其责任时,具有平等协商与自我统合作用的网络治理就成为一种新的公共服务供给的选择。基于此,网络治理具有以下基本特点:首先,多元的关系主体,政府组织、企业组织以及社会组织等众多行动者,他们以个体形式参与治理网络,但实际上是组织的代表;其次,复杂的关系结构,即多元主体的关系表现出结构关系的特征,结构关系连接有强有弱,有长有短;再次,多元主体之间的持续互动,网络成员之间的互动关系是基于信任以及相互认同的规则,持续互动意味着资源交换与共同目标协商的重要性;最后,相互依赖的关系,依赖的范围涉及资源、利益诉求以及政策合法化。

四、公共服务网络化供给的治理场域

网络治理理论有两个核心概念:一是公共服务治理网络的结构,牵涉到网络治理主体的组成、网络的任务和界限;一是公共服务治理网络中成员的互动,牵涉到资源与权利的交换与依赖。网络治理理论的核心概念实质上是围绕"结构和能动性"展开的。法国社会学家皮埃尔·布迪厄(Pierre Bourdieu)构建的"场域理论"对这一问题进行了深入研究。所谓"场域"指的是特定社会结构、习性、权力以及具体行动者之间的构型关系,而形成的一种交往主体间的关系状态;"场域"也是权力斗争和社会资本再生产的空间。布迪厄认为,"一个场域可以被定义为在各种位置之间存在的客观关系的一个网络。正是在这些位置的存在和它们强加于占据特定位置的行动者或机构之上的决定性因素中,这些位置得到了客观的界定,其根据是这些位置在不同类型的权力分配中实际和潜在的处境,以及它们与其他位置之间的客观关系———支配关系、屈从关系、结构上的对应关系等。"[10]在这样的空间里,行动者根据他们所占据的位置而行动,以求改变或维持其空间

的范围或形式。进行场域分析一般涉及以下几个环节：必须分析与权力场域相对的场域位置；必须勾勒出行动者之间的关系结构；必须分析行动者的习惯，即千差万别的性情系统。循着这种思路，在公共服务网络化供给的治理场域中，政府、市场、社会在网络内的权力主要是视其在与其他行动者联结的场域中所处的结构地位及其个别的能力和属性而定。对政府组织来说，一方面，"公共性的逻辑"直接为政府介入公共服务的供给提供了正当性与合法性，现代政府为公众提供的公共利益主要表现在公共服务方面；另一方面，公共物品的"属性逻辑"决定了其一般由政府或其他公共部门提供，公共物品是具有消费的非竞争性和非排他性、自然垄断性以及收费困难等特征的物品，因而私人就没有提供这种物品的积极性。因此，在治理场域中，政府承担的责任在于"元治理"。元治理并不意味着要建立一个至高无上的政府，其一切治理安排都得服从。相反，它承担的是机构制度设计、提出远景设想等责任。元治理有制度和战略两个方面：制度上它要提供各种机制，促使有关各方集体学会不同地点和行动领域之间的功能联系和物质上的相互依存关系；战略上它要促进建立共同的远景，从而鼓励新的制度安排和新的活动，以便补充和充实现有的治理模式之不足。[11]基于此，承担元治理的角色意味着政府公共服务的规划（供给）者角色与生产者角色必须进行分离，这称为"公共服务供给的初次分工"。服务规划者主要是指政府等公共机构，其主要功能包括财政预算和服务监管、服务政策制定以及服务范围划定，这类主体具有提供公共服务的法定义务；服务生产者主要是指产出服务的组织和机构，包括政府、市场、组织等所有具有产出公共服务功能的组织。政府规划与生产角色的分离为市场、社会进入公共服务供给体系创造了契机，这意味着作为服务生产者，政府不能有效生产的服务可以通过引进培育其他供给力量来生产，从而间接满足公众服务的需求，这一过程的实施称为"公共服务供给的二次分工"（详见图1）。公共服务供给的两次分工意味着除了政府"领航"之外，更需要公众参与，乃至于与企业、非营利组织等协调合作，建立"伙伴关系"。在治理场域中，这种伙伴关系具体表现为公共服务治理网络的"一主多元"供给模式。所谓"一主多元"供给模式，就是形成以政府为主导、市场和社会部门广泛参与的多种方式并存的公共服务供给格局。

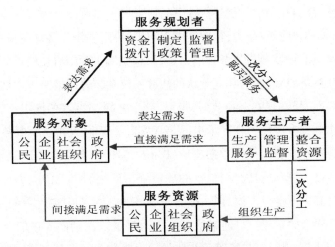

图1　公共服务供给模型

资料来源:郁建兴、吴玉霞:《公共服务供给机制创新:一个新的分析框架》载《学术月刊》2009 年第 12 期。

在治理场域中,"一主多元"供给模式只是说明政府、市场、社会三者在公共服务供给中职责分工不同,并没有地位高低之分,各主体拥有性质均等的"治理权",这种治理权的维持是因为三者之间存在着资源依赖关系。资源依赖关系一方面表现为作为规划者的政府与作为生产者的各主体之间存在"资源共生依赖"关系,即组织之间的资源具有互补性,透过资源的交换可以满足彼此的生存需求。一方面,服务规划者掌握着大量公共产品资源,作为服务生产者的供给主体通过政府间协议、契约外包、特许经营等制度安排获得提供公共服务的资格;另一方面,服务生产者在进行公共服务生产时优势各异,如政府在政策管理、保障平等等方面具有权威性,市场在适应环境变化、完成复杂和技术性任务方面更胜一筹,社会则在完成微利或无利可图且需要爱心和同情心的任务方面更显优势。因此,服务规划者需要与服务生产者合作并挖掘他们的优势以更好完成公共服务的供给。在"资源共生依赖"背景下,网络治理的重要目的是寻求共识的建立以确保集体行动成为可能,这使它可能会面临网络的领导与信任问题的挑战。回归到社会学的脉络,由于组织化程度决定了社会运动的成败,网络治理主体组织化程度越高,公共资源汇集和整合能力越强,公共服务供给成功的可能性越高。因此,在治理网络中需要有个领导者承担策略思考、资源汇集与分配的责任,毫无疑问在治理场域中所处的位置决定了政府应该承担"领导者"的角色。政府领导的过程,实质上是政府在与市场、社会互动中的优势行政下的协商民主过程。优势行政下的协商民主倡导公民参与提高行政能力，行政氛围强调平等性、法制完备性与依法行政，它必须在一系列"相互性"规则下才能有效运转，包括"相互承认的法权、相互承诺的信任以及相互尊重的规制"。相互承认的法权不仅意味着网络治理主体间的政治认同，更重要的是强调只有取得政府、市场、社会之间"共意"的前提下，网络治理的集体行为才具有合法性。相互承诺的信任实际上是嵌入在公共服务供给网络中的一种社会资本。美国社会学家波茨（Portes）关于社会资本的定义是：行动者通过他们在网络中或其他社会结构中的成员资格而获取资源的能力。他认为获取社会资本的能力不是个人固有的，而是个人与他人关系中包含着的一种资产，即社会资本是嵌入的结果。[13]网络治理主体通过资源流动嵌入进的社会资本的积累，使得治理网络由组织与组织间的信任转化成整个网络系统的信任。系统信任不仅包含着对处于网络关系和系统中的治理主体的技能性角色表现的期望，更意味着对参与互动者应遵守其基准性的义务与责任的期望。相互尊重的规制是指在能动自主的、相互依赖的组织之间建立一些这样的联系，它们不再屈从于一个组织部门的优先性。这意味着，网络治理主体可以相互监督，用来防止以牺牲整体的合理性为代价而把子系统的合理性绝对化的危险。综上所述，网络治理理论中的相互性规则体现的是基于合作的价值理念，它将政府、市场、社会纳入公共服务决策制定与执行体系之中，而不至于危害公共服务供给的效率，这就是网络治理理论中各治理主体互动的精义所在。

网络治理中政府、市场与社会存在资源依赖关系的另一方面表现是，作为公共服务生产者的各主体之间存在"资源竞争依赖"关系，即组织之间存在资源竞争的关系，但为了其他更高的理念和目标而相互合作。由于公共服务规划者拥有的公共产品资源是有限的，因此服务生产各主体为了自身利益难免会竞逐相同的资源。为了确保网络治理主体能够合作完成公共服务的有效供给，在"资源竞争依赖"的背景下，网络治理可能面临的挑战是治理主体的自利与课责问题。与其他关系网络一样，治理网络结构会产生以获取稀缺资源为目的的合作与竞争活动，为获取稀缺资源而存在结构性竞争，这是社会系统的内在属性。布迪厄认为，场域分析重要的维度之一就是关注场域中参与主体的"习性"。他所说的"习性"是指人们看待世界的某种倾向，即人们面对特定情境而行动的某种倾向，而且他认为习性可以反映每一类社会行动情境中所存在的权力结构。[14]习性在网络治理主体上的表现不同，政府在公共服务供给中有过度追求行政权力集中的倾向，市场在公共服务供给中将谋求经济利益最大化作为目标,第三部门在公共服务供给中可能过度追求某一群体权利的实现。政府、市场、社会的"习性"是造成他们在公共服务供给中政府失灵、市场失灵以及社会失灵的重要原因。因此,在治理场域中,需要协调公共服务供给主体之间由于"集体无意识"所造成的认知错误,进而强化彼此间目标的一致性。在资源有限的环境下,利益的共同性是行动主体形成网络的重要诱因,拥有不同目标的行动者基于资源汲取的需要而进行互动,并在网络内形成交易关系。[15] 基于此,在治理场域中,网络治理主体需要被赋予利益表达自由的权利,不同主体利益自由表达的实质是充分体认其利益关怀的正当性,以及以非排他性的话语进行的利益诉求活动。

促进网络治理主体进行正当利益表达的前提之一,是必须对治理主体所承担的公共服务供给责任进行明确而有效的划分。而网络治理理论所提倡的公共服务"两次分工"有利于进一步明确各治理主体的责任,并且将其加以制度化。首先,服务规划者与生产者角色的分离能够更为清晰界定政府的职能与权责,对政府部门来说,它的首要任务就是去汇集公民的意愿与需求,表达公民的利益,同时再根据公民意见与愿望去提供公共产品;再者,对于市场、社会等服务生产者来说,它们需要在与服务供给者的讨价还价过程中确定该用怎样的价格去购买公共产品以及如何对公共产品进行计价收费等。在这样的架构下,前者表现为政府与公民间的委托代理关系,后者表现为政府与市场、社会间的契约关系,这种契约关系包含有服务生产主体该订立怎样的价格、品质或标准去提供这些公共服务产品。在责任分担方面,公共服务的规划者所担负的是管理与监督的责任,规划者与生产者由于存在契约关系,如果生产者所提供的公共服务对公民造成损害时,公民可以直接向生产者进行关系对等的损害赔偿,国家此时却是站在监督者的角度协助公民求偿,而非直接的当事人。综上所述,网络治理一方面允许网络治理主体发挥其主观能动性,自由表达自己的利益关切并在合理的限度上实现自己的利益诉求;另一方面又从制度上对治理主体的责任划分加以明确化,进而实现公共服务网络化供给的共同目标。网络治理理论通过强调治理主体主客观的一致性,说明了治理网络结构的双重性,并且也肯定了公共服务供给主体的能动作用。

五、结语

作为一种全新的治理模式,网络治理理论提出了一个探索公共服务供给过程中各行动者之间关系的新途径,并将注意力放在传统治理理论所忽视的权力面向。进一步分析,网络治理模式的特质是强调不同行动者之间沟通与互动、深入的决策资讯以及市场和第三部门的参与,借此开启平等参与的决策空间,避免政府垄断决策权力,从而强化公共服务供给的正当性基础以及创造出多元的公私协力关系,可以说具有深化社会治理的效果。一般而言,理论是从一系列命题推演而来,网络治理理论作为一种全新的理论形态,其在解释公共服务供给有效性问题上还需实践的检验。不过,面对当今中国城乡公共服务一体化建设的浪潮,公共服务网络治理及其合作机制的建构,不仅是国家－市场－社会关系重理、重塑的结果,也将是公民社会成长和"一主多元"共治社会治理模式成长的历史契机,是和谐社会时代社会治理的一个实践方向。

注释

[1](美)托马斯·雅诺斯基:《公民与文明社会》,柯雄译,沈阳,辽宁教育出版社,2000年,第41页。

[2]孙本初、钟京佑:《治理理论之初探:政府、市场与社会治理架构》,《公共行政学报》(台湾),2005年第16期。

[3]孙柏瑛:《当代地方治理———面向21世纪的挑战》,北京,中国人民大学出版社,2004年,第19~23页。

[4]孔繁斌:《公共性的再生产———多中心治理的合作机制建构》,南京,江苏人民出版社,2008年,第58页。

[5][7](美)珍妮特·V. 登哈特、罗伯特·B. 登哈特:《新公共服务———服务,而不是掌舵》,丁煌译,北京,中国人民大学出版社,2004年,第15页,第32页。

[6]韩保中:《新治理的行政伦理意向———新公共服务论后设语言之分析》,《哲学与文化》(台湾),2009年第1期。

[8]吴琼恩:《构建无预谋的行政伦理———新公共服务五对概念的比较与检验》,《公共行政学报》(台湾),2007年第23期。

[9]Pierre, Jon and B. Guy Peters:Governance, Politics and the State,New York: St. Martin's Press,2000,P17.

[10](法)皮埃尔·布迪厄:《实践与反思:反思社会学引导》,李猛译,北京,中央编译出版社,1998年,第133页。

[11]俞可平:《治理与善治》,北京,社会科学文献出版社,2000年,第79页。

[12]郁建兴、吴玉霞:《公共服务供给机制创新:一个新的分析框架》,《学术月刊》,2009年第12期。

[13]林聚任:《社会网络分析:理论、方法与应用》,北京,北京师范大学出版社,2009年,第191页。

[14](法)皮埃尔·布迪厄:《实践感》,蒋梓骅译,南京,译林出版社,2003年,第85页。

[15]许立一等:《当代治理新趋势》,新北,空中大学出版社(台湾),2013年,第91页。

项目制下我国农村养老服务供给体制的探索与创新

夏玉珍　　徐大庆

一、农村养老服务基本情况及其困境

（一）农村养老服务基本情况

由于我国特殊的人口国情以及处于社会经济加速转型期,我国人口老龄化呈现出老年人口基数大、增长速度快、残障化、孤独化、高龄化的趋势非常明显而且越来越严重,另外加上我国未富先老的特殊国情和家庭结构核心化、小型化的因素累加在一起,越来越严重的人口老龄化导致了我国不断增长的养老服务需求。截至 2013 年年底,我国 60 周岁及以上人口 20243 万人,占总人口的 14.9%,65 周岁及以上人口 13161 万人,占总人口的 9.7%。有关专家预测,到 2050 年,中国老龄人口将达到总人口的三分之一。据统计,我国老年人口以每年 800 多万的速度急剧增加,特别是 85 岁以上的高龄老人和残障老人以年均 100 万的增长速度,对老年人的生活照料、康复护理、医疗保健、精神文化等多元化的需求日益凸显,使我国养老服务供给问题日趋严峻。

但是就目前的人口老年化状况,我国养老服务供给根本无法满足不断增长的多样化、多层次的养老服务需求。而且,养老服务供给城乡之间分布不平衡,近 74% 的老年人口分布在农村,另外 2012 年 3 月份世界银行发布的《中国农村老年人口及其养老保障:挑战与前景》的报告指出:"中国农村与城镇地区老年人口抚养比差距预计将从 2008 年的 4.5 个百分点扩大到 2030 年的 13 个百分点。届时,

---

［作者简介］夏玉珍(1951—),女,湖北鄂州人,华中师范大学湖北经济与社会发展研究院副院长,华中师范大学社会学院教授、博士生导师。徐大庆(1989—)男,湖北孝感人,华中师范大学社会学院硕士研究生。

农村地区的老年人口抚养比会达到34.4%,而城镇地区则为21.1%。农村养老服务供给问题更加突出。"据此,我国养老服务供给的重点地区是农村区域,重点人口是农村老年人口,难点问题是农村养老服务供给问题。

(二)农村养老服务供给的困境

1. 理论困境

在养老服务供给的过程中不管选择单一的政府还是单一的市场,都很难到达理想的预期效果,存在着市场失灵和政府失灵的情况。

市场在养老服务供给过程中遭遇着三种困境模型:1. 公地悲剧理论,它认为公共土地作为一种公共资源有众多的拥有者,他们中的每一个人都拥有公共资源的使用权。但没有人有权利可以阻止其他人使用公共资源,或者阻止的成本和代价非常高,而且每个人对公共资源的浪费漠不关心,从而造成公共资源过度使用和枯竭。2. 囚徒困境,它指两个共谋犯罪的人被同时关入监狱,但是不能互相沟通和交流。它反映了在公共产品供给当中,个人无法信任对方,缺乏合作共赢的机制,最终导致公共产品供给的低效率或者无效率。3. 奥尔森的集体行动的逻辑困境,它指个人的自利行为通常导致不利于集体利益的结果、甚至产生极其危害的后果,例如,集体行动中经常出现的"搭便车"现象。它反映了在农村养老服务供给的过程中很有可能出现"搭便车"现象,最终严重影响养老服务的有效供给。

政府在农村养老服务供给中也会面临困境和失败,典型的是政府失灵。政府失灵是指"个人对公共产品或养老服务的需求在现代政府组织中得不到比较好的满足,公共部门在提供公共产品或养老服务时经常会造成浪费和滥用公共资源,致使公共支出规模过大或者效率降低,政府的干预措施缺乏效率和效果,或者说政府做出了降低经济效率的决策或者不能够实施改善经济效率的政策工具。"政府失灵会导致政府在农村养老服务供给过程中会出现投机行为以及寻租腐败行为等,这严重影响养老服务的有效供给,会造成养老服务的低效率甚至无效率供给,在导致农村养老服务供给规模和质量严重不足的同时,又存在着供给结构失衡的问题。

2. 实践困境

(1)养老服务供给总量严重不足。目前农村社会结构非常复杂,差异极大,农村基本养老需求尚难以保障,养老服务供给非常有限,具有很大的稀缺性。我国农村养老服务的总体状况是供给严重不足,养老服务的供给远远无法满足农村居民日益增长的多样化、多层次需求。家庭对养老服务所需的人力、物力、财力等各种资源的供给是有限的,由于我国社会经济发展水平不高,城乡二元结构和区域发展不平衡,政府对农村养老服务领域的财政投入也严重不足。税费改革以后,基层政府再也不能向农民征收各种各样行政性收费,基层政府的财政收入和规模不断缩减,然而按照政策规定,刚性的财政支出不能减少,而且要逐年增加,这样基层政府的财政运转更是捉襟见肘了。为了解决资金严重缺口问题,中央财政不断加大对"三农"投入以及对农村地区的转移支付力度呈现逐年增长的趋势,支持"三农"的优惠政策不断加强。尽管这样,但还是无法解决基层政府的巨大财政缺口问题,基层政府缺乏动员和提供各种社会性资源的动力,提供农村养老服务的能力和积极性大打折扣,根本无力满足日益增长的农村养老服务需求。

(2)养老服务供给效率低下。长期以来,我国传统农村养老服务供给体系是以家庭养老为主,政府和社会组织支持为辅,市场供给微乎其微。另外一方面,政府凭借对农村养老事业的资金、技术、信息等高度的行政垄断,使企业、非营利组织、民间团体等愿意提供养老服务的主体无法进入农村养老服务领域,在体制和政策上抑制了企业、非营利组织等私人部门参与养老服务供给的可能性。"养老服务供给效率低下的根本原因是有效竞争,但当引入多元主体参与到养老服务供给过程中,形成竞争合作的机制和局面,才有可能极大地提高养老服务供给效率。"当前我国农村养老服务供给由于没有其他的竞争对手,不存在优胜劣汰的竞争风险,从而造成了养老服务供给的低效率和供给的不足,也严重制约了农村养老服务的快速发展。

(3)体制机制不合理。长期以来,我国农村养老服务供给总量不足和结构失衡问题并存,这与农村养老服务"自上而下"的供给决策机制有较大关系。在以决策权高度集中为基本特征的行政科层制下,中央政府是唯一的终极权力中心,基层政府在压力型行政体制下完成上级下达的各项指标和任务。在压力型行政体制下,政府习惯"自上而下"的命令式管理,在做出养老服务决策时往往忽视民众参与,往往根据"考核指标"、"任期政绩"来安排公共产品,热衷于道路、防洪防涝设施建设等一些见效快、易出政绩的短期"硬性"公共产品供给,对农村教育、农业技术服务等"软性"养老服务的供给缺乏积极性。此外,政府作为单一的决策主体在决策过程中可能会出现投机行为和寻租腐败行为,这也会导致农村养老服务供给失效和供需结构矛盾问题。

二、项目制是农村养老服务供给的探索和创新机制

自1994年的税收和财政体制改革以来,分税制导致了地方政府特别是基层政府财权上移、事权下沉,财政能力与治理能力不平衡,进而造成基层政府的财政不堪重负,无法有效履行政府养老服务的职能。中央与地方财政关系出现了"中央财政喜气洋洋,省市财政勉勉强强,县级财政拆东墙补西墙,乡镇财政哭爹喊娘"的现象。另外一方面,从国家建构的角度来讲,从汲取型政府向服务型政府转变是一种必然的趋势,国家必须为公民提供基本的公共产品和养老服务,以增强其政权的合法性和执政地位的稳固性,而对于广大农村地区,财权上移、事权下沉导致了农村经济社会凋敝、农民负担非常严重,农民的基本养老服务无法得到有效满足,养老服务权益更是无法保障。在这样的情况下,国家开启了农村税费体制改革,通过中央的财政转移支付加大对农村地区的"反哺"力度,开始了"城市支援农村,工业反哺农业"的良好局面。

分税制下财权与事权不平衡,以及从汲取型政府向服务型政府转变的现实挑战是中央政府进行自上而下的财政转移支付的主要原因。为了解决地方政府财权与事权不平衡的问题,提高基层政府的财政收入和财政能力,推进服务型政府的建设,中央财政通过税收返还、财力性转移支付和专项转移支付等方式来平衡中央政府和地方政府的财权关系,实现财政收入的再分配。据统计,自1994年到2004年,专项财政转移支付一直在财政转移支付总规模中占据大部分,2004年的专项转移支付占比为50.8%,2005年以后专项财政转移支付才低于财力性转移支付。以专项化、项目化的财政转移支付已成为中央政府对地方政府政府进行财政转移支付的最重要手段和主导形式。项目制遵循的是"增量改革"的逻辑,是在一定程度保持原体制内存量的基础上,通过发展原体制之外的增量部分,逐渐促进原体制存量的改革和转变,从而实现社会的结构转型。"增量改革"的逻辑存在这样的辩证关系:一方面通过保持原体制内存量部分来控制和引导增量的发展,避免增量过快发展,偏离了正常的发展轨道,产生非预期性风险;另外一方面通过培育和发展增量部分来逐渐实现原体制内的存量改革和转变。本质上是按照"稳定和发展"的原则推进社会治理方式创新。在这一原则下,单纯的行政科层制可以保持结构和秩序稳定,但却无法提高效率;单纯的市场体制能够提高效率,然而很难保障社会的安全稳定和公平正义。项目制则是一种新型的"增量改革"创新体制,它将自身视为原有行政科层制和市场体制的增量部分,通过专项财政转移支付为广大地区提供养老服务,保障民生和社会公平正义,另一方面通过财政的再分配体制,履行政府的养老服务职能,加强国家对地方政府和基层社会的控制。项目制已经成为我国一种新的治理体制。

三、项目制在农村养老服务供给中的治理特点

项目制是指中央政府对地方政府、上级政府对下级政府采取专项化、项目化的方式进行财政转移支付以重新分配资金，它突破了常规的行政科层体制，寻找另外一条财政资金运作途径，以项目化的财政转移支付可以最大限度地有效利用、管理、监督财政资金，实现高效、技术化、标准化的农村养老服务供给。项目制是我国改革开放以来社会治理方式中的一种新的重要的制度安排和治理体制。在项目制下，中央政府财政以专项化的财政转移支付的形式来配置和分配资源，实现对各种养老服务的全面投入和有效供给；地方政府以申报和竞争项目来弥补财政资金的严重缺口，提高政府的财政收入和财政能力，有效履行政府养老服务职能；基础社会特别是村庄积极争取和引入养老服务项目，利用项目资金"四两拨千斤"之功能大力发展养老保险、健康保健、文化娱乐、信息服务等各类养老服务。项目制在农村养老服务供给过程中强调目标明确、分配平衡、管理严格、程序合理、监督规范，对项目的制定、执行、监督过程进行全方位的管理。项目制具有如下几个特点：

第一，资金方向明确、专款专用。项目制下，中央政府掌握着财政转移支付的分配权和控制权，有效防止地方政府在农村养老服务项目实施过程中出现随意化的倾向。项目资金使用方向明确、专款专用、专职专责、资金跟着项目跑等规定和要求促使财政资金能够投入到那些政府指定的具体的农村养老服务项目中，明确了资金转移支付的具体对象，并对项目资金的使用进行严格的管理和监督。政府的意图很明显，通过明确的项目目标进行专项治理，以增加农村养老服务的规模和质量，同时提高政府的养老服务能力，最终实现国家或中央政府的利益和战略意图。

第二，带有技术治理的特点。项目制与常规的行政科层体制不同，它力图做到项目目标明确、资金分配平衡、预算结构清晰、过程管理严格、操作程序合理、审计监督规范，在实施过程中一统到底，且带有明显的专家治国倾向。这种技术治理的精神正好符合农村养老服务供给体制的要求。在分税制下，农村养老服务主要依靠政府的财政支出，特别是专项化、项目化的转移支付资金。农村养老服务的有效供给需要法治化、规范化、技术化、制度化的治理技术，而项目制具有一整套完整的设计严密、管理规范、程序合理、监督严格的控制过程，是这种技术治理的具体治理方式。

第三,半市场化与半官僚化。在项目制下,地方政府或者村庄需要通过项目申报的方式来获取专项转移支付资金,而这些项目资金并不是普惠性质的,是有限的,这就必须通过主动申报的方式来争取,这使项目制带有市场竞争的特点。但即便如此,国家或者中央政府也要运用行政科层体制对地方政府或者村庄进行管理和控制,这使项目资金的分配带有半市场化的特征。另外一方面,专款专用的项目资金可以绕过省级政府和地市级政府,直接到达县乡级政府甚至村庄,形成另外一条超越常规官僚体制的资金运作形式,使得国家对基层社会的渗透能力大为提高,然而项目资金的管理和控制必须依赖行政官僚体制,这使项目资金运作带有半官僚化的特点。

第四,动员型的资金投入。项目制要求地方政府或者村庄给予一定的配套资金和配套政策:根据项目规定,申报项目时地方政府需要出具配套资金的承诺证明,项目的前期投入也需要地方政府的一定资金投入。这种"配套资金"的效应导致地方政府改变现存的财政支出结构,最大限度地调动财政资金投入到农村养老服务项目中。此外,地方政府借项目提供的合法性和优惠政策大力吸引和诱导市场资本、民间资本等参与到农村养老服务项目的投入过程。这不仅调动了社会各领域的大量资金,而且快速提高了地方政府的财政动员能力。

四、项目制在农村养老服务供给中的多重主体

1. 中央政府

中央政府是项目的设计制定者、资源分配者、管理监督者,对项目的制定、分配、管理、监督、奖惩等负有直接的责任,对项目内容、立项条件、申报手续、资金分配、实施规则以及考核测评进行严格合理地规定。在实现国家发展意图和意志的目标下,中央政府对地方政府以及村庄进行自上而下的专项财政转移支付,财政资金通过项目制的形式将国家意图和意志直接传达到地方政府和基层社会,尽可能地调动地方的积极性、主动性,诱导更多资金投入到项目指向的建设任务和目标中,从而提高农村养老服务的有效供给水平,实现国家的战略意图和利益。中央政府在项目制下遵循的行动逻辑是:通过专款专用、专项专控的财政转移支付,有助于国家专项财政资金的落实,可以提高政府财政管理的水平和能力,尽可能地动员和控制地方政府的财政投入的方向、结构和规模;同时使国家直接面对地方政府和基层社会,在常规的行政科层体制之外寻找一条直接控制基层社会的治理模式,从而增强国家对基层社会的渗透能力和控制能力。

2. 地方政府

地方政府是项目的申请竞争者、组织经营者、资源整合者,对项目的申请、督导、执行、反馈等负有直接责任。农村养老服务项目的申报具有市场竞争的特点,这需要地方政府通过各种途径和手段,将各类养老服务项目申请下来。在贯彻执行国家政策和实现地方经济社会快速发展的双重目标之下,地方政府将申请下来的各类相关农村养老服务项目重新组织、重新分配和整合,加入地方的发展意图和利益,将一系列的项目资金捆绑起来落实到基层社会和村庄,以实现财政资金的集中高效投入。地方政府的行动逻辑遵循的是:第一,"重新组织和整合"逻辑,虽然专款专用的项目资金有利于落实到项目指定的建设任务和目标,而且标准化、技术化、专业化的资金运作有利于监管,但是单一的单项的项目无法满足地方综合性的、多样性的养老服务发展目标,这就需要地方政府对各类养老服务项目重新组织和整合,加入地方的发展意图和整体性的养老服务目标,使项目更加符合地方综合性的发展目标;第二,"项目—发展"逻辑,地方政府积极争取项目,不仅仅是为了项目所提供的资金,更是为了项目所提供的合法性和优惠政策,最大限度地吸引各类市场资本、民间资本等,不断扩大地方政府的融资能力,以实现地方经济社会快速发展的整体目标。

3. 村庄

村庄是项目的实际经营者、组织实施者、具体实践者,对项目的具体执行和实施负有重要责任。村庄通过地方政府的支持,积极向上争取和承接各类农村养老服务项目资金,将上级政府的项目公益目标和村庄的发展意图落实到项目的实践过程中,实现项目与村民的直接对接。同时,为了促进项目能够按期地、高质量地完成,村庄必须调动集体资源和各类社会性资源参与到项目实施过程中,以增强村庄的内聚力,提高村庄内部的团结水平和整合能力,不断满足村民的多样化、多层次的养老服务需求。村庄的行动逻辑遵循的是:第一,"修正和补充"逻辑,项目制下的农村养老服务的供给事先都有政府设计规划好了的,通常无法根据村庄的实际情况做到有针对性地提供,难以满足村庄和村民的实际需求,这就需要村庄加入本地区的实际发展意图和目标,对承接下来的各类农村养老服务项目进行修正和补充,使其更符合村庄的实际发展情况;第二,村庄自身发展逻辑,村庄借助项目提供的资金和政策合法性,吸引各路资金,集中优势快速发展农村养老服务事业。

4. 村民

村民是项目的最终受益者,直接面对项目,对项目感受最深刻,发挥着主体性的作用和功能。项目能否最终完成在很大程度上取决于村民的积极参与和实践能力。调动村民的积极性和主动性,参与到农村养老服务项目的建设过程中,有助于项目有效落实,和推进农村养老服务事业的快速发展。村民的行动逻辑遵循的是:第一,"资产安全"逻辑,项目的引入可能会改变村庄的社会关系和社会结构,影响村庄的社会稳定和团结,带来一系列的非预期性社会风险,对村民的资产安全形成威胁,对此,村民会通过各种途径和手段来维护自身资产的安全;第二,"项目利益最大化"逻辑,每个人都是理性的经济人,而大部分农村养老服务具有准公共产品的性质,无法无限制地供给,过度使用会造成拥挤效应,村民面对农村养老服务项目带来的各种资源,会通过各种方式实现自身养老服务利益的最大化。

五、项目制在农村养老服务供给中的多级运作机制

(一)项目分配机制

分税制后,国家的财政出现集权化、集约化,财政规模和财政能力不断快速提高,同时造成了地方政府特别是基层政府的财政严重缺口,不堪重负。中央政府负有财政转移支付和税收返还的责任,需要重新构建一种自上而下的财政资金再分配制度。中央根据农村养老服务建设事业的大政方针,将国家财政资金进行分割和分配,以专项化、项目化的转移支付的形式将资金分配到地方政府和村庄,通过项目将国家的政策意图和支付目标直接传达到地方和基层社会。在项目过程中,中央政府掌握着项目的制定权、分配权和发布权,但中央的项目分配权并不是完全的行政配置,项目要求地方自下而上地申请竞争,这就使项目的分配过程带有行政配置和半市场竞争的特点。中央政府在项目的分配过程中会遵循两条互相补充的治理逻辑:第一条治理逻辑是,中央政府以专项财政转移支付的方式指导、动员、控制地方政府的财政支出方向、结构和规模,同时项目制超越常规的行政科层体制的另外一种资金运作方式,使国家能够直接面对基层社会,提高国家对基层的渗透能力和控制能力,这样就实现了中央对地方自上而下的集权控制的目标;第二条治理逻辑是,项目的配套资金的规定,可以给予地方一定的自主性和管理权,以及项目本身具有的政策合法性,这使地方可以不受严格的集权控制,充分调动地方的积极性、主动性和创造性,便于大力发展社会经济。

（二）项目整合机制

项目制下的农村养老服务供给都是中央政府事先已经制定和规划好了的,带有很强的同质性色彩,通常无法根据地方的实际情况,做好有针对性的提供。而且,单一的、单项的项目无法满足地方和村庄的整体性、综合性的发展规划和实际需求,更是无法满足村民不断增长的多样化、多层次的养老服务需求。面对这样尴尬的情形,地方政府和村庄并不是束手无策,会根据地方的实际的整体性的发展规划和利益要求,对申请下来的项目进行重新组织和整合。地方政府和村庄在整合项目过程中会遵循两条线索:第一条是,地方将承接下来的目标,加入地方的发展意图和规划目标,使项目任务更符合地方的发展实际需要,做到有针对性、有目的性,避免"一刀切"的同质性色彩;第二条是,地方将一系列的各类养老服务项目捆绑起来,形成一个系统工程,同时利用项目提供的合法性和优惠政策,动员社会各方面资金集中投入到农村养老服务建设事业中,这样实现既能满足地方整体性的快速的社会经济发展,又能满足村民多样化的、多层次的养老服务需求的双重目标。另外需要我们注意的是,地方政府和村庄对项目进行重新组织和整合,有可能会模糊中央政府的宏观战略意图和支付目标,偏离项目的公益性,难以有效地满足村民的养老服务需求。

（三）项目竞争机制

在以农村养老服务为内容的项目制下,大部分养老服务具有准公共产品的性质,在消费上可能存在竞争,过度消费会导致"拥挤效应",项目是非普惠性的。地方政府和村庄想要获得项目资金,必须自下而上申请项目,这种项目竞争会发生在地方政府之间以及村庄之间。这使项目带有自由竞争的特点,但是这种竞争是一种不完全竞争,会导致地方采取两类不同的行动策略:第一类行动策略是,项目的申请条件、申请规则要求中央将项目资金优先投入到那些社会经济条件好,社会资源充足,有较强实践能力的地方政府和村庄,地方也会严格按照项目申请的正式规则去竞争项目,这是项目带有优胜劣汰的竞争特点;第二类行动策略是,由于中央掌握着项目的制定权和分配权,其中中央部委的主管对项目分配拥有决定权,地方政府和村庄会通过各种人际关系手段去运作上级,以获取农村养老服务项目,这就是项目竞争带有非正式运作的特征。需要我们注意的是这种非正式运作可能带来寻租和腐败,破坏常规的科层体制,影响项目制的治理成效。

六、项目制在农村养老服务供给中的治理效果

养老服务供给的核心是资金问题。如何尽可能地解决资金投入、资金分配、资金管理以及资金使用监督等问题将决定农村养老服务高效率供给的实现。项目制恰好是能够有效解决农村养老服务供给过程中的资金问题的治理方式之一。采取项目制的形式发展农村养老服务事业是一种体制机制的创新,会产生一系列的治理效果。

1. 将国家的战略意图和政策目标有效地贯彻落实到基层社会。中央政府若依靠常规的层级官僚体制发布下达关于发展农村养老服务的行政指令,那么其执行和贯彻的效果很难达到预期。尽管中央政府一直强调农村养老服务建设的重要性和战略意义,并把农村养老服务建设事业纳入政府的发展规划当中,对地方政府政府的考核测评指标体系进行了一定的调整和补充,加入了农村养老服务事业建设的指标内容。但是农村养老服务建设还是比较落后,地方政府的规划重点集中于经济发展上,特别是那些经济社会发展滞后的地区更是没有财力发展农村养老服务,其结果是政府的养老服务职能无法得到有效履行,村民的养老服务权益无法得到保障。在项目制下,中央政府以专项财政转移支付投入到基层社会的养老服务建设事业上,项目资金实行专款专用、专项专责、资金跟着项目的管理措施,明确了资金使用方向和支付目标,以确保中央的战略意图和政策目标落实到地方政府和村庄。另外一方面,项目资金超越了常规的行政科层体制的另行运作模式,使国家直接面对承接项目的基层社会,这避免了行政科层体制对国家政策意图的消解和偏离,增强了国家对基层社会的渗透能力和控制能力,从而使国家的战略意图和政策目标更能有效地在基层社会得到贯彻落实。

2. 实现农村养老服务快速发展的目标。一个地区如若实现快速发展的战略性目标,必须要一定规模的资金和优惠的政策集中投入。项目制下,项目对于地方的吸引力不仅仅在于其提供的项目资金,更在于项目发挥"四两拨千斤"之功能。项目的配套资金规定,地方想要获得项目必须进行一定的前期投入,并出具配套资金的承诺证明,而且要对配套资金的真实性和准确性负连带责任。同时,国家对项目分配过程具有不完全的市场竞争性质,给地方申请项目提供了竞争的机会,于是地方政府之间、村庄之间在获取项目过程中展开了激烈的竞争,这种竞争势必会普遍调动地方的积极性和主动性。这实际上,中央通过钓鱼工程诱导和动员地方政府在农村养老服务供给上进行更多的资金投入。另外一方面,项目提供的合法性和优惠政策,会促使地方政府根据实际的发展规范和利益要求,将一系列的农村养老服务项目进行捆绑和融合,打造一个系统的养老服务工程和融资平台,地方政府凭借这个融资平台积极吸引市场资本、民间资本等社会各路资金集中投入到农村养老服务建设事业,从而促进农村养老服务事业快速发展,不断提供多样化、多层次的养老服务,有效地满足村民的日益增长的养老服务需求,实现农村养老服务快速发展的目标。

3. 项目制技术治理的特性便于对项目进行严格的监管和审计。中央自上而下的财政转移支付的资金规模是巨大的,如何对其合理的分配、规范的管理和严格的监督等成为重要问题。而项目制为项目申报、管理和监督提供了一整套的标准化、技术化、规范化和法治化的操作程序,便于对项目实行垂直的专业化管理和控制。"标准化达成的统一原则,有利于自上而下的统计和监管,意在控制专项资金的使用和落实,技术化则被用来解决监管过程中的专业化难题,有助于自上而下地解决监管中的问题。"国家发展出一套设计严密的项目申报、审核、复审、监督、审计和奖惩制度,这促使地方和基层社会按照项目所指定的任务建设方向进行投入和管理,防止地方政府出现随意化倾向以及偏离项目的公益性目标,最终有利于农村养老服务项目高质量、高效率地完成。

七、结论与探讨

项目制是国家自上而下地利用专项财政转移支付,引导、动员和控制地方政府和基层社会参与到养老服务供给过程中。国家通过项目制将中央政府的战略意图和政策目标传达到基层社会,并通过钓鱼工程诱导和调动地方投入更多的资金和政策。这种项目资金超越了常规的科层官僚体制而另行运作,使国家可以直接面对承接项目的地方政府和村庄,提高了国家对基层社会的渗透能力和控制能力。同时,地方凭借项目提供的合法性和优惠政策,对一系列各类农村养老服务项目进行捆绑和整合,搭建一个融资平台,吸引社会各路资金参与到养老服务建设事业中,实现集中投入和快速发展的目标。

另外一方面需要我们注意的是,项目制存在一些非预期性的风险。国家事先设计好的项目缺少基层社会和民众的参与,无法根据当地的实际情况和村民的实际需求,做到有针对性地供给养老服务,项目制可能最终无法让村民受益。同时外来引入的项目可能改变村庄内部的社会关系、社会结构和社会秩序,改变正常的农村生产生活方式,人际关系和传统文化资源可能遭到破坏,使村庄可能出现解体的风险。为了应对这些非预期性的风险,国家可以在自上而下的项目运作过程中引入村庄和村民的参与,将村民的真实需求纳入到项目建设过程中,与此同时,需要对项目制进行修正和改革,增强村庄的内聚力,提高村庄的整合和团结水平,以抵御项目可能带来的风险。

参考文献

[1]中国老龄科学研究中心. 我国 60 周岁以上人口达 2 亿零 243 万,占总人口的 14.9%[EB]. 中国老龄科学研究中心,2014 - 01 - 21.

[2]许一鸣. 当前农村养老服务中存在的问题与完善对策[J]. 跨世纪,2008(11).

[3]E. S. Saves. 民营化与公私部门的伙伴关系[M]. 北京:中国人民大学出版社,2002.

[4]文森特·奥斯特罗姆. 多中心. [M]//迈克尔·麦金尼斯. 多中心体制与地方公共经济. 上海:上海三联书店,2000.

[5]郭小聪. 政府经济学[M]. 3 版. 北京:中国人民大学出版社,2011.

[6]渠敬东、周飞舟、应星. 从总体支配到技术治理—基于中国 30 年改革经验的社会学分析[J]. 中国社会科学,2009(6).

[7]折晓叶、陈婴婴. 项目制的分级运作机制和治理逻辑—对"项目进村"的案例社会学分析[J]. 中国社会科学,2011(4).

[8]渠敬东. 项目制:一种新的国家治理体制[J]. 中国社会科学,2012(5).

[9]周飞舟. 财政资金的专项化及其问题—兼论"项目治国"[J]. 社会,2012(1).

[10]李萍. 中国政府间财政关系图解[M]. 北京:中国财政经济出版社,2006.

财政自主性抑或民主治理影响村庄公共品供给

——2014 年 15 省(区)102 县 102 村的问卷调查分析

吴理财

一、研究假设

对于公共品供给,国内外有不少学者从财政分权或财政自主性角度展开研究。一部分学者认为,财政分权促进了地方公共品供给。譬如,美国经济学家蒂布特(Charles C. Tiebout)认为向地方政府分权有利于提高该社区公共品的供给水平:相对于中央政府,地方政府更加了解本地居民的偏好。奥茨(Wallace E. Oates)在《财政联邦主义》通过一系列假定提出了分权化提供公共品的比较优势,认为地方政府在提供公共品上具备更高的效率;他在 2006 年进一步提出,财政分权会鼓励地方政府进行试验和制度创新,所以公共服务会变得更加优质。国内外一些学者的实证研究也论证了这一观点。例如,刘天军等通过对陕西省 10 市面板数据的分析,认为财政分权对农村公共品供给效率具有正向促进作用。一个地区财政分权度越高,人口密度越大,地方公共物品供给效率就越高。

不过,我们却不能忽视蒂布特、奥茨的财政分权理论的前提假设,即地方资源和生产要素可以自由流动以及居民可以"用脚投票",还有与之相配合的民主体制和社区代表权。这些理论前提在许多国家或地区其实并(完全)不存在,以致在这些国家或地区,财政分权不但不能改善地方公共品的供给,甚至会滋生腐败。基恩(M. Keen)、马谦德(M. Marchand)证明,在资本自由流动而劳动力不可流动的假设下,对于公共支出的总体水平,生产性的公共品(基础设施等)并不一定供给不足,而仅仅服务于当地居民福利的公共服务一定供给不足。莫罗(P. Mauro)则

[作者简介]吴理财(1970—),男,安徽潜山人,华中师范大学湖北经济与社会发展研究院副院长,政治学博士,教授。

发现,由于从不同支出中获取贿赂的难易不同,腐败的政府会将更大的比重支出在基础设施上,而降低支出于教育的比重。一些学者认为,我国由于存在严格的户籍制度,人口并不能完全自由地流动;此外,较之企业增值税,个人所得税在中国税收收入中比重过低,也使得地方政府对居民流动或"用脚投票"的反应缺乏弹性。

还有一些研究认为,下列三种情形甚至会加剧这些国家或地区财政分权的"偏常"行为:①公共品具有较大的外部性;②地方政府缺乏技术、人才和财政能力;③地方政府之间的竞争。对于第一种情形,贝斯利(Timothy J. Besley)、科特(Stephen Coate)认为财政分权可能阻碍较大区域内的公共品供应。王淑娜、姚洋运用48个村庄1986—2002年的面板数据,对基层民主和村庄治理关系的研究也发现,民主选举增加了村庄预算中公共支出的比例,减少了行政支出和上交给乡镇政府的份额,说明选举强化了村委会的问责,但也削弱了村际的财政分享,可能损害超出村庄范围内的公共品的供应(如道路、灌溉设施、技术推广等,它们要么直接依赖于乡镇预算,要么需要村庄之间的合作),也会加剧乡镇范围内的公共品供应不平衡。对于第三种情形,基恩、马谦德认为,财政分权背景下地方政府之间的竞争会导致公共支出结构上的"偏差",因此公共支出存在系统性扭曲。平新乔、白洁通过研究印证了这一观点,认为财政分权会改变甚至扭曲地方政府的支出结构,不利于基层公共品供给。李宏斌、周黎安研究也指出,在中国以GDP考核为主的官员晋升体制下地方政府存在忽视科教文卫投资、偏向基本建设的制度激励。傅勇和张晏分析1994~2004年的省级面板数据得出类似发现,认为中国的财政分权以及基于政绩考核下的政府竞争,造就了地方政府公共支出结构"重基本建设、轻人力资本投资和公共服务"的明显扭曲;并且,政府竞争会加剧财政分权对政府支出结构的扭曲,竞争对支出结构的最终影响取决于分权程度。该发现也得到王世磊、张军研究的佐证。

此外,还有学者认为,在中国,伴随财政分权的地方政府竞争更多出于政治晋升的目的而非居民福利。在中国特殊的政治晋升语境之中,经济绩效对于地方政府官员的政治前途发挥着重要的作用。在保证自身运转的前提下,将有限的资源优先投入到基础设施建设,以此来吸引外来投资,推动任内经济增长。而其他外溢性比较高或者不作为晋升决定因素的领域则被忽略。

通过研究发现,财政分权对于地方公共品的提供是有条件的。在不具备一些必要前提条件的情况下,财政分权不仅不能提高效率,而且会带来一些意外后果。

这些前提条件都与政府行为模式有关系,周飞舟认为最重要的并不在于分权还是集权,而在于政府行为。政府行为对于分权和集权来说,与其说是内生的,不如说是外生的,它是人们理解分权框架的前提而不是结果。由此观之,地方政府行为总是基于一定的制度安排和相应的激励机制进行理性选择。因此,对于财政分权背景下的地方政府行为的考察,必须考量地方政府处身的结构因素。

对于一个中国村庄而言,它所置身的结构因素,既包括国家的制度安排以及地方基层政府的具体制度实践,也包括村庄本身的治理结构及其社会结构。处身于这种综合的结构网络之中的村庄,它的公共品供给是否与一般的地方政府的公共品供给具有类似的行为特点呢?抑或它受制于村庄本身的结构更加显著,而与一般地方政府的公共品供给行为迥异?

例如,在乡村关系方面,吴士健指出,我国现行的农村公共产品供给实行的是自上而下的公共品决策机制,农村公共品的供给取决于县、乡级政府的偏好,由它们决定提供公共品的数量和种类,没有建立公共品的农民需求表达机制,不能有效反映农村社区内多数人的需求意愿。刘炯认为,当前中国农村公共品供给存在着困境,形成这一困境的根本原因是单中心体制,主要包含单中心的治理模式、单一的供给主体以及高度集中的资金安排。

在村级治理机制方面,张晓波等人的案例研究发现,中国农村的民主选举会提高当地公共品的供给水平。刘永功、余璐通过比较发现,村民自治的好坏是直接影响村庄公益事业建设的一个重要因素,完全的民主能够在很大的程度上改善村庄公共品供给的有效性。前述王淑娜、姚洋的数据分析则发现,民主选举增加了村庄公共支出的比例,却损害了村际公共品的供应。但也有学者质疑这一观点,认为基层民主虽然给予了村民一定的权力,从而可能增强对村干部的问责,但基层民主的分散特性也可能会使地方精英更容易攫取村庄的行政权力、掌控地方政治,因此,民主未必会导致更加公平的公共品供应。

胡家琪、明亮通过对村庄内部不同层面公共产品供给状况的定性考察,发现公共权威力量是保障村庄共产品供给的前提。孔卫拿、肖唐镖则深入讨论了村级公共品供给与乡村权威、组织结构之间的关系,认为村级基本公共物品的供给受制于复杂的乡村内生权威和组织结构,并不是任何类型的村庄公共权威都会促进村庄公共品的供给:村支书兼任村委会主任的村庄,供给质量相对较差;存在教会组织、老年协会和专业技术协会的村庄,供给水平也相对较好。为此,他们提出,要高度重视作为治理之基的乡村内生权威与组织结构建设,通过国家财政投入力量下乡与社会治理结构承接的良性互动,实现地方基本公共品供给质量的最大化。

刘永功、余璐也认为,村干部如果能够和村民有较好的沟通,并有一定的威信,村庄内部的管理就容易很多,组织村民建设公益事业也非常的容易;村庄的团结度高低,即村庄是否有共识直接影响着村庄公共产品的供给。但深入分析发现,村庄不同的精英对农村公共品的供给却产生着不同的影响。李浩昇认为,一般来说,道德型的精英更愿意给村民提供细致化的、更多的公共产品;而经济实力型的精英,在道德上不如道德型精英这般无瑕,在村庄事务中也往往因为经济原因遭部分村民诟病。但他们往往会利用自身强大的经济实力和影响力,通过提供高水准的公共品来冲淡村民的不满情绪,以此获得村民的支持。因此他主张,对于当下的中国村庄来说要提高公共品的供给效率,必须改善村庄的治理结构。必须形成多中心治理的格局,改善村治的基本状况,才能根本地改变公共品供给的微观机制。

应该说,上述这些关于中国村庄公共品供给的研究是有启发性价值的。不过,其中大多数采行的是个案或定性比较方法进行研究的。这些质性观察仍然有待于量化分析的检验。本文在孔卫拿、肖唐镖等研究的基础上,提出如下假设。

假设1:乡村关系越松散,村级公共品供给越好。

假设2:村庄财政自主性越高,村庄公共品供给更好。

假设3:村支书和村主任不是一人兼任的村庄相对于“一肩挑”的村庄,其公共品供给更好;而且,村支书跟村主任关系好的村庄,其公共品供给更好。

假设4:村级财务支出通过民主理财小组决定的村庄,其公共品供给更好。

假设5:村务公开的村庄,其公共品供给更好。

假设6:村庄各类组织越多,其公共品供给越好。

假设7:村民对村庄公共事务越关心,其村庄公共品供给越好。

假设8:村民外出务工越多,其村庄公共品越差。

假设9:村庄公共品供给质量存在城乡明显差异。

二、数据分析

为了检验这些假设,本文使用课题组 2014 年暑期完成的一项农村问卷调查的《村情表》数据进行分析。

本次问卷调查共收回《乡镇基本信息表》80 份、《村情表》121 份和《农民调查问卷》1591份,涉及江苏、山东、广东、福建、湖北、安徽、河南、湖南、江西、山西、广西、贵州、内蒙古、四川、宁夏等15个省102个县(市、区)121个村。为了使分析的样本更加均衡,我们在同一个县仅选取1个村进行分析,同时,还删除了个别填写数据不够完整的村。经过这样处理以后,我们仅保留了102个村的样本数据。其中,东部地区样本数为18份(占17.65%),中部地区样本数为50份(占49.02%),西部地区样本数为34份(占33.33%)。由于人力和财力等客观条件的限制,本次问卷调查无法按照科学抽样的要求实施,因此调查样本的选择及其分布均存在一定的局限性。

关于村庄公共品供给质量,《村情表》设计了19个题项,包括路电水气、有线电视、互联网、文体教卫、村庄规划等内容。下面是这些选项的赋值及其描述性统计(参见表1)。

表1 村庄公共品供给质量描述性统计

题项	选项赋值	最小值	最大值	平均值	标准差
村道路	组组通=1;个别村民组通=0.75;只通到村部=0.5;不通道路=0	0	1	0.86	0.26
道路硬化	是=1;否=0	0	1	0.75	0.43
村主干道路灯	是=1;否=0	0	1	0.42	0.50
通公交	是=1;否=0	0	1	0.34	0.48
电网改造	是=1;否=0	0	1	0.80	0.40
通自来水	是=1;否=0	0	1	0.68	0.47
水利设施新建维护改造	是=1;否=0	0	1	0.59	0.49
村民通有线电视	是=1;否=0	0	1	0.75	0.43
村民家里上网	是=1;否=0	0	1	0.66	0.48
改厕	是=1;否=0	0	1	0.43	0.50
生活垃圾集中处理	是=1;否=0	0	1	0.60	0.49
村清洁工	有=1;没有=0	0	1	0.57	0.50
村民建有沼气池	有=1;没有=0	0	1	0.52	0.50
2013年合作医疗参保率	%	0	100	89.76	19.59
村医	名	0	20	2.53	2.64

题项	选项赋值	最小值	最大值	平均值	标准差
2013 年养老保险参保率	%	0	115	77.21	24.39
村学校或教学点	有 = 1;没有 = 0	0	1	0.62	0.49
文体活动场所	有 = 1;没有 = 0	0	1	0.51	0.50
2013 年文化活动	次	0	7	0.93	1.34
村庄规划	有 = 1;没有 = 0	0	1	0.58	0.50

根据表 1 的各个题项的赋值,将其加总生成村庄公共品供给质量指数。我们将该指数作为本文分析的因变量 Y。为了检验前述假设,本文选取《村情表》中相关题项作为自变量 X_n,它们主要包括乡村关系、村庄治理、社会组织、公共意识、村庄自然条件等内容。以下是这些变量的描述性统计(参见表 2)。

表 2 各类变量的描述性统计

变量定义	赋值	观察值	最小值	最大值	均值	标准差
公共品供给质量指数 Y		102	2	31.38	14.81	5.61
乡村关系 X_1	1 = 乡镇对村管得太多;2 = 乡镇对村指导到位;3 = 乡镇对村指导不够	99	1	3	1.99	0.56
财务管理 X_2	1 = 村财乡管;2 = 村财村管;3 = 其他	95	1	3	1.41	0.59
村支书是否兼任村委会主任 $X_{3.1}$	1 = 村支书、村主任一肩挑;2 = 村支书、村主任由不同人担任	102	1	2	1.75	0.44
村支书与村主任关系 $X_{3.2}$	1 = 很好;2 = 一般;3 = 矛盾大	93	1	3	1.47	0.58
村财务支出决定权 X_4	1 = 村支书;2 = 村主任;3 = 民主理财小组	99	1	3	2.47	0.84

变量定义	赋值	观察值	最小值	最大值	均值	标准差
村务公开 X_5	1 = 有;0 = 没有	101	0	1	0.90	0.30
农村专业合作社数量 $X_{6.1}$	个	96	0	16	1.25	2.42
农村各类社会文化组织数量 $X_{6.2}$	个	95	0	4	0.63	0.91
教会组织 $X_{6.3}$	个	97	0	5	0.25	0.72
宗族组织对选举的影响 $X_{6.4}$	1 = 大;2 = 不大	100	1	2	1.81	0.39
村民公共意识 X_7	1 = 对村庄公共事务关心;0 = 不关心	98	0	1	0.79	0.41
外出务工人员占比 X_8	%	102	0	88.89	28.06	0.18
村庄社区类型 X_9	1 = 城郊;2 = 集镇;3 = 乡村	101	1	3	2.61	0.72
村庄地貌 X_{10}	1 = 山区;2 = 丘陵;3 = 平原;4 = 草原;5 = 其他	102	1	5	2.07	0.90

通过相关分析发现,仅 $X_{3.2}$(村支书与村主任关系)、X_5(村务公开)、$X_{6.2}$(农村各类社会文化组织数量)、X_9(村庄社区类型)等变量与村庄公共品供给质量指数显著相关(参见表3)。

表3　各类自变量与村庄公共品供给质量指数的相关系数矩阵

		X_1	X_2	$X_{3.1}$	$X_{3.2}$	X_4	X_5	$X_{6.1}$
Y	γ	-0.191	-0.070	0.186	-0.297**	0.039	0.220*	0.141
	P	0.058	0.501	0.062	0.004	0.698	0.027	0.171
	N	99	95	102	93	99	101	96

续表

		$X_{6.2}$	$X_{6.3}$	$X_{6.4}$	X_7	X_8	X_9	X_{10}
Y	γ	0.337**	0.075	0.062	0.070	−0.118	−0.348**	−0.031
	P	0.001	0.467	0.541	0.496	0.238	0.000	0.755
	N	95	97	100	98	102	101	102

注:*,**分别表示在5%水平显著,在1%水平显著(双侧检验)。

这也就是说,从统计学意义上而言,乡村关系跟村庄公共品供给质量之间具有一定的弱相关($γ = -0.191$),而且其相关显著水平仅为5.8%,说明乡村关系保持一定的松散关系,在一定程度上有利于村庄公共品供给。但是,统计却同时显示,村庄财政自主性跟村庄公共品供给质量之间没有必然的联系。我国在农村税费改革以后,绝大部分村级财务实行了"村财乡管",是否实行这一村级财务管理体制,并不影响村庄公共品供给质量。本文提出的研究假设1有待进一步证明,研究假设2未得到证明。

在村庄治理结构中,村支书与村主任是否"一肩挑"对村庄公共品供给质量也没有必然的关联。这说明,村"两委"权力是否集中,并不跟村庄公共品供给质量相关,或许重要的是,是什么样的人担任村主要领导。不过,统计却表明,村支书跟村主任之间的关系却跟村庄公共品供给质量显著相关($γ = -0.297$,且 $P = 0.4\%$),说明一个村级班子是否团结对一个村庄的公共品供给质量具有关键性影响作用。

从相关分析来看,村级财务支出是否由民主理财小组决定,跟村庄公共品供给质量也没有联系;但是,村务是否公开却跟村庄公共品供给质量有一定的关系($γ = 0.220$, $P = 2.7\%$)。说明,假设4并未得到验证,假设5没有得到否证。

统计表明,村里农村专业合作社、教会组织数量和宗族组织跟村庄公共品供给质量也没有关系;不过,农村各类社会文化组织数量却跟村庄公共品供给质量显著相关($γ = -0.348$,且 $P = 0.00\%$)。这一统计结果跟孔卫拿、肖唐镖的研究结论相出入,他们的统计分析证明,农村老年协会、专业技术协会和教会组织均对村庄公共品供给质量产生正向作用。因此,本文的假设6修正为:村庄中各类社会文化组织越多,其公共品供给越好。

不过,较为意外的是:村民对村庄公共事务是否关心,从统计上来看,跟村庄公共品供给质量没有必然的联系。从而否定了假设7。此外,外出打工人口多少、村庄的地貌状况也跟村庄公共品供给质量无关。说明假设8也不成立。

然而,村庄是否处在城郊、集镇或乡村却跟村庄公共品供给质量有十分显著的相关($\gamma = 0.337$,且 $P = 0.1\%$),城郊村庄的公共品供给质量要比地处集镇的村庄、偏远农村的村庄更好,并形成一种梯度结构状态。由此可见,我国长期形成的城乡二元体制从根本上阻碍了农村公共品供给质量的改进。

为了进一步论证上述观点,在相关分析的基础上,我们依次加入变量 $X_{3.2}$,$X_{6.2}$,X_9,X_5 进行多元线性回归分析,形成如下4个回归模型(参见表4)。

表4　村庄公共品供给质量多元线性回归分析

	模型1	模型2	模型3	模型4
$X_{3.2}$	-0.297*** (-2.972)	-0.242** (-2.382)	-0.206** (-2.119)	-0.139 (-1.334)
$X_{6.2}$		0.268*** (2.633)	0.182* (1.825)	0.140 (1.381)
X_9			-0.336*** (-3.369)	-0.375*** (-3.704)
X_5				0.181* (1.700)
R2	0.078	0.129	0.223	0.241
F	8.836***	7.394***	9.139***	7.735***
N	91	84	82	81

注:(1)表中系数为标准回归系数,括号内数值为T检验值;

(2)*,**,***分别表示在10%水平显著,在5%水平显著,在1%水平显著。

从模型1到模型4,拟合优度依次从0.078、0.129、0.223提高到0.241,它们的F检验都在1%显著水平上。

尤其是模型3,$X_{3.2}$(村支书和村主任之间关系)、$X_{6.2}$(农村各类社会文化组织数量)、X_9(村庄社区类型)三个解释变量均通过了显著性检验。而且,模型3中的自变量可以解释因变量22.3%的变化,是一个关于村庄公共品供给质量较好的多元线性回归解释模型。

在这三个解释变量中,村庄社区类型标准回归系数(B = -0.336)最高。也就是说,在城乡之间,村庄越是偏离城镇,其村庄公共品供给质量指数越低,每偏离一个级差,村庄公共品供给质量指数就会下降0.336个标准差。再对照前文的相关分析,即村庄公共品供给质量跟村庄地貌无关,却跟村庄处于城乡之间不同区间地带显著相关,进一步有力地证明了不是村庄地貌等自然条件而是城乡分割体制深刻地影响了村庄公共品供给质量。本文的假设9得到了验证。

在模型3中,村支书和村主任之间关系的标准回归系数(B = -0.206)也是比较高的。村支书和村主任二者之间的关系越融洽,越有利于村庄公共品供给质量的提升。前文的统计分析却显示,村支书与村主任是否由一人兼任跟村庄公共品供给质量无关。这跟孔卫拿、肖唐镖的研究结论不一致,他们的数据分析认为,"一肩挑"权力结构对村庄公共品供给质量起到负向显著作用。由此可见,本文的假设3需要作修正,并有待进一步的数据分析验证。

然而,在模型4中,一旦加入了X_5(村务公开)解释变量后,$X_{3.2}$、$X_{6.2}$两个解释变量却没有通过显著性t检验,而X_5却通过了显著性t检验,而且,整个解释模型的拟合优度提高到0.241。说明,相对于村支书与村主任关系、农村各类社会文化组织数量而言,实行村务公开对于村庄公共品供给质量起着更加明显的促进作用。由此也再次论证了假设5是成立的。

三、基本结论

本文主要从乡村关系、村庄财政自主性、村级治理结构、民主管理机制以及农村社会组织、村民公共意识、村庄人口流动和村庄社区类型等方面对村庄公共品供给质量进行了定量分析。得出这样一些初步结论:乡村关系对村庄公共品供给产生了一定的影响,但具体的影响作用是什么仍然有待考察;中国村庄不同于以及基层地方政府,其财政自主性跟村庄公共品供给质量之间没有必然的关联;村庄权力是否集中并不是影响村庄公共品供给质量的重要因素,关键是村级班子是否团结、有凝聚力;村级财务支出是否经过民主理财小组决定也对村庄公共品供给质量没有产生线性作用,而实行村务公开则有利于改善村庄公共品供给质量;并非所有类型的村庄组织都对村庄公共品供给产生作用,统计显示只有村庄的社会文化组织越多越有利于村庄公共品供给质量的改进。

出乎意外的是,本文统计分析结果却认为村民对村庄公共事务是否关心跟村庄公共品供给质量无关,或许大部分村庄公共品的改善更多地取决于国家的投入和相关政策的实施。本文限于篇幅,对外在财政支持的影响作用没有进行分析——外在的财政支持对村庄公共品供给质量是否起到促进作用? 抑或哪些类型的财政支持项目会对村庄公共品供给质量具有改进作用? 如果外在的财政支持对村庄公共品供给质量起到促进作用,是否对各种类型的村庄公共品供给质量均起产生促进作用? ——对此,我们将另文进行专题讨论。

此外,本文分析认为,村民外出务工人数多少对村庄公共品供给质量也没有必然联系,或许更加重要的问题是,这些外出务工村民将自己的生活重心是否安放在村庄还是村庄之外。由此可见,村庄人口的自由流动跟村庄公共品供给质量之间不相关,而且,这些自由流动的村民往往是因为生计而不是因为"用脚投票"来对村庄公共品供给质量产生积极的反应。

本文还发现,我国村庄公共品供给质量存在明显的城乡差异性。从现有文献来看,以往关于地方或基层公共品供给的研究主要局限于经济学领域,其讨论主要聚焦于财政分权或地方财政自主性。通过前文的数据分析,我们发现,这些研究对于考察中国农村村庄公共品供给的借鉴作用是有限的,之所以如此,至少有两个方面的原因:一是中国村庄不能简单地跟一级基层地方政府相等同,从而简单地套用西方地方政府分权理论来研究中国村庄;二是将中国村庄公共品供给仅仅放置在乡村关系(或府际关系)和村庄自身的治理结构(包括村庄自身的社会构造)中进行研究是不够的,还必须放宽视野,引入历史制度主义理论分析框架,把它放在更加宏观的城乡社会体制中进行分析。不可否认,中国村庄公共品供给更主要地受到长期形成的城乡二元结构的深刻影响作用。当前应该采取更加积极的政策措施,加快推进城乡社会经济的统筹发展,促进城乡公共品供给的均等化。

文化体制改革的转型与出口

洪明星　吴理财　朱　懿

文化是民族的血脉,是人民的精神家园。深化文化体制改革,推动文化大繁荣大发展,是满足人民群众不断增长的文化需要,巩固发展中国特色社会主义的文化领地,全面实现小康社会和实现中华民族伟大复兴的基本要求。改革开放以来,我国的文化体制改革实现了从计划经济到市场经济的华丽转身,实现了文化体制的双轨分离和文化产业大发展,初步建立起覆盖全面的公共文化服务体系,改革成就举世瞩目。但文化体制改革也到深水区和攻坚期,如何推进深化考验着中国人民的智慧。党的十八届三中全会提出建设现代国家治理体系和全面提升现代国家治理能力的发展目标,这一目标落实到文化体制改革上,就是要建设与现代国家相适应的文化治理体系,全面提升国家的现代文化治理能力。文化虽是一个比较复杂的意义抽象,但它以社会为土壤、与社会紧密关联。文化体制作为文化发展的机制、制度与组织形式的统称,必须紧紧以社会结构为基础,如若脱离社会结构基础,文化体制将无所依托而无法发挥功能。因此,文化体制不能抱残守缺和固步自封,它必须根据社会结构的变迁而进行相应的调整与变革。今天的中国社会日益以个体化、多元化、全球化、信息化和网络化为特征,家庭、宗族、村庄等传统共同体不断消解,社会不断个体化和原子化,利益不断分层,价值日益多

［基金项目］本文是吴理财主持国家社科基金重大招标项目"加快公共文化服务体系建设研究"(项目批准号 10ZD&018)、洪明星主持国家社科基金西部项目"文化体制比较中的中国特色社会主义文化发展道路研究"(项目批准号:13XKS011)阶段性成果。
［作者简介］洪明星(1977—),男,湖南凤凰人,中共广西区委党校政治学教研部助理研究员。吴理财(1970—),男,安徽潜山人,华中师范大学湖北经济与社会发展研究院副院长,政治学博士、教授。朱懿(1980—),女,广西河池人,广西财经学院副教授。

元,新生社会力量以非传统的方式进行舆论和批判,外来文化以更隐蔽、更复杂的手段进行侵略扩张……这一切都迅速改变着中国文化治理的环境和生态,倒逼着文化体制改革的转型。

一、历史回顾:文化体制改革重心的四次位移

新中国成立后,中共以革命实践经验和中国国情为基础,模仿苏联建立社会主义文化体制。《共同纲领》第四十一条把新中国的文化教育发展方针定为"新民主主义的,即民族的、科学的、大众的文化教育",文化教育必须为人民服务,必须为社会主义服务。在这一方针指导下,中宣部被改组为主管意识形态和领导文化发展的党务机构,文化教育委员会、文化部、教育部、新闻总署、出版总署等成为主管国家文化发展的职能机构。新中国全面接管官僚、买办和国外的文化机构,对民族资本主义文化进行社会主义改造,对电影、戏曲、文学等文化艺术作品进行人民化改造。1954年,新中国按照《宪法》规定重新改组政府,在"反对权力分散"原则指导下,此次机构改革具有明显的"行政条条化"色彩,中央有什么部门地方就配什么部门,中央部门对下垂直一管到底。"行政条条化"不仅带来严重的机构臃肿问题(国务院部门达到81个),也架空了地方,严重影响地方的积极性与能动性。为此,我国于1956年进行"合理分配权力"的"行政块块化"改革,地方分得一部分权力,学校、电影、出版、广播等文化事业单位形成中央与地方分级管理的体制。然而,"反右斗争"扩大和"文化大革命"不期而至,中宣部和文化部被撤销,大批文化干部被停职、迫害,"百花齐放、百百家争鸣"方针被"文艺黑线专政论"取代,新中国刚刚上路的文化体制在"四人帮"的清洗中风雨飘摇。

(一)"以文补文"的市场化试水

粉碎"四人帮"后,我国虽然重建了政治经济文化等各种体制,但此时的国家全能主义已难以为继:经济生产陷入混乱和停顿,各类机构臃肿不堪、生产经营困难,国家财政十分吃紧,指令计划和大锅饭却严重束缚生产力,"以阶级斗争为纲"仍是人们的紧箍咒……为了走出困境,党的十一届三中全会果断停止"以阶级斗争为纲"路线,确定经济建设与改革开放的国家发展方针。自此,我国进入到经济建设与改革开放的新时代,以计划经济与单位体制为特征的社会结构逐渐解构、转型。在此背景下,我国的文化体制开始了"以文补文"的市场化探索改革。1974年,广东省台山县冲蒌镇文化站第一个开展收费表演活动。5年后,该站的固定资产达到11万元、流动资金5000多元。1979年5月,广东省文化厅召开现场会,总

结推广冲蒌镇文化站的"以文养文"经验。止1983年,广东全省实行"以文补文"的公社文化站达到585个,占公社文化站总数的31%。1981年、1982年两年,广东全省文化站"以文养文"收入达到426万元,相当于国家1982年补贴广东全省文化站经费的4倍。广东学习冲蒌,全国学习广东,湖北、吉林、上海、四川、湖南等省纷纷向广东取经,"以文补文"终于如雨后春笋般地在开国发展起来。1983年,中央第31号文件承认文化事业单位"可以适当收费,以补助活动经费的不足"。1987年,国家颁布《文化事业单位开展有偿服务和经营活动暂行办法》,"以文补文"创举终于得到国家的规范性认可。

(二)文化发展的"双轨制"分离

"以文补文"虽然解决了文化单位的"吃饭"问题,但由于缺少政策、制度的规范与约束,有些文化单位仍囿于政策包袱不敢放手从事市场活动,有些文化单位则在市场中唯利是图迷失本性,导致社会功能和社会效益弱失。为改变这一状况,国务院于1988年9月批转《文化部关于加快和深化艺术表演团体体制改革意见》,决定进行文化体制的"双轨制"改革。"需要国家扶持的少数代表国家和民族艺术水平的,或带有实验性的,或具有特殊的历史保留价值的、或少数民族地区的艺术表演团体"实行全民所有制,由政府文化主管部门主办和财政供养;其他大多数艺术表演团体由社会主办,实行多种所有制形式和多种经营方式,它们须到市场中谋生,自主经营自负盈亏,国家只以安排演出、补助、奖励等方式进行资助。"双轨制"改革的主观目的是为文化市场发展挪石让路,客观上却划定了文化事业发展与文化产业发展的两种格局,在文化体制改革进程中具有里程碑意义。邓小平"南巡"之后我国解决了"姓资"、"姓社"问题,党的十四大确定了建立社会主义市场经济体制的目标,中国特色社会主义文化终于在市场春风中发展起来。

(三)大力发展文化产业

世纪之交,我国把发展文化产业列为深化文化体制改革的重要目标。此时我国即将加入世贸组织,我国的文化产业即将面临残酷的国际竞争。而我国的文化市场规则、文化发展政策与WTO的市场准入原则、透明度原则和自由竞争原则等存在诸多不一致和冲突;我国文化公司规模小、集约化程度不高、资本薄弱、管理与技术落后、对WTO规则不熟悉,若没有强大国家力量的整合和支撑,根本无力与规模庞大、资本雄厚、管理与技术先进、熟悉WTO市场规则的外国文化公司一较高下。2000年,我国把"推动文化产业发展"列为"十五"计划的重要内容。2002年,党的十六大要求深化文化体制改革,完善文化产业政策,提升文化产业的整体实力与市场竞争力。2003 年,我国推进文化单位"转企改制"试点改革。2006 年,国家出台《"十一五"时期国家文化发展规划纲要》,提出优化文化产业结构,重塑文化市场主体,培育和发展文化要素市场与文化产品市场,努力打造以公有制为主体、多种所有制共同发展的文化产业格局的国家文化发展目标。2007 年,党的十七大提出文化产业的国民经济比重明显提升、文化产业的市场竞争力明显增强的全面建设小康社目标。2009 年,《文化产业振兴规划》出台。2011 年,国家出台《国家"十二五"时期文化改革发展规划纲要》,提出把文化产业发展为国民经济支柱性产业的发展目标。2012 年 2 月,文化部出台《"十二五"时期文化产业倍增计划》。据估计,我国的文化产业增加值 2015 年至少比 2010 年翻一番,2020 年将达到 111 万亿,GDP 比重将达到 5.5%,届时文化产业将成为国民经济的支柱性产业。[1]

（四）建设公共文化服务体系

新世纪初,文化体制改革重心向另一个方向位移——建设公共文化服务体系。这是因为,改革开放以来的市场化发展在推动文化快速发展的同时,也加剧了地区、城乡和群体之间的文化发展不平衡性,国家有必要以公共文化服务的形式扭转部分农村地区、边远地区和弱势群体的文化边缘劣势,维护社会主义文化发展的公平正义。而且,我国加入联合国的《经济、社会和文化权利公约》已于 2001 年生效,"保护公民基本文化权益"是成员国政府所义不容辞的责任。况且,党的十六届四中全会根据矛盾凸显期的复杂社会形势提出构建政治、经济、文化、社会四位一体的社会主义和谐社会,文化公益化、文化均等化是构建和谐社会的重要内容。因此,党的十六届五中全会通过的国家"十一五"规划首次提出要"逐步形成覆盖全社会的比较完备的公共文化服务体系"。2006 年 9 月,国家出台的《国家"十一五"时期文化发展规划纲要》的第三章"公共文化服务",勾画出建设公共文化服务体系的具体路线图。2007 年 8 月,国家出台《关于加强公共文化服务体系建设的若干意见》,这是公共文化服务体系建设的具体指导文件。2010 年,党的十六届六中全会把建设公共文化服务体系列为 2020 年国家文化发展的重要目标。2012 年,国家出台的《"十二五"时期国家文化发展规划纲要》把覆盖全社会的公共文化服务体系基本建立、城乡人民较方便地享受公共文化服务、人民基本文化权利得到良好保障等列为国家文化发展的重要目标。如今,我国公共文化服务建设取得巨大成就:公共文化服务设施网络基本建立并全部免费开放,系列重大文化工程惠民效果突出,人民基本文化权益得到有效保障……

二、现实沉思：社会结构变动形成的挑战

虽然如此，今天经济社会仍以前所未有的速度进行变革，中国的社会结构正在向个体化、多元化、信息化和全球化方向进行深刻变化，我国的文化体制改革面临新的巨大的挑战。

首先，个体化改变了共同体的社会结构。齐格蒙特·鲍曼指出，"共同体是一个'温馨'地方，一个温暖而又舒适的场所。它就像是一个家（roof），为人们遮风挡雨，让人们守望相助"[2]。然而，以市场化、工业化、城镇化为特征的现代化机器正在碾碎静止、封闭、同质的共同体社会，将人们从单位、村落、宗族、习俗和信仰的规制与约束中解放出来，使其直接面对法律与市场的普遍性规范。个人虽然获得前所未有的自由与自主，命运不再"为他人所决定"，而是"掌握在自己手中"，但失去共同体保护的个人却不可避免地陷入归属虚无、意义破碎和自我焦虑之中。个体需要根据自我经验与理性认识进行自我保护和规避风险，即使这种自我保护行为可能有损他人或公共利益。自私自利一旦成为社会交往的基本原则，"理性个体"与"无公德的个人"就必然出现。因为共同体在失去保护个体的价值与意义之时，它就失去在相同方向和相同意义的纯粹的相互作用与支配，共同体行为就不再成为个体行为的风向标。个体化把传统的国家—单位、国家—村落、国家—宗族等关系结构统统消解为国家—个体关系结构，从而消解了传统文化治理所依赖的结构基础，使传统文化治理面临危机。

其次，多元化改变了总体性的社会结构。多元化是市场化与现代化作用社会结构的另一个后果。总体性社会的大包大揽一旦被市场化与现代化取消，传统社会中单一的利益分配方式就发生了改变，人们可以通过多种途径、多种方式获得财富和利益。利益分配格局的多元化使"大一统"的社会主体不断分化、解体，形成诸多零散的社会个体，零散的社会个体在利益趋同中不断凝结、组合，形成新的社会阶层、社会群体。新生的社会主体拥有法律赋予的神圣自主性，它们不再是"大一统"主体的"零部件"。为了各自利益，各个社会阶层、社会主体以自己的方式进行舆论和影响，从而形成自己的行为逻辑与价值取向。随着多元分化的加深，不同阶层、不同群体之间的利益重叠和价值重叠将变得越来越少，利益冲突和价值冲突将引发不少社会问题，文化体制在利益整合和价值重建之上将面临前所未有的挑战。

再次，信息化改变了单向性的社会结构。以计算机、移动电话、互联网为标志

的信息技术革命引起社会结构剧烈变迁。互联网、手机等新媒体以"点—点"的网络传播方式取代了传统文化媒体"授—受"的传播方式,人们不必像往常那样只能从官方渠道获得信息和资料。论坛、博客、QQ、微博、微信等让每个人都有一个麦克风,都能成为舆论的主持者或参与者。一些网民为了吸睛,吹牛、煽情、造谣、无中生有,无所不用其极。一些网络大 V 吸集成千上万的粉丝,他们能在网络世界里呼风唤雨,能够让一些细小的社会问题迅速膨胀为舆论焦点,给国家和政府造成巨大压力。因此,信息技术在推动着国家与社会进步的同时,也成为最大的"不稳定因素",它的发展倒逼着文化体制的改革。

最后,全球化改变了闭合性的社会结构。世界正走向一起,全球的政治、经济、文化的合作交流日趋紧密,世界国家相互依存、相互影响的程度不断提高。面对全球化,任何民族国家都不可能置身事外而谋得发展。对中国这样的发展中国家来说,全球化是一个认识世界、接受世界和被世界所接受的过程。为了接受世界和让世界接受,中国需要改变传统的闭合型社会结构,不断调整、更加开放。而对整个世界来说,全球化虽然不再是赤裸裸的殖民扩张,但诋毁社会主义意识形态的文化霸权时有发生,普世价值的文化侵略更是无处不在。何况,在全球化交往中,不同地区、不同国家、不同民族之间的文化价值冲突也不可避免。中国如何在拥抱世界中维护国家文化安全,是文化体制改革必须应对的重要问题。

三、域外经验:几种外国文化体制模式

它山之石,可以攻玉。在"深化文化体制改革"问题上,有必要借鉴世界经验。从发达国家看来,文化体制的差异主要表现为国家与社会关系的差异,表现为"国家 - 社会"关系在"国家全能主义—社会中心主义"线轴上的位移(如下图),不同节点形成不同的文化体制模式,如国家全能模式、国家主导模式、契约合作模式和社会自主模式等。

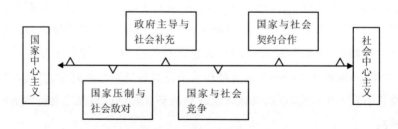

（一）国家全能模式

国家全能模式是指国家包办一切文化发展,包括制定文化政策、执行文化方针、计划文化发展以及分配文化产品等全部工作,市场被取消,社会没有插足机会,公民只能被动接受国家的文化分配。纳粹德国、苏联以及现在的朝鲜都采取国家全能的文化体制模式。实践证明,这种模式因禁止市场、社会的参与而严重束缚文化生产力,其结果必然是文化生产萧条,国家不堪重负。

（二）国家主导模式

国家主导模式是指国家主导文化发展,包括制定文化发展规划、出台文化刺激政策、为文化发展投入大量资金等。国家虽然设有"一竿子插到底"的文化管理机构,但市场在文化资源配置中仍起主要作用,社会是国家文化发展的重要补充力量。德、法、韩、日等国是国家主导模式的代表。以法国为例,法国的国家主导文化体制形成于戴高乐时代。戴高乐一心想把法国打造成世界一流的文化强国:"在任何时代,法国出于天性要完成'上帝的伟业',传播自由思想,做人类的旗手。"[3]在戴高乐推动下,法国于1959年设文化部及下属机构,制定系列文化发展政策,中央帮助地方发展文化。此后,历届法国政府都尊奉戴高乐的信条——"如果法国不伟大,就不成其为法国",继续以强大的国家力量推动文化发展。其主要做法是:(1)提供文化财政投入。法国2012年度文化预算总额为74亿欧元,比2011年增加0.9%,占国家总预算的0.76%。[4](2)维护国家文化安全。在20世纪90年代乌拉圭回合谈判中,法国提出著名的"文化不是商品"的"文化例外权",坚决抵制美国的文化侵略。(3)实施"文化走出去"战略。法国1990年实施的"出版援助计划"如今已扩展到75个国家,1.2万种法国名著在国外出版。

（三）契约合作模式

契约合作模式是指国家文化发展需要政府与社会契约合作才能实现。政府不直接管理文化事务,一切文化事务皆由政府与社会协议成立的第三方机构代理,第三方机构与政府、社会双方保持严格的距离,这就是"一臂之距"。"一臂之距"肇始于英国。为了提振士气和挽救艺术,1939年12月,英国教育委员会和朝圣者信托会各出资25000万英镑成立英国音乐与艺术促进委员会(CEMA),这是世界上最早的第三方文化组织。1942年4月,大经济学家凯恩斯出任音乐与艺术促进委员会主席,此时委员会资金全部由财政部拨款,政府对委员会影响强大,一些社会团体因此拒绝加入。为改变这一状况,凯恩斯等人于1944年6月成立大不列颠艺术委员会(ACGB)以取代音乐与艺术促进委员会。大不列颠艺术委员会是一个更加独立的自治体,它的资金虽然仍由财政部提供,也向财政部负责,但它把经济领域的公平独立原则引为委员会的核心指导原则,委员会与政府、社会双方保持严格的距离,严防任何一方干预。因此,大不列颠艺术委员会吸引了广泛的社会参与,英国文化发展盛极一时。1994 年,大不列颠艺术委员会分解为英格兰艺术委员会、苏格兰艺术委员会和威尔士艺术委员会,这三个委员会继续在英国文化发展中扮演重要的中间人角色。

（三）社会自主模式

社会自主模式的特点是国家绝不在文化发展中留下权力的影子,一切皆由社会自主。国家即不设立专门的文化管理机构,也不制定专门文化政策,更不会安排大量的财政投入,国家只以普遍法律的方式或约束或激励社会文化组织的活动。美国是社会自主模式的代表。美国管理文化主要依赖两部法律:《联邦税收法》和《国家艺术及人文事业基金法》。美国政府一向的文化政策就是"无为而治"（non – activity, non – regulation）。与政府的"无为"相反,美国的民间非常"有为"。美国的文艺院团维持生存和发展的经济来源主要依靠社会基金、企业赞助和市场经营收入,其中市场创收比例大都超过 50%。正因为所有的文化公司都必须在市场里摸爬滚打,美国文化公司的竞争力非常强大,"美国大片"一路攻城略地,令全世界胆战心惊。美国的文化产业是国民经济的支柱产业,GDP 比重在 20% 以上,其中仅版权经济（包括电影、录像、音乐、出版、软件等）一年就创造 4500 亿财政收入,吸纳 760 万人就业。美国人坚信清教徒式自由主义:"美国人是一群信仰个体自由与平等及资本主义的人,是视个人的成功与失败取决于自身的努力与能力,并认为人类市场活动是检验这一努力与能力的适当场所的人。"[5]

四、路向选择:国家主导多元共治

我国的文化体制改革深化,逻辑上也是调整"国家全能主义—社会自主主义"线轴的选择点,以更恰当的"国家 – 社会"关系推动社会主义文化发展。制度基础、现实国情和历史使命决定中国必须保持和发展国家主导的文化发展模式;社会结构的现代变迁则要求这种国家主导发展模式必须更加开放、更加宽容和更有吸纳性,以让多元主体都能够参与进来,与政府携手共治。

多元共治又称为多中心治理。奥斯特罗姆认为,政府、市场、社会都存在"失灵之地",因此,公共治理需要摆脱市场、政府或社会"单边中心主义",建立政府、市场、社会三维一体的"多中心"共同治理模式。"'多中心'意味着有许多在形式上相互独立的决策中心开展合作性的活动，或者利用核心机制来解决冲突。"[6]多元共治主张采用分领域、分方向、分层次、分阶段的多样性制度安排，以加强政府、市场、社会之间的合作和协同共治。奥斯特罗姆指出，多元共治就是"把有局限的但独立的规则制定和规则执行权分配给无数的管辖单位"。[7]文化体制改革的多元共治转向，就要打破国家管理和发展文化的单一模式，放权让利，畅通渠道，打造平台，让国家、市场、社会三种机制互相配合和互相补充，协同发展文化事业和文化产业，全面提升中华民族的文化竞争力、文化凝聚力、文化影响力。

但是，发展多元共治必须坚持国家主导。首先，奥斯特罗姆的"多中心治理"理论也存在致命缺陷。多中心治理模式颠覆了国家中心主义的一个机构、一个部门负责一件事情的治理方式，代之以多个规则多个主体共同治理。如果规则主体之间的协同机制或监督机制缺位或失灵，多中心治理就有可能陷入"无中心治理"的困境。其次，坚持中国共产党领导和坚持社会主义道路是经过历史与现实证明的正确选择，多党制、联邦制、自由主义等西方普适价值对中国来说根本不适用。单一体制中国从中央到地方都建立有严密的行政科层系统，中国在国家主导文化发展中积累大量宝贵经验，这是十分难得和不可抛弃的优势。其三，中国是世界上最大的发展中国家，中国的文化发展与发达国家仍有很大差距。发展是第一要务，中国文化发展的许多矛盾和问题只有通过发展才能得到根本解决，而强大的国家力量是文化发展追赶跨越的重要保证。其四，文化复兴是民族复兴的重要组成部分，实现伟大中国梦须要实现社会主义文化大发展大繁荣。只有依靠强大的国家力量进行有效文化资源的开发与整合，才能更好地实现这一伟大历史使命。其五，市场与社会的自发性发展在公益性、公平性、优先性方面存在先天不足，国家是公平正义的坚强维护者，是发展公益性文化、基础性文化和开发保护无利可图又意义重大的优秀传统文化的不二角色。最后，世界文化你来我往，价值侵略、价值冲突与价值竞争日趋激烈。国家主导文化发展能够制定保护民族文化的文化政策，培育和发展社会主义核心价值观，巩固马克思主义意识形态的指导地位，有效抵御文化侵略和维护国家文化安全。

五、如何改革：发展国家主导多元共治文化体制的基本策略

国家主导多元共治的基本原则是市场能做的事让市场去做，社会能做的事让社会去做，市场、社会都做不了的事由国家去完成。国家主导和多元共治是两个关键词，在文化体制改革中，既要改变过去的只有国家主导没有多元共治的状况，

又要防备"无中心"的分散主义,弱化国家主导这个主心骨。

（一）简政放权,释放市场、社会活力

改革开放以来,国家不断从市场领域、社会领域退出,市场和社会得以发生发展并日益在社会主义建设的扮演重要角色。虽然如此,对于国家全能主义厚重的中国来说,国家控制、国家管理在许多方面仍是市场发展、社会发展拦路石。因此,国家进一步简政放权是推动国家主导多元共治文化体制转型的重要前提。2014年1月28日,国务院颁布《关于取消和下放一批行政审批项目的决定》,这是党的十八大以来政府进行的第五批取消和下放行政审批权。2014年2月13日,文化部发出《关于公开文化部目前保留的行政审批事项的通知》,文化部在所列的负面清单里仅保留四类项目的行政审批权。今后,深化文化体制改革应要求国家在文化政策制定、文化市场管理、文化产品开发、文化发展投资、公共文化服务建设、文化遗产和优秀传统文化保护等领域进一步向市场和社会开放,至于哪些权限可以下放,哪些权限需要适当加强和收紧,如何下放和如何收紧等,因应进一步讨论。

（二）打破条块分割,发挥市场、社会自主性

目前,"条条化"与"块块化"的传统制度病根依然存在。就文化事业来说,新闻、出版、电视台、图书馆、博物馆、文化馆等公共文化机构既以部门安排,又以行政区划分布,这种人为的"条条化"与"块块化"虽然保证了行政区域的全覆盖,但十分不利文化资源的共享与整合。因此,建立大区域性公共文化服务联动和共享机制是改革的重要方向。文化产业方面,行政区隔也是阻碍市场发挥基础性作用的重要障碍,"条条块块"的"群龙治水"严重影响了文化市场的自由流通与自由发展。因此,宏观整合条块分割的文化管理职能,以大部制、大区域的文化管理形式破除部门壁垒和行政区域壁垒,是解放市场、社会自主性的重要方式。

（三）畅通参与渠道,让市场、社会参与进来

非营利组织是公共文化服务发展的重要力量。文化体制改革应在公共文化服务建设中要降低参与门槛,完善资金资助、财政补贴和税收减免机制,让非营利组织在公共产品的开发与保护、群体性文化活动的组织与开展、文学艺术作品的创作、文物遗迹和非物质文化遗产的开发与保护等领域发挥出更加重要的作用。社会资本是文化产业发展的重要生力军。文化体制改革要降低社会资本的进入门槛,允许和鼓励各种社会主体以各种形式参与国有影视制作机构、文艺院团的改制经营,国家要以税收优惠、财政补贴等方式支持鼓励民间文化个体和小微文

化企业的发展。文化体制改革要继续完善现代文化市场体制,规范文化市场的准入机制和退出机制,鼓励金融资本、社会资本、文化资源相结合,打造良好的市场竞争环境,让各类市场主体在市场中公平竞争、优胜劣汰。

(四)搭建共治平台,构建国家、市场、社会三方协同机制

国家主导多元共治关键要形成协同合作机制。在文化体制改革中,我国应建立完善政府购买文化产品与服务、政府委托文化服务、政府外包文化项目和政府资助文化项目等各种市场办文化、社会办文化机制,要建立科学合理的财政补贴与奖励、税收优惠政策和税收减免政策,要探索建立社会自办节日庆典文化活动、少数民族文化活动、现代文化活动等大型群众文化活动的资助、扶持和奖励制度,完善民间文化艺术和非物质文化遗产的扶持开发和保护机制。国家可尝试与社会共同成立第三方机构的方式建立、管理各种文化发展基金,以更广阔、更宽容的平台和载体吸纳更多社会主体参与到文化建设中来。

(五)加大扶持力度,培育市场、社会主体

目前,我国的文化发展存在"两弱",市场主体弱和社会主体弱。在市场主体方面,我国应加快推进文化单位的转企改制,鼓励文化企业进行提升规模化与集约化、提升竞争力与创新力的企业重组;加强培养和扶持小微文化企业;加大保护实体书店和实体影院的力度。在社会主体方面,我国应尽快完善社会文化团体的登记注册制度,提升文化行业协会自律机能,加强培育和扶持各种非营利性社会文化团体。我国的社会团体发展迅速,截至2012年底,我国共有民间组织49.9万个,是社会发展不可小觑的重要力量。取消挂靠挂钩是规范社会团体管理的基本路径,2013年,我国放开对行业协会商会类、科技类、公益慈善类、城乡社区服务类社会组织挂钩注册后,全年就有19000多个社会组织到民政部门注册登记,"合法化"之后社团组织活动更加合法化。目前,我国的社会文化组织的行业自律能力很弱,发展步履维艰,国家有必要以政策、立法等方式扶上马送一程,助其渡过难关和发展壮大,使其成为国家文化发展的得力助手。

当前农村社区建设的地方模式及发展经验

袁方成　杨　灿

　　从新时期农村社区建设的源起和实践发展来看,我国的农村社区建设大致可划分为:地方自发试点时期(2001—2006 年),建设实验时期(2006—2008 年)和全面推进时期(2009 年至今)三个时期。从实践来看,我国农村社区建设不完全是社会的自发和自助行为,而是在党和政府的领导、组织、规划和推动下进行的,表现出鲜明的政府主导的特点,也是党和政府主导下的一场规划性变迁。

　　同时,由于区域地理位置、经济条件、生活习俗和文化传统等方面的差异,自农村社区建设之始,中央就没有对农村社区建设设定统一的模式,鼓励和支持地方因地制宜,发挥优势,突出特色,探索和创新。在实践中,各地在农村社区建设中进行了大胆的探索。浙江温州、湖北秭归、山东德州等是地方模式的典型。这些探索和创新使农村社区建设表现出百花齐放的特点。通过对我国农村建设典型的地方模式进行深入研究分析,总结其经验,以期更深刻地认识当前我国农村社区的特征及社区建设道路的特点,更准确地把握我国农村社区建设的历史方位及未来走向。

一、我国农村社区建设的地方模式

　　我国农村社区建设不完全是社会的自发和自助行为,而是在党和政府的领导、组织、规划和推动下进行的。与此同时,虽然我国的农村社区建设是在从中央到地方各级党和政府的领导下进行的,党和政府在社区建设的组织、规划、实施过

　　[作者简介]袁方成(1978—),男,湖北武汉人,华中师范大学中国农村综合改革协同创新中心教授,湖北经济与社会发展研究院研究员,中国商会发展协同创新中心研究员。杨灿(1990—),男,湖北随州人,华中师范大学中国农村综合改革协同创新研究中心助理研究员。

程中发挥了主导和主体作用。但自农村社区建设之始,中央就没有对农村社区建设设定统一的模式,而是鼓励和支持地方因地制宜,发挥优势,突出特色,探索和创新。

(一)太仓的"政社互动"模式

太仓市位于江苏省东南部。太仓市从 2008 年开始试点"政社互动"的农村社区建设模式,以"转变政府职能、提升自治能力、创新社会管理"为抓手。2011 年在全市推行,经过 4 年的实践探索,太仓市的"政社互动"模式具体表现为:

1. 推动"政社分开"。凡是属于村(居)自治性范围的管理工作,由村(居)委会自主管理,凡是政府部门行政职责范围内的工作任务,不得随意下达到村(居)委会,太仓编制了《基层群众自治组织依法履行职责事项》和《基层群众自治组织协助政府工作事项》两份清单。[1]依据权责清单,将居民自我管理、自我服务、自我教育、自我监督等方面纳入社区到自治组织的事务范围;将基层政府部门所涉及的 28 项公共服务归属于自治组织依法应协助政府完成的事务中。通过责任清单厘清基层政府和社区自治组织的责权边界,更有效减轻了自治组织的行政负担。

2. 促进"政社合作"。一方面,制定《基层群众自治组织协助政府管理协议书》取代过去乡镇政府和街道与村(居)委会间的"行政责任书",明确基层政府委托社区自治组织事务的项目内容、经费和责任界定等,对自治组织依法协助事项采取"支付协助"的方式,改变基层政府过去行政手段干预自治事务以及行政命令下达指标任务的工作方式;另外,太仓市实施"一揽子"契约方式,每年由乡镇政府集中列出委托自治组织协助事项明细,将社会管理的"责、权、利"落实到基层,以此提高乡镇政府的行政效率。

3. 实行"双向评估"。太仓在各乡镇建立了自治组织协助事项情况评估小组(主要由党政干部组成)和政府履约评估小组[主要由村党组织、村(居)干部、群众代表等组成],对各自双方履约情况进行年度评估。[2]在评估基层政府履约情况的过程中引入社会满意度调查机制,对基层政府的管理及服务效果进行客观的评价,并向社会公开评价结果;在评估社区自治组织履约情况的过程中,则将社区勤廉指数等指标纳入考核范围,对村(居)会成员履约情况进行公开评估。

(二)德州的"两区同建"模式

德州市位于山东省西北部,市内村庄规模小、数量多、布局分散,是一个典型的农业大市。着力于发展农业现代化,构建新型城镇化,德州是在实施"合村并居"建设新型农村社区工程的基础上,于 2010 年将"合村并居"改进为"两区同建",即农村社区和产业园区同步规划、同步建设。由此,推动村民向社区聚集和农村经济的集约式发展,从而实现农村社区管理服务方式、社区居民生活方式和农村生产方式的三大变革。[3]

1. 合村并居。从2008年开始,针对村庄过多、居民居住过于分散的情况,德州启动了新型农村社区工程,即按照"地域相邻、产业相近、人文相亲"的原则,保留自然村,合并行政村。合村并居工程启动后,各乡镇(街道)纷纷开展行政村合并,将8319个行政村并为3070个社区(村)。同时,德州市动员县市区调整土地利用总体规划,2012年,按照"中心城区—县城—中心镇—农村社区"四级现代城镇体系规划,优化调整农村社区布局,将原来1184个并建社区调整到710个。[4]

2. 两区同建。自2010年开始,为实现农村社区居民就近就业,德州在农村社区附近进行产业园区建设,推动农村社区居民生活方式和生产方式的同步转变。各社区根据社区特色,宜工则工、宜农则农,宜商则商,同步规划农业、工业、商贸产业园区。工业园区以发展劳动密集型产业作为重点,既解决企业用工问题,同时解决了社区居民就业问题。农业园区则以发展现代农业为主,加快土地流转,实现规模经营,发展设施农业。[5]

表1　德州市"两区同建"　单位:个

	2011 年	2012 年	2013 年	2014 年
农村社区	4029	4407	4721	4937
产业园区	953	1829	2202	2352

数据来源:根据德州市2012年—2015年政府工作报告绘制。

3. 强化小城镇建设。2013年,德州重点支持宁津县柴胡店镇等12个示范镇发展。首先,设立专项资金,优化示范镇规划与基础设施建设。同时,在土地使用、项目申请、人才引入等方面给予政策倾斜,强化小城镇建设。各示范镇坚持规划先行,合理布局小城镇的总体结构、产业布局等,鼓励和支持人口、资源等要素向小城镇流动,引导企业向产业园区集中,促进产业集群发展。[6]

(三)温州的"城乡统筹"模式

随着城镇化进程的不断深入,农村地区的市场化、工业化、城镇化和现代化快速发展,农村人口、资源大规模流动。浙江温州的社会发展面临着城乡二元化的体制壁垒、城市化水平严重滞后、城乡分割且城镇小散、经社不分的村级体制、行政管理体制的滞后、公共物品供给不平衡等一系列问题。2011年开始,温州通过"三分三改"、"转、并、联"等措施,开始了农村社区建设的一系列改革。

1. 实行"三分三改",开展"转、并、联"。通过"三分三改"("政经分开、资地分开和户产分开"、"股改、地改和户改"),温州把政企、政资分开,村不再作为一级自治组织;同时,通过"三分三改",进一步明晰村民和集体之间的产权关系,解除村民集体产权与村籍身份的依附关系,打破传统乡村社会的血缘封闭性,变农村为社区、变农村社区居民为市民、变传统集体经济为现代合作经济。针对村庄低小散的特点,因地制宜地推进传统村级组织转变为城乡新型社区。对尚在城市规划区域内的城中村、城郊村进行统一的整治改造后转变为城市社区;依据"三分三改"和农房集聚点建设,挑选符合条件的村,合并组建为新型农村社区;将不满足"转、并"条件的村组建为农村居民联合社区。

2. 推动农村人口向城镇和新社区集中。针对村镇低、小、散问题,温州在具体改革中,实行"一镇一规划",以镇为单位,依据现代化小城市和新城区建设标准,编制镇域发展总体规划;[7]实行"一镇一政策",以镇(功能区)为单位制定具体政策措施;归并既有资源,搭建融资平台,实行"一镇一平台";实行"一镇一试点",各县(市、区)在推广阶段确定一个试点镇(功能区),每个镇(功能区)确定一个试点新社区[8]。

3. 建立多层次的社区服务组织体系。自2008年开始,温州在农村社区服务组织体系建设中,在乡镇一级设立乡镇服务中心,将职能部门放置在便民服务中心实施一站式服务,乡镇政府(街道办事处)的办理事项一律进便民服务中心办理;为更进一步方便为社区居民提供服务,在社区一级设立社区便民服务中心,设置与民众利益需求密切相关的各职能部门,如社区服务中心设立警务室、社会事务站等;同时,针对一些村务工作繁杂、村庄人口较多的村,设立一个村级服务大厅,对于村务较少、村庄人口少的村则设立一个简易村级服务中心,采取流动服务的方式为村民提供服务。[9]

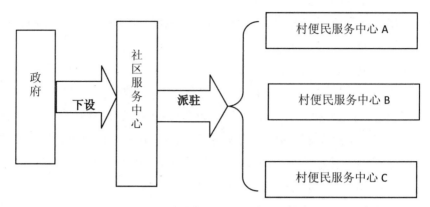

图1　温州市农村社区公共服务组织体系

（四）秭归的"幸福村落"模式

秭归县位于湖北省西部，是一个典型的农业型山区县。2003年，秭归县杨林桥镇大胆创新，以创新村级组织设置为突破口，结合"一村多社区"的建设模式在改革村级行政体制上不断探索。基于杨林桥镇的创新实践，自2012年8月起，湖北省秭归立足于农村工作实际，在所辖12个乡镇186个行政村全面推进"幸福村落"创建工作，建立了"一级政府、双线治理、三层架构"的农村社区自治新模式。

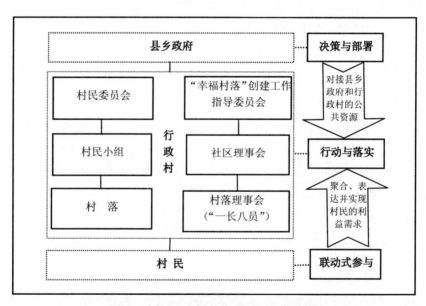

图2　秭归县"幸福村落"多层级组织架构

1. 成立"幸福村落"领导小组。按照"理顺关系、依法规范、便捷高效"的原则,秭归对农村治理组织构架进行重新设计,实行村务管理和社会治理"双线"运行的农村治理网络。在村务管理层面,实行"村民委员会—村民小组—村落"三级构架;在社会治理层面,实行"村级'幸福村落'创建工作指导委员会—社区理事会—村落理事会"三级构架,村务管理组织架构与社会治理组织架构合理分工、相互配合,共同构成"双线"运行、相互支持的农村治理网络。[10]

2. 合理界定村落,推动"能人治村"。按照"地域相近、产业趋同,利益共享、有利发展,群众自愿、便于组织,尊重习惯、规模适度"的原则,在充分尊重民意的基础上,合理界定村落。每个村落地域面积不得超过 $2km^2$,村落规模限定在 30 户至 80 户之间,以此为标准划分村落,最终将 13 个试点村中的 90 多个农村社区划分为 155 个村落。同时,试点村以村落为单位,以村落理事会为载体,在村落理事会设立"一长八员"(理事长、经济员、宣传员、帮扶员、调解员、维权员、管护员、环保员、张罗员)主要负责村落的建设和管理。通过"一长八员",充分发挥村里的能人来治理村落。[11]

3. 实行"捆绑使用"相关政策,落实"七项任务"。着力于提高居民参与"幸福村落"建设的积极性,力图为"幸福村落"建设夯实群众基础,秭归县通过"幸福村落"建设领导小组会议,采取捆绑使用各部门政策的方式,细化"七项任务"(发展村落经济、努力改善村落民生、积极建设村落设施、不断繁荣村落文化、及时化解村落矛盾、着力解决村落困难、切实保障村落权益等),落实责任主体,以保障"幸福村落"建设工作的顺利进行。[12]

(五)青岛的"社区社团化治理"模式

青岛经济技术开发区位于山东半岛胶州湾西海岸,下辖 7 个街道办、1 个镇、2 个管区,322 个村(居)委会。随着城市化进程的深入发展,开发区原有单一的社区治理主体、治理结构和居民诉求的多元化日益不相协调。2013 年,开发区经过探索和实践,逐渐形成了"三会共治、三园协同、三社联动"的社区社团化治理和项目化运作的新模式。

1. 推行"三会共治、三园协同、三社联动"。(1)各街道办事处成立社区发展促进会,统筹推动社区治理主体多元化共同发展,并由其成立社会组织创意园,发现社区内的多元化服务创意项目以及撰写创意项目计划书;(2)在聚集类社区成立社区联合会,负责建设社会组织孵化园,社区联合会的主要职责是创办社会组织创意园,根据各个社区自身特点,集中在民主法治、治安平安、社会保障等方面统筹规划,根据居民需求划分类别集中培育,优化社区资源,避免重复建设;(3)在社区成立社区公益协会,由公益协会建设社会组织公益园。由社区发展促进会、联合会、公益协会提供社区的公共服务,从而构成社区社团化治理的"三会共治"模式,形成社区、社会组织、社会工作者的三者联动机制。[13]

2. 项目化运作。在推行社区社团化治理的同时,开发区采取项目化运作模式。立足社区居民的思维观念、生活习惯、利益诉求日益多样化的特点,按照政务类、事务类、服务类,通过"项目招标、创意投标和示范评标"等方式,向社区社会组织购买服务。自2014年开始,开发区通过公开招标的方式,在辖区10－20个服务项目上已经开展了政府购买社会组织服务工作的试点。

二、农村社区建设地方模式的经验总结

从农村社区建设典型模式的实践来看,在农村社区建设中,温州、秭归、太仓、德州等地因地制宜,探索适合本地实际的农村社区模式和建设之路,从不同角度,基于不同的发展规划,不断探索和创新,并取得了很好的社会效益和经济效益。

（一）实施两区同建,实现"乐业"中"安居"

从我国农村社区建设的地方模式来看,为避免出现因单纯进行农村社区建设,而忽略经济发展、农民就业的问题,很多地方在广泛开展进行农村社区建设的同时,注重同步发展产业区,建设"离土不离乡、就业不离家、进厂不进城、就地城市化"[14]的新格局,从而实现社区居民在"安居"中"乐业"。山东德州从各社区自身特殊性出发,宜工则工、宜农则农,宜商则商,同步规划和建设农业、工业、商贸产业园区。农村居住区建设显著改善了社区居民生活环境和条件;产业园区建设则促进了外出农村社区居民工返乡创业和农村剩余劳动力就近就业,为实现农业生产规模化、机械化创造了条件。农业生产条件改善,农业科技水平和产业化水平提高,为实现农业的结构升级和高效集约发展,为发展现代农业提供了保障。居住区与产业区同步建设,为有效破解城乡二元结构、促进城乡一体化发展提供了一种可能。

（二）推进城乡一体,推动基层管理体制创新

在新型农村社区的过程中,对基层管理体制进行了大胆的尝试与实质性的变革。温州市在推进公共服务城乡均等化的同时,通过重新规划与调整、乡镇撤并以及"三分三改"等方式进一步推进地方和基层管理体制的变革,从"重民生"转移到"强治理",构建城乡一体化的基层组织、管理和服务体制,通过新农村社区重建完成

现代基层管理体制的创新。[15]从而实现了由城乡分割走向城乡统筹;湖北秭归的"幸福村落"模式,推动能人治村,更加具体、有效得落实了村民自治,最终建立起多层次、立体式的自治体系。实践中,秭归县各村落将大批有能力的乡村精英民主推荐为村落理事会的"一长八员",由"一长八员"负责村落的建设和管理。推动能人治村以后,村干部可以投入更多的时间和精力到村落的长远规划和发展中。

(三)健全公共服务,建设社区便民服务中心

农村社区服务中心承载着国家在基层社会的社会管理与社会稳定、公共服务与民生建设、社区参与与基层民主的三大功能。从实践来看,各地在农村社区建设中普遍设立了社区便民服务中心,为农村社区居民提供更加便捷有效的服务。比如温州建立了多层次的社区社会组织服务体系,提供乡镇政府——社区服务中心——村级便民服务中心的三层全面式的服务,不仅实现了服务内容的全面与广泛,更是在不同层级上实现了协调配套。[16]而秭归的"幸福村落"建设则在公推民选中产生了9000 余名的"一长八员",以村落为单位为村落居民提供齐全的农村基本公共服务,努力做到居民不出村落即便能够享受基本的公共服务;德州在农村社区建设时,建起新楼,配套水、电、路、气、暖等和幼儿园、学校、敬老院、超市、社区服务中心等各种公共服务场所,使农村社区居民享受到了与城市居民一样的公共服务。

(四)厘顺政社关系,厘清政府与社区的职能

实践证明,政府与社区之间的有效、健康互动在规范政府行政管理、社区自治、社会稳定发展等方面起着重要作用。厘清基层政府与社区的关系,梳理基层政府与社区自治组织权责,划清二者的责权边界,对于基层政府而言,能够有效解决其"越位"、"错位"问题,同时倒逼政府自身转变职能;而对于社区自治组织而言,则可以有效解决其"行政依赖"问题和受到的"行政干预"问题,并明确其职能定位。[17]温州市通过调整社区与县市乡镇和村级组织的事权关系,根据放权层级不同,制定两类事权目录清单,将287 项原本属于县(市、区)的事权交给乡镇(街道)办理,80 项原本属于县(市、区)的事权交给社区办理,在很大程度上强化了社区的管理服务功能。太仓市通过"两份清单",厘清了基层政府与社区自治组织的权责边界,政府不再是社区的"领导者",而是"指导者",基层自治组织成为政府的合作者,而不是政府的代理人。[18]

(五)发展社会组织,发挥"桥梁"对接作用

社会组织在农村社区建设中具有对接政府的公共服务和居民实际需求的重要作用。温州在改革中强调要积极支持、引导能够提供公益性服务的生活服务

类、社区事务类、文化体育类等各类型的社区组织发展,有效提升了社区自治能力,改进了社会管理方式,推动政府、社会、市场等"多元协同、和谐善治"的社会现代化;青岛市经济技术开发区积极培育、引导和发展社会组织,社区内实行社团化治理,促成了街道办事处、社区"两委"、社会组织、市场主体在社区治理过程中平等协作,缩小了与居民的距离,密切了与居民的关系,对于及时了解社区居民的多样化需求,及时、有效解决社区居民之间的矛盾和问题大有裨益,从而有效地扩大了社区管理服务的辐射范围,避免出现管理服务的"盲区",初步实现了小事不出网格,大事不出社区,复杂事不出街道的目标。[19]使社区的管理机制、自治机制和协同机制在社区层面获得了有效衔接。

三、对我国农村社区建设的启示与借鉴

我国一些地区在进行农村社区建设中具有鲜明的特色,尤其在建设思路、规划设计、建设目标、制度安排上走出了具有各自特色的道路,具有很高的创新精神,对现有的社区建设具有较大突破。但从全国范围来看,大部分地区的农村社区建设仍处于探索阶段,还存在诸多问题。为了更好地促进我国农村社区的持续、健康、稳定的发展,通过对我国农村社区建设中的典型模式进行深入的分析,进行经验概括和理论总结,可以帮助我们认识当前我国农村社区的特征及中国社区建设道路的特点,更准确地把握我国农村社区建设的历史方位和未来的走向。

（一）因地制宜,坚持规划引领,科学合理布局

农村社区发展规划是美丽村镇建设的重要环节,其不仅仅是农民安居乐业的基础,也是现代农业发展的坚强后盾。农村社区建设规划的制定,应立足于本土地理位置、经济条件、生活习俗、文化传统等方面,切实依据社区居民的实际需求,因地制宜,稳步发展。第一,与城乡统筹发展的战略相结合,对接城镇体系,科学规划农村社区的布局,明确农村社区建设布点,搞好总体规划以及详细规划、控制规划,合理确定农村社区规模,确保农村社区规划和建设质量;第二,在农村社区发展规划制定的过程中,要在吸纳广泛的群众参与,反复征求群众意见的基础上,根据实际社区规模、人员结构状况等要素,做好主体功能分区,即科学合理规划布局商业区、居民住宅区、工业区、公益性休闲区等功能区,对每个社区。同时,要同步规划教育、文化、卫生、体育等公共服务配套设施,健全建设管理服务和社会事业设施。

（二）持续发展,同步发展产业,提高居民收入

缺乏产业支撑的传统农村社区建设,本质上就是"新民居建设",虽然显著改

善了农民的生产生活环境,但难以解决农民转移就业和增收这个农村发展的核心问题,仅具有限的进步意义。[20]我国的农村社区建设要获得持续发展,必须坚持社区建设与产业发展相结合,提高居民收入。产业的发展是农村社区建设的中心环节,能有效解决社区建设中资金来源、经济发展的问题,同时,同步发展产业可以有效实现农村就地城镇化,农民就地市民化,实现农民就近就业,从而给农民的社区生活提供可靠的物质保障,这才是我国新农村建设的应有之义。在农村社区建设中,要同步规划和建设农村社区和产业区,根据各社区地域、资源特色,统筹考虑规划产业发展策略,宜农则农,宜工则工,宜商则商,宜游则游,并争取做到每个社区均同步建设产业区,每个产业区均有主导产业,以产业区建设带动产业发展,以产业发展推动社区建设,帮助农民就近就业,形成产业发展与农民生活条件同步改善的良好局面,加快实现农村就地城镇化,农民就地市民化,使农村居民在"乐业"中"安居",促进社区建设可持续发展。

(三)城乡统筹,均等公共服务,推动城乡一体

打破社区服务的封闭性,破除城乡公共服务的二元化,这不仅是保障公民平等权益的要求,也是实现社区和社会融合的基础。第一,要加快破解城乡二元制度,推动城乡一体化。加快户籍制度改革,逐步剥离户籍制度上所附带的利益链条,使城乡居民在劳动就业、社会保障等方面摆脱户籍的限制,并逐步取消城乡二元的户籍制度,实行全国统一的公民身份;改变城乡二元就业制度,将农村劳动力就业纳入整个社会就业体系中,逐步使对城镇失业人员的就业培训政策也惠及农村劳动力,引导农村劳动力有序转移。第二,逐步加大各级财政对农村社区公共服务建设的投入力度,拓展公共财政覆盖农村的范围与领域,渐次强化农村各项公共服务的供给。[21]再次,重塑公共服务供给理念,着眼于城乡融合式发展,以统筹城乡土地利用、城乡产业发展、城乡基础设施和公共服务体系、城乡劳动就业、城乡民生保障为抓手,将农村社区公共服务供给纳入国家公共服务的制度安排中,促进城镇与乡村享受共享无差别化的公共服务。

(四)政社互动,转变政府角色,强化社区自治

随着城镇化的发展,当前农村社会环境已经发生了显著变化,原有的政经不分、政社不分的乡村组织管理体制已经不再适应农村社区治理的需求。各地在农村社区建设的探索中,应着力于农村社区组织体制与机制的创新,使社区真正成为政府实现公共服务落地的平台和载体。第一,逐步厘顺社区与政府职能部门,街道办事处与社区党组织,社区居委会与辖区中介组织、物业管理等方面的权责

关系,推动基本公共服务重心下移、合作共治。转换政府与社区的上下级关系,通过契约、协议、外包等合作方式促进政经分开、政社分开、政企分开、政事分开的实现;通过提升基层自治组织的自治能力,有效承接政府行政管理;以改革管理服务体制为重点,激发社会内在活力,增加和谐因素,将不和谐因素降至最低。[22]第二,要确立农村社区自治主体,可通过组建农村社区理事会,设立具体的办事机构,如救助互助组、环境整治组、矛盾化解组、文娱活动组等承担具体各项公共服务,进而实现社区居民自我管理、自我教育、自我服务、自我监督。

(五)多方协同,引入市场机制,创新多元主体

在当前我国农村社区事务的治理中,应当引入市场机制,基层政府、农村社区与市场主体之间积极进行合作和协商、互动和交流,建立有效持久的合作关系,改变政府单一治理主体的传统模式,将市场、社会、居民等纳入农村社区治理主体中,创新多元主体参与模式。第一,在农村社区事务中,政府应当树立"小政府、大市场、大社会"的理念,鼓励和支持农村社区中的金融服务、购物、医疗、教育、卫生、养老等多项职能,通过引入市场主体参与来提高效率、提升质量。尤其在医疗、教育、养老等公共职能上,可以引入政府购买市场服务的形式,通过政府出资招标、市场主体提供产品服务竞标的方式,政府与市场主体建立合作伙伴关系;[23]第二,除了鼓励和号召居民参与社区居委会的选举、治理、监督外,应建立各种类型的参与机制,让各种类型的农村居民都能投入到社区建设中来;第三,充分发挥第三部门在农村社区建设中发挥辅助者、促进者、监督者作用,对基层政府在农村社区建设的投入及产出做出评估,对居民在农村社区建设中的获益和福利作出评估,对市场主体在农村社区建设中的作用和效能做出评估,建立独立、自主、权威的监督体系。[24]

农村社区建设是我国城乡一体化格局、新型城镇化与新农村建设的重要组成部分。当前,在农村社区建设过程中,各地勇于探索和实践,涌现了一批典型的经验模式,在完善基层自治、创新社会管理、健全服务体系等方面取得了重大进步。但由于我国国土广袤,受到地域的影响,不同地区的地理位置、经济条件、生活习俗、文化传统等自然条件和生活习惯以及各地区的经济社会发展水平呈现出极大差异,因此也在改革和发展中发现了一些制度性的问题。各地区在农村社区建设中要积极学习和借鉴农村社区发展的比较成熟的典型模式,总结其成功经验与不足之处,把地居民的人居方式、社会情感、经济发展注入农村社区建设发展中,寻求新型农村社区建设与美丽村镇建设的协同发展。

参考文献

[1]孙春燕,池慧灵.加强农村社区建设,推进城乡一体进程[J].江南论坛,2011 (7).

[2]孙凡义,潘攀.太仓"政社互动"改革初探[J].人力资源开发,2014 (7).

[3]邱少敏.推进社区建设实现城乡一体化[J].学习月刊,2010 (9).

[4]蒋德生,田志梅.德州市开展两区同建 推进农村社区建设的调研[R].德州市开展两区同建 推进农村社区建设的调研,2013.

[5][6]吕云涛.德州市"两区共建"推进新型城镇化的经验与启示[J].江西农业学报,2013(11).

[7][8][9][16]项继权,李增元.经社分开、城乡一体与社区融合——温州的社区重建与社会管理创新[J].华中师范大学学报(人文社会科学版),2012(6).

[10]湖北省民政厅联合调研组.探索社区建设好模式——以株归"幸福村落"建设为例[J].学习月刊(社区建设),2013 (5).

[11][12]黄传喜,宋正荣.创建"幸福村落"共筑关丽家园[J].学习月刊,2013(1).

[13]青岛开发区政务网.新区召开创建"全国社区治理和服务创新实验区"工作会议[EB/OL].http://www.huangdao.in/html/2014/0804/1150277200.htm.

[14]刘文俭.新型农村社区与特色产业园区共建模式研究[N].青岛日报,2013-6-23.

[15]李增元.农村社区建设治理转型与共同体构建[J].东南学术,2009 (3).

[17]Daniel Kelliher, "The Debate over Village Self-Government," China Journal 37,1997.

[18]桂萍,黄学贤.论服务型政府语境下的"政社互动"——以"太仓模式"为例[J].云南行政学院学报,2013(4).

[19]管志利.社区管理模式之比较选择[J].山西青年管理干部学院学报,2008(3).

[20]张颖举.农村城镇化中传统农村社区建设问题的调查——基于典型个案的讨论[J].毛泽东邓小平理论研究,2014(4).

[21]王谦,吴楠楠.改变城乡二元制度是实现城乡公共服务均等化的关键[J].经济沧坛,2011(7).

[22]王剑锋.政社互动:太仓的探索与实践[J].群众(民主法治),2011(5).

[23] Kay, A, Social Capital, The Social Economy and Community Development, Conmumity Development Journal. 2006.

[24]周悦,崔炜.社会参与理论下的农村社区建设现状分析与机制构建[J].前沿,2012(17).

完善乡村治理体系的探索与实践

——"美丽村镇"建设研究报告

袁方成,袁青,谭湘东,王明为,马赛赛,刘开创,杨灿,柳红霞,陈泽华

美丽村镇:新型乡村治理体系的新探索

村镇是我国基层政权组织,也是国家治理的基础。农村社会日益开放、流动、多元化和复杂化,农村的村级组织以及乡镇政权组织的经济社会背景正在发生深刻变化,农村基层组织和政权也面临重大的调整和转型。与此同时,随着小城镇人口的逐步放开,越来越多的农村人口向小城镇聚集,对小城镇的组织、管理、服务及环境提出了更高的要求。上述背景的变化迫切需要创新基层治理体系,改革完善治理结构,理顺乡镇村及农村党组织、村委会、社区以及集体经济组织的关系,进一步实现村镇一体化治理,加强社会服务,提升治理能力。

正因如此,国家"十二五"发展规划纲要以及一系列重要涉农文件都要求各地积极推进农村社区建设,"把城乡社区建设成为管理有序、服务完善、文明祥和的

[作者简介]袁方成(1978—),男,湖北武汉人,华中师范大学中国农村综合改革协同创新中心教授,湖北经济与社会发展研究院研究员,中国商会发展协同创新中心研究员。袁青(1988—),女,湖南长沙人,华中师范大学中国农村综合改革协同创新研究中心助理研究员。谭湘东(1990—),男,湖南泸溪人,华中师范大学中国农村综合改革协同创新研究中心助理研究员。王明为(1990—),女,湖北仙桃人,华中师范大学中国农村综合改革协同创新研究中心助理研究员马赛赛(1989—),女,湖北潜江人,华中师范大学中国农村综合改革协同创新研究中心助理研究员。刘开创(1989—),男,湖北武汉人,华中师范大学中国农村综合改革协同创新研究中心助理研究员。杨灿(1990—),男,湖北随州人,华中师范大学中国农村综合改革协同创新研究中心助理研究员。柳红霞(1976—),女,湖北武汉人,中南财经政法大学马克思主义学院副教授。陈泽华(1990—),男,山东曲阜人,华中师范大学中国农村综合改革协同创新研究中心助理研究员。

社会生活共同体"。中共十八届三中全会首次提出推进国家治理体系和治理能力现代化。而后,2013年12月举行的中央城镇化工作会议指出:"推进城镇化是解决农业、农村、农民问题的重要途径,是推动区域协调发展的有力支撑,是扩大内需和促进产业升级的重要抓手。"并强调"要优化布局,根据资源环境承载能力构建科学合理的城镇化宏观布局,把城市群作为主体形态,促进大中小城市和小城镇合理分工、功能互补、协同发展。要坚持生态文明,着力推进绿色发展、循环发展、低碳发展,尽可能减少对自然的干扰和损害,节约集约利用土地、水、能源等资源。要传承文化,发展有历史记忆、地域特色、民族特点的美丽城镇"。

从实践来看,2006年以后,各省市都开展农村社区建设的试验工作。至2009年,农村社区建设已经从"农村社区建设实验"阶段转入推进"农村社区建设全覆盖"的新阶段。在农村社区建设的同时,一些省市也大力推进城乡一体化,推进城乡统筹综合改革,深化土地、户籍、公共服务和社会保障体制的改革,推进乡镇体制改革,不断探索乡镇治理机制,进行社会管理创新。然而,迄今为止,各省市农村社区建设及基层治理等方面的发展很不平衡,尤其是对于农村社区建设、新型乡镇治理机制以及社会管理创新的方向和路径仍有不同的认识,对乡镇、街道以及农村社区和村级组织的建制、组织、功能等等仍有不少分歧,新型乡村治理体系及乡镇治理机制仍有待在实践和试验中进一步探索。

随着新型城镇化、新农村建设步伐加快,中部地区的乡村生态文明建设取得了许多突破性的成就,建设"美丽村镇"的步伐不断加快。不仅广大农村居民的物质生活水平和精神文明水平在不断的提高,农村环境也在发生着变化,以前"脏乱差"的农村现状得到了很大的改善,基层治理不断加强。由"美丽中国"到"美丽乡村",再到"美丽村镇",新型城镇化得到进一步完善。然而,在推进美丽村镇建设进程中仍存在一些问题与不足,特别是区域发展不均衡、工业化进程相对滞后、城市规模相对较小、财政资金投入有限、基础设施配套缺位、城市公共服务水平相对较低、社会保障体系尚不健全等,影响和制约着中西部地区新型城镇化建设进程。

为了贯彻落实中央城镇化工作会议精神,了解各地小城镇建设的经验和做法,研究财政支持小城镇建设的着力点和相关政策,我们通过实地调研,探索了美丽城镇建设及城乡统筹、镇村一体、美丽城镇与美丽乡村相得益彰、良性循环的途径和机制。

课题组通过分析S市X片区的村镇发展现状,按照中部省份建设美丽村镇的要求,借鉴已经形成的国内外村镇生态建设指标,探讨了美丽村镇的建设体系,以期更好地推动中部地区美丽村镇建设从理论建构转向实践应用。并为推进基层治理体系和治理能力现代化积累经验。

美丽村镇的建设原则

美丽村镇的建设是尝试通过对村镇布局、生态环境、基础设施、公共服务等资源进行合理配置和生产,促进当地经济、社会的发展以及环境状况的改善。因此,建设美丽村镇应遵循以下基本原则和建构思路:

坚持以人为本,改善民生。始终把农民群众的利益放在首位,充分发挥农民群众的主体作用,尊重农民群众的知情权、参与权、决策权和监督权,引导他们大力发展生态经济、自觉保护生态环境、加快建设生态家园。

坚持城乡一体,统筹发展。建立以工促农、以城带乡的长效机制,统筹推进新型城镇化和美丽村镇建设,深化户籍制度改革,加快农民市民化步伐,加快推进城镇基础设施和公共服务向农村延伸覆盖,着力构建城乡经济社会发展一体化新格局。

坚持规划引领,示范带动。强化规划的引领和指导作用,切实做到先规划后建设、不规划不建设。按照统一规划、集中投入、分批实施的思路,坚持试点先行、量力而为,逐村整体推进,逐步配套完善。

坚持合理集聚,节约用地。村庄规划应与土地整理、村庄整治相结合,与土地利用规划相衔接,按照"统一规划,相对集中,适度规模,分步实施"的要求,实现土地的集约使用和耕地的占补平衡。

允许适度超前,增强配套。按照城乡村镇居民生活条件同质化,以及公共设施、基础设施配置均等化的目标,结合经济、社会发展要求合理布局配套基础设施、公共服务设施、公共安全设施。

美丽村镇的建设指标体系

随着"美丽中国"概念的提出以及农村生态环境建设的步伐加快,国家先后发布了《全国环境优美乡镇考核标准(试行)》和《国家级生态村创建标准(试行)》《农业部"美丽乡村"创建目标体系》《农业部办公厅关于开展"美丽乡村"创建活动的意见》等一系列创建美丽乡村的核心指标。根据 X 片区美丽村镇的发展需求,充分考虑美丽村镇的构建原则以及国家和地方农村建设指标体系的构建思路,结合村镇的地方实际和发展潜力,尝试构建美丽村镇评价指标体系。指标体系包括"村镇优美、人人乐业、家家文明、户户安居"四个方面,这四项目标既是工作目标,也是考核指标。具体如下。

评价指标一:"村镇优美"

通过人居环境的功能化改造和自然环境的生态化保护,构建村镇生态安全的格局,塑造良好的风貌,实现村镇生态发展。

类别	指标内容	建设标准
构建生态 安全格局	村镇布局规划	编制完成
	重点村、品村建设规划	全部编制完成
	土地综合整治规划	编制完成
综合治理 生态环境	村镇绿化	村镇林木覆盖25%、绿地覆盖率达到52%、经济林生态修复率85%
	生产、生活垃圾收集率	100%
	生产、生活污水处率	75%
塑造生态 环境风貌	村镇环境综合整治	沿路沿线沿河沿景区及公共区域环境质量得到有效提升
	浙大公路两侧房屋外墙进行清洗美化	清洗覆盖率达90%
	三条游览线路	建设完成生态旅游路线、田园观光体验游路线以及山地憩游路线

评价指标二:"人人乐业"

通过村镇产业的特色化发展和人民就业的多元化拓展,实现村镇经济可持续发展、人民收入高速增长。

评价指标三:"家家文明"

通过对当地乡风民情的民主化管理和对村镇居民的现代化培育,实现精神文明的长期繁荣,村镇和谐社会的民主发展。

类别	指标内容	建设标准
建设村镇文明	"好儿女、好婆媳、好夫妻"以及关爱村镇留守儿童、老人等活动开展情况	村镇范围内每年至少开展一次
	群众喜闻乐见的文体活动开展情况	村镇范围内每年至少开展一次
	传承、弘扬村镇优秀民间文化的活动开展情况	村镇范围内每年至少开展一次
	幼儿园入园率、义务教育及初升高综合升学率	义务教育入学率达到100%,幼儿入园率达到95%以上,升学率达97%以上
	文明村创建	每年至少有一个村获得市级文明村称号

评价指标四:"户户安居"

通过村镇规范化建设和社会保障的无缝化整合,实现村镇服务的一体化、社保体系高覆盖。

"美丽村镇"作为我国新农村建设的重要抓手,其建构体系能为相关部门在农村建设过程中提供决策参考,引领农村建设朝着生产高效、生活美好、生态宜居的方向发展。目前有关美丽乡村评价体系研究主要集中在理论层面,评价体系构建以及量化研究还处于初步阶段。课题组尝试对美丽村镇指标体系进行研究,初步建立了宏观的评价指标体系。由于美丽村镇建设的复杂性和多样性,评价体系还存在不完善之处,如指标的权重确定,评价体系分区分级优化等,这些也是下一步的主要研究方向。

美丽村镇建设的基础:构建融资平台

中部H省S市自2013年5月启动美丽乡村创建工作以来,各级财政部门积极发挥职能作用,为美丽乡村建设提供了持久有效助力。但是,在对S市X片区财政资金的调研中也发现一些不足:一是上级财政对美丽乡村建设点投入力度不均,X片区受惠面有限;二是财政资金"四两拨千斤"的引领作用还未有效发挥出来,村镇人、财、物等资源均未得到充分利用,村镇内在动力有待进一步挖掘;三是融资渠道不健全,筹资方式单一化,过多依赖于财政项目资金补助;四是S市X片区美丽村镇建设专项资金尚未建立,建设资金使用、管理尤显混乱,缺乏长效管理机制。美丽村镇建设是一项系统性长期性工程,需要强有力的财政保障。

加大财政投入与整合力度

提高财政扶持力度。根据 2014 年中央一号文件和 2014 年 H 省一号文件关于公共财政要坚持把"三农"作为支出重点,中央基建投资继续向"三农"倾斜、省级基建投资要向"三农"倾斜,优先保证"三农"投入稳定增长的精神,继续贯彻落实"三个高于"的要求,进一步加大财政投入力度,健全财政奖补资金稳定增长机制,不断扩大公共财政覆盖农村的范围。在中央财政投入逐年增长的情况下,地方财政特别是 H 省、S 市和 Z 区各级财政要努力增加一事一议奖补支出,切实减轻 X 片区财政配套压力。

强化技术和经费支持。设立美丽村镇建设专项资金,专项资金由中央财政、省级财政、市级财政以及 X 片区等各级财政按比例分摊共建。资金安排专人管理,设置专项账户,专门核算。专项用于 X 片区先进村(社区)创建、村庄整治、农村环境长效管理等,采取以奖代补方式,重点支持中心村、精品村规划建设。各村镇设立美丽村镇建设专项资金,主要用于中心村建设和特色产业带动型旅游村的治理。在设立美丽村镇建设专项资金后,出台美丽村镇建设资金管理办法等相关规定,对创建村(社区)预拨 30% 的启动资金,为"美丽村镇"创建提供有力的资金保障,以充分调动基层的积极性。

推进支农项目整合和管理创新。按照"明确职责、公开操作、保证质量、讲求绩效"的要求,大力整合支农项目,对片区现有支农的政策、资金和工程进行统筹整合,使各类建设项目和资金优先安排于实施美丽村镇建设。坚持规划引导,以项目为载体,以村(社区)为单位,采取"5 + X"的办法清理整合建设项目,由管委会、城建办、农业局、财政所和国土所等五部门牵头,会同项目实施主管部门,对支农项目的申报、立项、实施、考核验收、资金拨付全面审核把关,规范项目申报程序,加快项目实施进度,为美丽村镇建设提供强有力的项目支撑。提升项目管理质量,完善激励机制,规范资金管理,对整合的各类支农项目资金实行"专户存储、专账核算、专款专用"和片区报账的制度,统一协调,分类核算,各记其账。

落实政策,激励内在动力

发挥财政资金的引领撬动作用。要注重发挥"一事一议"财政奖补、农村需求导向和以村(社区)为主统筹使用的制度优势,进一步发挥财政资金"四两拨千斤"作用,引导农民、村集体和社会各方面资金共同投入美丽乡村建设,为农民提供均等化的公共服务和平等发展机会。要适应公共资源加速向农村倾斜、延伸的新形势，发挥"一事一议"财政奖补平台作用，切实加大财政资金整合力度，推进村建设性资金的统筹使用，提高财政资金使用效率和合力，加快政策转型升级，为美丽乡村建设提供持久有效助力。

建立考核奖励基金，以奖代补。实行财政以奖代补，在 X 片区财政已有的支农政策和资金保持不变的基础上，对纳入"美丽乡村示范片"的村（社区）实行百分制考核，分档考核评定文明村、富裕村、和谐村和民主村，并对经考核验收达到标准的村（社区）根据人口规模大小实行以奖代补。鼓励建设多层标准化厂房，对 X 片区建成的三层和三层以上标准化厂房按投资额的 15% 给予奖励。对在实施美丽村镇建设工作中做出显著成绩的先进单位和先进个人进行奖励表彰，有效激励单位和个人积极参与到美丽乡村建设中来。

盘活、整合、优化农村资源。第一，盘活存量资产，包括闲置的基础设施整体优化利用，村组荒山、荒地、荒滩、荒坡的土地资源挖潜等。要通过宅基地整理、中心村建设、旧村改造等途径增加有效用地面积，特别是临近中心城镇和重点平台的村。盘活土地收益，结合农村土地综合整治、中心村培育的项目平台，充分利用城乡建设用地增减挂钩政策，盘活存量，扩大增量，增加土地收益，为加大美丽乡村建设投入尤其是镇村联动点建设提供有效财源。第二，鼓励农民筹资投劳。要采取以奖代补、先建先补、多建多补、不建不补、"一事一议"、投工投劳等措施引导和激励农民加大资金投入，力争每个建设点农民投入在总投入中的占比达 25%以上。

拓宽融资渠道，形成合力

积极争取"三农"项目财政补助。采取"5＋X"的办法将美丽村镇建设点上的相关项目打包，主要用于支持农业生产和农村社会事业发展。支持建立健全农业技术推广服务体系，深入推进农业高产创建，加强农业综合开发，支持中低产田改造，建设高标准农田，增加粮食综合生产能力。积极争取"一事一议"建设项目中的美丽乡村建设项目建设资金、农村环境保护资金以及农村义务教育经费保障机制资金等专项资金，尽可能地衔接好农村公路、农村电网改造、农业综合开发、一村一品、义务教育等项目资金投入村点建设。支持水库除险加固，强化农田水利建设，积极配合随中灌区项目建设，建好、管好、用好水利工程设施，做好蓄水保水、农村饮水、农田水利工作，科学利用水资源，化解用水矛盾，保民生保稳定保发展。

建立政府与企业的资源对接平台。开展村企结对共建的前提在于共同参与，关键在于互惠共赢。从税费减免、产业扶持、土地管理、村庄建设、用地审批、公共设施建设、劳动力转移培训、金融信贷等政策方面给予企业支持，努力为其创造和提供良好的政策环境，力求尽快形成良性的政策效应。采用"一企一村、多企一村、一企多村、经济顾问、募捐基金"等多种联结方式，发挥平台作用，实现村企结对共建。在收益分配上，规定基础设施建设和生产经营活动产生的收益，按照既定协作方法合理分配，使结对共建活动持续健康发展。

拓宽美丽村镇建设融资渠道。深化农村金融保险改革，引导更多的信贷资金投向"三农"，加大对"三农"的支持，尤其是涉农金融部门要创新信贷方式，推行农户联保贷款，降低信贷门槛，解决农户贷款难问题。充分发挥林权抵押贷款、小额贴息贷款的作用，拓宽新农村建设融资渠道。充分利用金融资本为美丽城镇建设服务，对地方融资平台进行股份制尝试，积极推进资产证券化，合理利用基础设施产业投资基金。进一步加强农户文明信用户评定，提升农户信用等级，提高信贷额度，增加信贷投入，满足美丽村镇建设需要。

争取社会支持，引入社会资本。抓住建设"生态·产业新城"和"美丽乡村示范片"、向国家级开发区迈进的契机，按照"谁投资、谁受益、谁负责"的原则，鼓励社会资金投向农业基础设施、农业生态环保、农村服务体系等领域。出台捐赠税前扣除、赞助项目冠名等激励政策措施，引导工商企业、农民企业家、华人华侨、在外发展人员回报社会、回报家乡，积极参与美丽乡村建设，真正形成有钱出钱、有力出力、有智出智的良好氛围。坚持"政府主导、市场主体、社会参与"原则，重点采取公共私营合作制(PPP)、建设—经营—移交(BOT)模式、建设—移交(BT)模式、移交—经营—移交(TOT)模式、一体化建设模式、股权转让、股权融资以及委托运营等模式引进社会资本，确保美丽村镇建设所需资金。

建立健全长效管理机制

搭建学习交流平台。通过学习、培训、研讨、讲座等形式，学习掌握与财政工作密切相关的最新政策、知识，全面提高财政系统内干部职工的业务素质和服务能力。举办S市X片区财政财务干部培训班，邀请大学教授、市财政局领导授课，对基层财政所等财务工作人员进行集中培训，增强业务技能和实践创新能力。创设"财政讲坛"，建立课题库，鼓励局干部职工轮流上台讲课，开展"业务轮流讲"

"体会大家谈"等活动,促进知识共享、共同提高。建立片区财政局领导包镇、科室包村(社区)、全员参与的联系挂钩制度,使县财政局与村镇财政所形成双向联系、捆绑考核、信息快速传递、定期汇报制度,广泛听取基层意见,及时解决基层存在的困难和问题,努力打造一支高素质的财政干部队伍。

健全管理机制,试行社会化、公司化经营模式。要把巩固"美丽村镇"建设成果、建立健全长效管理机制作为重要环节来抓。督促乡镇(开发区)成立乡镇发展家庭工业服务中心,负责本乡镇辖区内村级家庭工业的指导、管理、协调、服务工作,建立家庭工业数据库,并做好家庭工业季度统计报表工作。指导有村级工业发展基础的行政村相应建立发展家庭工业服务指导站,做好本村家庭工业户的台帐统计工作,协调、服务本村家庭工业。在片区范围内建立"美丽乡村长效物业管理基金",按照市财政拨一点、乡镇财政拿一点、村民自筹一点的渠道筹措,重点用于村容卫生日常保洁和公共基础设施日常维护。

加强项目和资金监管,强化激励约束机制。实行"美丽村镇"建设资金专户管理和报账制,建立专账、配备专人核算和管理。严格执行国库集中支付管理制度,实行转账结算,严格控制现金支付,严格按照进度实行报账提款。对各级报账中出现的违规违纪问题,除责令改正外,依照有关规定,区别不同情况给予严肃处理。如发现弄虚作假、套取财政专项资金等行为,一律收回当年专项资金,并相应减少下一年度专项资金补助额度。加强监督检查和绩效考评,严格问责制度,对资金使用管理中存在违规违纪行为的,依照《财政违法行为处罚处分条例》(国务院令第 427 号)等有关规定严肃处理。

完善"美丽村镇"建设资金绩效评价制度。完善"美丽村镇"建设专项资金绩效管理制度,逐步扩大绩效评价范围,实现专项资金绩效预算常态化管理。采取村(社区)自评、实地考评、片区综合评价相结合的方式对美丽村镇建设专项资金和涉农整合资金进行绩效考评,绩效评价主要内容包括美好乡村建设资金的筹集、奖补、使用、监管、创新管理机制等情况。绩效评价结果将作为"美丽村镇"建设资金分配的重要因素之一,与下一年度"美丽村镇"建设资金的分配直接挂钩。对连续两个年度评价结果为"不合格"的村(社区)进行通报批评,并限期整改。

中国共产党第十八次全国代表大会报告历史性地阐述了建设美丽中国和生态文明的战略,表明了作为我国执政党的中国共产党对世界可持续发展的最高认知和创新性贡献,吹响了建设美丽中国和生态文明的时代号角。十八大明确将生态文明建设纳入"五位一体"的布局,把生态文明建设上升到前所未有的重要地位。十八届三中全会进一步提出,建设生态文明,必须建立系统完整的生态文明制度体制,用制度保护生态环境。加快推进生态景观建设,是有力推动生态发展的有力抓手,是深入推进宜居村镇建设的根本需要,也是"加快转型升级、建设美丽乡村"不可或缺的重要内容。

国家级乡村旅游地的空间分布特征及影响因素研究

——以全国休闲农业与乡村旅游示范点为例

许贤棠,刘大均,胡静,侯建楠

中国是一个农业大国,更是乡村大国。农业是中国旅游业发展不可或缺的主要资源凭借,乡村则是中国旅游业发展的宏大地理背景。随着国民休闲时代的到来,人们闲暇时间日益增加,对健康、绿色、低碳生活的追求更加迫切,以满足旅游者乡村观光、度假、休闲等需求的旅游产业形态将从量变走向质变,产品形式将更加丰富和多元化。在乡村地域范围内,依托特色乡村旅游资源,并具有一定的旅游接待和服务设施的乡村旅游地,其长足发展的动力也会更为强劲。

全国休闲农业与乡村旅游示范点(以下简称为示范点)作为重要的乡村旅游地形式之一,其创建与评定正是在这一背景下促进全国休闲农业发展、优化乡村旅游供给的重要举措,通过发挥其示范、引领和带动作用,有利于转变农业发展方式,促进农民就业增收,推进新农村建设,统筹城乡发展,更好满足国民日益增长的休闲消费需求。[1]系统、科学地分析示范点的空间分布结构、总结其分布规律,对探索构建乡村旅游地发展的有效空间模式、指导休闲农业和乡村旅游更好发展具有现实意义。

乡村旅游地的空间布局及影响因素一直以来是国内外学者比较关注的研究领域。国外学者的研究焦点在乡村旅游地的空间结构特征与形成机理,以及乡村旅游者的感知方面。Christaller 探讨了游憩活动与地理空间结构关系,提出了游憩者向城市外部旅行时形成的扩展范围问题。[2]Nilsson 认为乡村旅游地空间布局

[作者简介]许贤棠(1981—),男,安徽安庆人,华中师范大学中国旅游研究院武汉分院讲师,博士研究生。刘大均(1986—),男,四川达州人,华中师范大学中国旅游研究院武汉分院博士研究生。胡静(1963—),女,湖北宜昌人,华中师范大学中国旅游研究院武汉分院教授,博士生导师。侯建楠(1981—)男,河南周口人,华中师范大学中国旅游研究院武汉分院博士研究生。

主要受乡村环境基础影响,并把农场旅游定义为乡村旅游的一个子集。[3]Sanjay在研究尼泊尔西部地区传统村落旅游影响时,发现区域村落群具有典型的核心—边缘结构特点。[4]Koscak 对斯洛文尼亚的良好自然环境、优越地理位置与乡村旅游地发展的关系进行了分析。[5]Hiwasaki 指出,农村社区可持续发展与绿色游、生态游密切关联。[6]Pina IPA 和 Delfa MTD 研究了乡村旅游者背景和乡村旅游地设施类型之间的对应关系。[7]Duk - Byeong Park 和 Yoo - Shik Yoon 以韩国乡村旅游为例,从乡村游客的旅游动力出发论述了乡村旅游地的动力机制和区域差异。[8]Tchetchik 研究表明以色列乡村旅游地发展受收入和闲暇时间、农业先进技术、政府公共设施等多重因素作用。[9]Saxena 等以英格兰和威尔士边境落后乡村地区为例,阐述社区态度对乡村旅游地发展的影响[10]。国内学者王莹、韩非、胡金林等从不同的区域尺度并以较大的数据容量和时间跨度,重点关注了农家乐[11-13]、民俗旅游村[14-15]、旅游名村[16-17]等乡村旅游地;吴必虎、王润、马勇、徐清等学者以多维视角分别对乡村旅游地的空间结构[18-19]、分布规律[20-21]、影响因素[22-23]、发展模式[24-25]与优化路径[26-27]进行了研究,相关成果进一步丰富并深化了对乡村旅游地的认识和理解。在研究方法上,国内外的学者们都注重定性和定量研究结合,主要采用引力模型、地理集中指数、基尼系数等模型构建与数理统计方法,充分体现学科融合和理论交叉,增强了研究的科学性。然而,对作为国家级乡村旅游地的示范点的相关研究文献却较为有限,仅有的若干研究[28-30]中描述性、普适性的内容居多,主要是对其主体内容、地域类型、综合效益等方面进行分析,而以地理视角对示范点空间结构特征的探讨少有涉及,示范点的空间分布规律有待进一步总结。本研究运用空间分析法,利用 ArcGIS,SPSS,Google earth 等软件,对示范点的空间分布形态、均衡程度、分布密度进行定量表征和影响因素剖析,旨在揭示示范点的空间分布规律,为制定不同区域乡村旅游发展战略及优化示范点发展的空间格局提供一定的理论借鉴。

1 数据采集与研究方法

1.1 数据来源

根据农业部官网(www. moa. gov. cn)和国家旅游局官网(www. cnta. gov. cn)公布的名单,截至 2014 年 12 月底,农业部、国家旅游局先后五次评定出了共 483个国家级休闲农业与乡村旅游示范点,涵盖除香港、澳门、台湾外的全国其他各省市。本文以此为研究样本,因为这些示范点生态环境优、产业优势大、发展势头好、示范带动能力强,基本代表了目前中国乡村休闲旅游资源利用和产品开发的最高水平。空间数据来源于国家基础地理信息中心(www. ngcc. cn)的1:400万地图数据库。景区数据通过《2014年中国旅游景区发展报告》[31]获得。

1.2 研究方法

通过 Google earth 获取 483 个样本点的空间属性,利用 ArcGIS 10. 0 将这些样本点以点状要素标记在一张已配准好地理坐标的中国地图上,并绘制示范点的空间分布图(图1)。采取最邻近点指数、变异系数、网格维数值、核密度估计值等研究方法(见表1),并借助 ArcGIS 工具,从空间分布形态、空间均衡程度和空间分布密度三个层面对其空间结构进行分析,进而运用空间插值法、矢量数据缓冲区分析等方法对示范点的空间布局的影响因素进行探究。

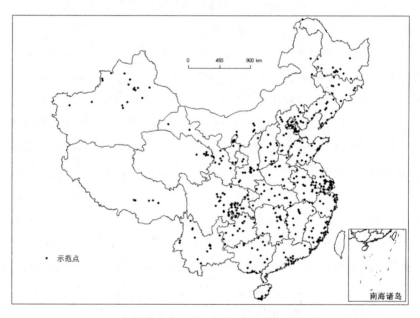

图1　全国休闲农业与乡村旅游示范点空间分布

Fig. 1 The spatial distribution of national level leisure

agriculture and rural tourism demonstration sites

表 1 研究模型及地理学意义解释[32-38]

Tab. 1 The study model and geographic meaning

指数	模型	模型说明	地理意义解释
最邻近点指数	$R = \dfrac{\bar{r}_1}{\bar{r}_E}$	式中：$\bar{r}_1 = \dfrac{1}{n_1}\sum\limits_{i \in I} r_{ij}$ 为平均实际最邻近距离，$\bar{r}_E = \dfrac{1}{2\sqrt{D}} = \dfrac{1}{2\sqrt{n/A}}$ 为理论最邻近距离，A 为区域面积，n 为点数，D 为点密度。	表示点状要素在地理空间中相互邻近程度的地理指标。当 $R=1$ 时，趋于随机型分布；当 $R>1$ 时，趋于均匀型分布；当 $R<1$ 时，趋于凝聚型分布。
变异系数	$CV = 100\% \times \sqrt{\dfrac{1}{n\bar{s}^2}\sum\limits_{i=1}^{n}(s_i - \bar{s})^2}$	式中：CV 为示范点 Voronoi 多边形面积的变异系数，Si 为第 i 个 Voronoi 多边形面积，n 为 Voronoi 多边形的个数。$\sqrt{\dfrac{1}{n}\sum\limits_{i=1}^{n}(s_i - \bar{s})^2}$ 为标准差，$\bar{s}$ 为其平均值。	通过对点集空间分割，分析点状目标在空间上的相对变化程度。随机分布时，$33\%<CV<64\%$；集群分布时，$CV \geq 64\%$；均匀分布时，$CV \leq 33\%$。
网格维数值	$I(r) = -\sum\limits_{i}^{K}\sum\limits_{j}^{K} P_{ij}(r)\ln P_{ij}(r)$	式中：$r = 1/k$ 为区域各边的分段数目，i 为将研究区域网格化后形成的行号，j 为列号，$N(r)$ 为被示范点占据的网格数。若示范点的分布具有无标度性，则有：$N(r) \propto r^{-a}$，$a = D_0$ 为容量维。N_{ij} 为第 i 行，第 j 列的网格中示范点数量，全区域的示范点总数为 N，$P_{ij}(r) = N_{ij}/N$。若示范点体系分形，则有：$I(r) = I_0 - D_1\ln r$，I_0 为常数，D_1 为信息维。	网格维数 D 反映区域示范点的均衡性，D 值在 0~2 之间，越大表明分布越均衡，反之则集中；当 $D=2$，表明区域示范点均匀分布；当 D 趋近于 1，表明示范点有均匀集中到一条地理线的趋势；当示范点系统在网格中等概率分布，即是简单分形时，$D_1 = D_0$。
核密度估计值	$f(x) = \dfrac{1}{nh}\sum\limits_{i=1}^{n} k\left(\dfrac{x - X_i}{h}\right)$	式中：$f(x)$ 为核密度估计值；$k\left(\dfrac{x - X_i}{h}\right)$ 为核函数；$h>0$ 为带宽；$(x - X_i)$ 表示估值点 x 到事件 X_i 处的距离。	根据输入要素数据计算整个区域的数据聚集状况，重点反映一个核对周边的影响强度。$f(x)$ 值越大，表示点越密集，区域事件发生的概率越高。

2 空间分布的特征分析

示范点的空间分布状况是区域乡村旅游发展状态的重要"指示器"，其特征可从空间分布类型、均衡程度、密度情况等多个方面进行综合考量。

2.1 空间分布形态

示范点在宏观上为点状分布，但点与点之间在地理空间上相互邻近，呈集中或离散形态。根据最邻近指数分析法，运用 ArcGIS 10.0 工具可测算得出示范点平均实际最邻近距离为：$\bar{r}_1 = \dfrac{1}{n_1}\sum\limits_{i \in I} r_{ij} \approx 40.478$ km。中国大陆地区面积为 km²（不含台湾 km²，香港 km²，澳门 km²），根据相应的公式，可计算出示范点理想随机分布的理论最邻近距离为：$\bar{r}_E = \dfrac{1}{2\sqrt{D}} = \dfrac{1}{2\sqrt{n/A}} = \dfrac{1}{2\sqrt{483/(955.257 * 10^4)}} = \approx$

70.316km。因此,最邻近指数 $R = \dfrac{\overline{r_1}}{\overline{r_E}} = \dfrac{40.478}{70.316} \approx 0.576$,即实际最邻近距离小于理论最邻近距离,反映出示范点在地理空间中趋于聚集状态,据此判断,示范点在空间结构上呈现显著的凝聚型分布格局。

由于最邻近指数分析法所测定的点状要素空间分布的类型在界定标准上尚有争辩,可通过测度 Voronoi 多边形面积的变异系数(CV)进行二次检验。在 Arc-GIS 10.0 环境下,基于 483 个点为质心,可生成 Voronoi 多边形图。经计算,483 个多边形的平均面积为 1.978 km^2,标准差为 3.254,CV 值为 164.510%。根据 Duyc-kaerts 与 Godefroy(2000)所提出的三个建议值进行判断,[39]可进一步验证示范点在空间上呈凝聚型分布态势。这也说明一方面示范点在现实当中确实有效发挥了引导、辐射、带动作用,起到了"树立一个点,带动一大片"的效果,在空间上呈现互相连接之势;另一方面,乡村旅游服务业态在发展到一定阶段后,与工业一样产生了在地理空间上集聚发展,示范点的集聚也有利于整合发展要素、降低经营成本、提高专业化服务水平,提升自身的影响力与竞争力。

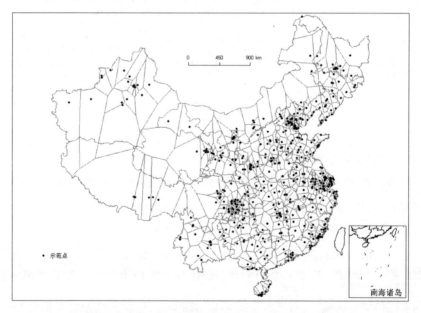

图 2 全国休闲农业与乡村旅游示范点 Voronoi 图

Fig. 2 The Voronoi diagram of national level leisure agriculture and

rural tourism demonstration sites

2.2 空间均衡程度

本研究运用网格维模型来分析示范点空间分布均衡性,即对研究区域进行网格化,考察示范点占据的网格数,以探查其多层次的空间网络结构。在示范点分布矢量化图上取一矩形,矩形区含有全国 483 个示范点,利用不同大小的网格进行覆盖,设网格边长为 1 个单位长度,将各边进行 K 等份,划分为 K^2 个小区域。首先统计被示范点占据的网格数,然后统计每个网格所覆盖的示范点数 $N_{ij}(r)$,计算出概率 $P_{ij}(r)$,最后计算相应的 $I(r)$。随着 r 值的变化会获得相应的 $N(r)$ 和 $I(r)$(表2)。将 $(N(r),K)$ 和 $(I(r),K)$ 绘成双对数坐标图(图3),对点列进行拟合回归,就可以得到示范点的容量维和信息维数值。

表2 示范点系统网格维数测算数据

Tab. 2 The determining data of grid dimension of the demonstration system

K	2	3	4	5	6	7	8	9	10
$N(r)$	4	7	13	20	23	31	37	42	48
$I(r)$	1.0502	1.6247	2.1889	2.5156	2.7449	2.9686	3.2221	3.4270	3.5407

a.容量维

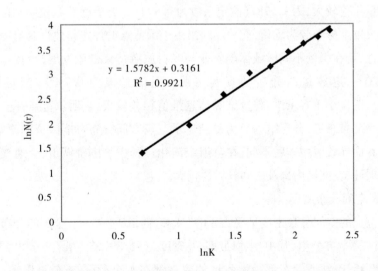

b.信息维

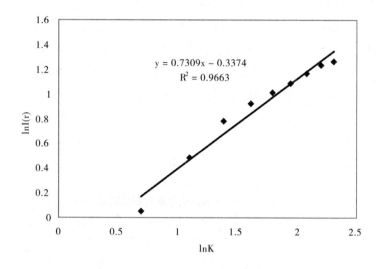

图3　示范点网格维数双对数散点图

Fig. 3 The ln − ln plot for grid dimension of the demonstration

从图3可看出,示范点的空间分布存在明显的无标度区,示范点系统是分形的。容量维值较大,为1.5782(测定系数为0.9921),更接近于2,说明示范点在全国空间尺度上分布较为均衡,充分反映出由于示范点的评定与建设具有一定的政策导向性,旨在引领不同区域休闲农业与乡村旅游持续健康发展,而在每个省区基本都有一定数量的分布的真实情况。但信息维为0.7309(测定系数为0.9663),明显小于容量维,容量维和信息维值相差较大,表明示范点在空间上呈不等概率分布态势,分形结构较为复杂。示范点空间分布可能因资源禀赋、客源市场差异而导致区域本底不同,在自组织演化过程中呈围绕城市、交通线某些地理要素展开,在网格内部及之间异质性较大。

2.3 空间分布密度

示范点的空间分布密度呈现明显的"东高、西低"差异性。全国的分布密度为0.503个/万平方公里,其中,上海最高,其密度为25.397个/万平方公里,天津、北京、海南、浙江、江苏等东部沿海省区的密度都在1个/万平方公里以上,而内蒙古、西藏、新疆、甘肃等西部内陆省区都在0.3个/万平方公里以下。

利用ArcGIS 10.0中的Density工具对示范点进行核密度分析,生成核密度图

（图4）。结果显示,京津冀、长三角的密度最大,珠三角、闽东南和川渝等地次之,为我国示范点的主要分布地区。而湘东北、豫西北、胶东半岛、关中地区等局部地区也形成零星聚集的分布区。而从省区分布来看,各省区的示范点基本都是高密度分布在省会城市周边。值得一提的是,宁夏银川、青海西宁周边的示范点也较多,一定程度上反映示范点的分布并不完全与城市的规模大小、功能强弱紧密耦合,也受到政策、资源、交通等多重要素的综合影响。

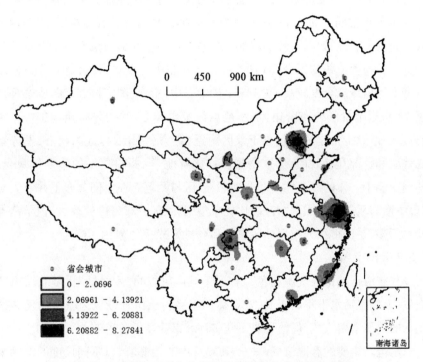

图4　全国休闲农业与乡村旅游示范点分布的核密度图

Fig. 4 Kernel density of spatial distribution of national level leisure

agriculture and rural tourism demonstration sites

3　空间分布的影响因素

看似毫无组织的示范点,实则有其内在的空间分布规律可循。本研究运用ArcGIS中的空间插值法和缓冲区分析等方法对示范点的空间布局的影响因素进行分析,探究其空间关联性和配比性,总结其空间分布规律。

3.1 资源禀赋

旅游资源是旅游业发展的基础，丰富而颇具特色的旅游资源往往成为旅游业发展的天然禀赋和先决条件。我国农村地区集聚了约70%的旅游资源，其中不乏旅游发展较早、实力较雄厚的国家4A级以上景区，休闲农业与乡村旅游发展空间、潜力巨大。

采用 ArcGIS 技术将研究区分割成 100 * 100km 规则格网，然后提取每个格网内的4A级以上景区数量以及示范点分布数量，通过相关性分析发现，4A级以上景区与示范点空间分布的 Pearson 系数为0.682，且通过显著性检验，表明两者的空间分布的关联性较高，有较强的配比关系。运用空间插值法生成示范点分布密度与景区分布等值线的耦合图（图5-a）。从图中可以看出，示范点分布密度与景区密度等值线重合度较高，在483个样本点中，京津、沪宁杭、广深、成渝等地的国家4A级以上景区分布密集区，示范点数量也较多，空间分布相对集中。实际上，许多示范点也正是最早起源于景区附近，聚集在周围，以此为核心，发挥景区边缘效应和资源互补效应，形成傍景乡村旅游地[40]，提供更多的集乡村观光、度假休闲功能于一体的综合性产品。当然，景区与示范点在空间分布上并非完全一致，鲁中南与武汉城市圈两个区域比较典型，其景区分布密度值较大，但示范点分布相对不多，是值得深入挖掘休闲农业和乡村旅游开发潜力的区域。

3.2 客源市场

乡村旅游地的最大资源特色是有别于城市风貌的"乡村性"。随着城市经济的发展，人们生活水平不断提升，农业休闲与乡村旅游日渐成为城市居民调剂日常生活的重要消费方式，促使形成了众多环城市的乡村游憩带。

以示范点主要的客源市场——城市城区中心为圆心，以不同尺度的缓冲半径建立基于主要城市的缓冲区，并利用 ArcGIS 空间分析模块进行点对点区的相交分析。在483个样本点中，省会城市100公里半径（参照 Feser 和 Isserman 关于美国都市化地区扩散与回流作用在60英里半径折算为96.56公里范围内最为显著的研究结果[41]，同时考虑到我国省会城市居民出游到周边地区联系方式主要为公路交通，基本与美国都市化地区相同，且许多省会城市正在打造一小时经济圈。）的缓冲区范围内的示范点共233个，占总数的48.240%（图5-b）。示范点基本全覆盖在地级市城区中心50公里半径（肖金成等人的研究表明，地级市的区域半径一般在50公里左右，而地级市所辐射的范围大体和市域范围相当，呈现同心圆结构[42]。）的缓冲区范围内，分布数量多达440个，占总数的91.097%（图5-

c)。这也表明由于示范点以农业为依托,以农村为空间,以农民为主体,以城市居民为客源,直接对接城市需求和现代消费,在地理空间上的表现主要是分布在城郊地带,较为靠近省会、地级市的城区中心,以更接近客源市场。同时,城郊地区相比于远郊地区的经济社会发展水平更为发达,对乡村旅游的投入力度较大,有助于建设一些较大规模的乡村旅游景点,并因其示范和带动性促进集聚状态的形成。

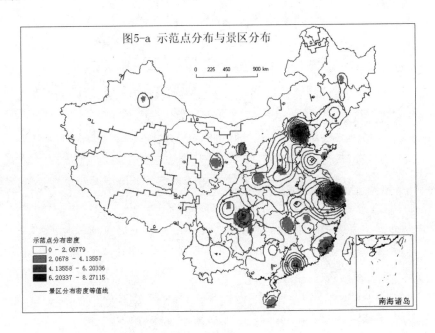

图5-a 示范点分布与景区分布

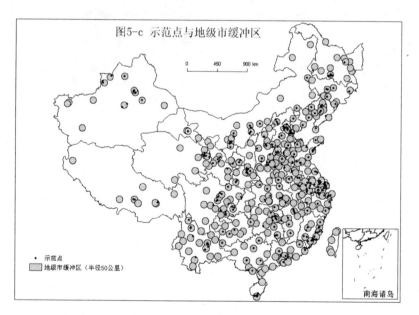

图5　全国休闲农业与乡村旅游示范点分布的影响因素

Fig. 5 Influence Factors of national level leisure agriculture and rural tourism demonstration sites

3.3 交通区位

示范点的建设与评定,旨在将农业从单一的食品保障功能向原料供给、就业增收、生态涵养、观光休闲、文化传承等多功能拓展,满足城乡居民走进自然、认识农业、体验农趣、陶冶情操、休闲娱乐的需要,这就必须借助较高的交通可达性予以实现。示范点的游客出游游程多以近程为主,通常采取自行车、自驾汽车、客运巴士等交通出行工具。在主要交通干道一小时车程内(如按人的舒适性和可驾驭的速度,骑自行车旅行时速15公里,国道、省道等一般公路汽车时速40公里)的示范点将给予游客较强的可操作性感知,良好的交通区位有利于游客群体的发展与培育。

仅以国道线为例,以其为轴,以不同尺度的缓冲半径建立基于主要国道线的缓冲区,并利用ArcGIS空间分析模块进行点对线区的相交分析。将国道交通道路的缓冲区与示范点分布区叠加后可以发现:在483个样本点中,国道15公里缓冲区范围内的示范点共245个,占总数的50.725%(图5-d);而处在国道40公里缓冲区内的示范点共有331个,占总数的68.530%(图5-e)。这表明空间分布与国道交通轴线一致性布局的特征,沿京福线(北京—福州)、同三线(同江—三亚)、丹拉线(丹东—拉萨)等国道主干路网的集聚寄生状尤为明显,反映出交通区位影响非常显著,便利的交通使游客能够快速到达和集散,交通改善带来的旅游流是示范点旅游持续发展的主要推动力量。

4 结论与讨论

4.1 主要结论

本研究采取最邻近点指数、网格维数值、核密度估计等研究模型,并借助Arc-GIS工具,对示范点的空间分布形态、均衡程度、分布密度进行了定量表征,进而运用空间插值法和矢量数据缓冲区分析方法探究了其影响因素,得到以下主要结论。

(1)示范点的最邻近指数R值为0.576,CV值为164.510%,在地理空间中趋于聚集状态,空间结构属于凝聚型分布格局。有利于整合发展要素、降低经营成本、提高专业化服务水平。

(2)示范点容量维值D_0为1.5782,信息维D_1为0.7309,说明示范点系统在网格容量维上虽较为分散,但在自组织演化过程中呈围绕资源禀赋、城市、交通等地理要素而展开,分形结构较复杂。

(3)示范点空间分布密度呈现明显的差异性,京津冀、长三角的密度最大,珠三角、闽东南和川渝等地次之,为我国示范点的主要分布地区;而示范点的分布并不完全与城市的规模大小、功能强弱紧密耦合。

（4）示范点空间分布受资源禀赋、客源市场与交通区位等因素的影响较大。示范点多起源于景区附近,聚集在周围;空间分布在城郊地带,较为靠近省会、地级市的城区中心,并明显表现出沿国道主干路网的集聚寄生状,具有与交通轴线一致性布局的特征。

4.2 讨论

示范点的建设为中国正处于发展中的现代农业旅游和乡村旅游确立了典型,通过发挥其引领、示范和带头作用,能够充分利用乡村生态特色和资源优势,挖掘休闲农业和乡村旅游产业潜力,有效推动农业与文化产业、旅游产业和生态保护与开发的有机融合,实现"大农业"和"大旅游"的有机结合,促进中国休闲农业与乡村旅游朝着规范化、高品质化的方向发展,也将极大地丰富我国城乡一体化的实践内涵,有力地推动城乡经济社会统筹发展的历史进程。

未来,示范点的建设应坚持"以农为本、突出特色、因地制宜、持续发展"的原则,以农村为空间,以农民为主体,以城市居民为客源,根据资源禀赋、市场腹地和交通区位状况持续创新开发乡村旅游产品,打造不同特色的示范类型,发挥重点城市的基点作用,突出公路的链接功能,满足旅游者对乡村旅游的深度消费、便捷及个性旅游服务需求,[43]使之成为农民收入的一个新的增长点、扩大农村劳动力就业的一个新热点、推进农村建设的一个新亮点。

参考文献

[1]国家农业部官网. 农业部国家旅游局关于开展全国休闲农业与乡村旅游示范县和全国休闲农业示范点创建活动的意见[EB/OL]. http://www.moa.gov.cn,2010-08-04.

[2]Christaller W. Some considerations of tourism location in Europe: The peripheral regions underdeveloped countries - recreation areas[J]. Paper in regional science,1964,12(1):95~105.

[3]Nilsson P A. Staying on farms - an ideological background[J]. Annals of Tourism Research, 2002, 29(1):7~24.

[4]Sanjay K N. Tourism and rural settlements - Nepal's Annapurna Region[J]. Annals of Tourism Research, 2007,34(4):855~875.

[5]Koscak M. Integral development of rural areas, Tourism and village renovation, Trebnje, Slvenia[J]. Tourism Management, 1998, 19(1): 81~86.

[6]Hiwasaki L. Community - based tourism: A pathway to sustainability for Japan's protected areas[J]. Society & Natural Resources,2006,19(8): 675~692.

[7]Pina IPA, Delfa MTD. Rural tourism demand by type of accommodation[J]. Tourism Management, 2005, 26(6): 951~959.

[8]Duk - Byeong Park, Yoo - Shik Yoon. Segmentation by motivation in rural tourism: A Korean case study[J]. Tourism Management, 2009, 30(1): 99~108.

[9]Tchetchik A. Differentiation and synergies in rural tourism: estimation and simulation of the Israeli market[J]. American Journal of Agricultural Economics, 2008, 90(2): 553 – 570.

[10]Saxena G, Libery B. Developing integrated rural tourism: Actor practices in the English/Welsh border[J]. Journal of Rural Studies, 2010, 26: 260~271.

[11]王莹,许晓晓. 浙江农家乐特色村(点)的空间分布与影响因素[J]. 河北师范大学学报,2013,37(5):524~531.

[12]刘晓霞,王兴中,瞿洲燕,等. 基于城市日常体系理念的农家乐旅游空间功能结构提升研究——以蓝田县为例[J]. 人文地理. 2011.5:138~142.

[13]沈佳,桑广书,胡嘉贝. 金华市农家乐旅游空间结构分析[J]. 山西农业科学. 2012, 40(9):1009~1012.

[14]韩非,蔡建明,刘军萍. 大都市郊区乡村旅游地发展的驱动力分析[J]. 干旱区资源与环境. 2010,24(11):195~200.

[15]薛群慧,晏鲤波. 云南民俗旅游村产业化发展案例研究[J]. 云南民族大学学报. 2008,25(9):31~34.

[16]胡金林. 特色景观旅游名村名镇的市场营销策略研究[J]. 江苏商论. 2010,3:70~72.

[17]佟玉权. 基于GIS的中国传统村落空间分异研究[J]. 人文地理. 2014,4:44~51.

[18]吴必虎,黄琢玮,马小萌. 中国城市周边乡村旅游地空间结构[J]. 地理科学, 2004,24(6):757~763.

[19]王爱忠,娄兴彬. 重庆乡村旅游资源类型特征及空间结构研究[J]. 重庆文理学院学报,2010,29(3):68~71.

[20]王润,刘家明,陈田,等. 北京市郊区游憩空间分布规律[J]. 地理学报, 2010,65(6):745~754.

[21]张春霞,甘巧林. 广州市乡村旅游供给空间结构特征研究[J]. 云南地理环境研究, 2010,22(6):69~75.

[22]何景明. 城市郊区乡村旅游发展影响因素研究——以成都农家乐为例[J]. 地域研究与开发, 2006,25(6):71~75.

[23]马世罕,戴林琳,吴必虎. 北京郊区乡村旅游季节性特征及其影响因素[J]. 地理科学进展, 2012,31(6):817~824.

[24]马勇,赵蕾,宋鸿,等. 中国乡村旅游发展路径及模式——以成都乡村旅游发展模

式为例[J].经济地理,2007,27(2):336~339.

[25]胡爱娟.休闲农业结构布局及发展模式研究——以杭州市为例[J].生态经济,2011(1):104~107.

[26]徐清.基于点-轴系统理论的宁波乡村旅游空间结构优化[J].经济地理,2009,29(6):1042~1046.

[27]秦学.中国乡村旅游的空间分布格局及其优化[J].农业现代化研究,2008,29(6):715~718.

[28]孔庆书,李洪英,师伟力.基于DEA的河北省休闲农业评价研究——以河北省休闲农业与乡村旅游示范点为例[J].中国生态农业学报,2013,21(4):511~518.

[29]尹弘,张兵,张金玲.中国现代农业旅游发展模式浅析——基于全国203个农业旅游示范点的总结研究[J].云南地理环境研究,2007,19(1):122~126.

[30]杨德云.基于分形理论的全国休闲旅游与乡村旅游示范点空间结构特征分析.改革与战略,2013,29(3):80~83.

[31]中国旅游研究院.中国旅游景区发展报告(2014)[M].北京:旅游教育出版社,2014.

[32]徐建华.计量地理学[M].北京:高等教育出版社,2006.

[33]党国峰,杨玉霞,张晖.基于Voronoi图的居民点空间分布特征研究——以甘肃省为例[J].资源开发与市场,2010(04):302~305.

[34]谢志华,吴必虎.中国资源型景区旅游空间结构研究[J].地理科学,2008,28(6):748~753.

[35]戴学军,庄大昌,丁登山.旅游景区(点)系统空间结构网格分形维数研究[J].人文地理.2013,108(4):120~123.

[36]郭泉恩,钟业喜,黄哲明,等.江西省宗教旅游资源空间分布特征[J].东华理工大学学报.2014,33(3):284~290.

[37]申怀飞,郑敬刚,唐风沛,等.河南省A级旅游景区空间分布特征分析[J].经济地理,2013,33(2):179~183.

[38]许学强,周一星,宁越敏.城市地理学[M].第2版.北京:高等教育出版社,2009:23~25.

[39]Duyckaerts C,Godefroy G. Voronoi Tessellation to Study the Numerical Den-sity and the Spatial Distribution of Neurons

[J]. Journal of Chemical Neu-roanatomy,2000,(20):83~92.

[40]王雪逸,胥兴安.云南省乡村旅游空间格局发展研究[J].云南农业大学学报,2013,7(2):22~27.

[41] Feser, E. and A. Isserman, 2008. Harnessing Growth Spillovers for Rural Develop-

ment: The Effects of Regional Spatial Structure. University of Illinois Working Paper, 2007.

　　[42]肖金成. 地级市地位论——兼与撤地强县论商榷[J]. 学术界,2004,105(2):107~120.

　　[43]袁中许. 乡村旅游业与大农业耦合的动力效应及发展趋向[J]. 旅游学刊,2013,28(5):80~88.